니코마코스 윤리학

Ethika Nikomacheia
by ARISTOTELES

니코마코스 윤리학

아리스토텔레스

천병희 옮김

숲

어떤 삶이 좋은 삶, 곧 행복한 삶인가

옮긴이 서문

고대 세계의 학문을 체계적으로 정립한, 학문의 아버지라 불리는 아리스토텔레스는 기원전 384년 그리스 북동부 칼키디케(Chal-kidike)반도의 스타게이로스(Stageiros)에서 태어났다. 그의 아버지 니코마코스(Nikomachos)는 마케도니아(Makedonia) 왕 아뮌타스(Amyntas) 2세의 궁중 의사였다. 아리스토텔레스는 17세에 아테나이(Athenai)로 가서 플라톤(Platon)이 운영하던 학원인 아카데메이아(Akademeia)에 입학하여 수학, 윤리학, 정치학 등을 공부하며 학생이자 교수로 무려 20년을 그곳에 머물렀다. 이 시기에 그는 스승인 플라톤의 영향을 받아 윤리학과 정치학에 관한 많은 대화편들을 써서 출간한 것으로 보인다. 문체가 유려하다고 키케로(Cicero) 등에게 칭송받던 그의 대화편들은 지금은 아쉽게도 모두 없어졌다. 기원전 347년 플라톤이 세상을 떠나자 아리스토텔레스는 아카데메이아를 떠났는데, 플라톤의 후임 원장으로 선출되지 않은 것에 실망했기 때문이라고도 하고, 아카데메이아에서는 더이상 배울 것이 없다고 보았기 때문이라고도 한다.

아카데메이아에서 함께 학문을 닦았던 헤르메이아스(Hermeias)가 자신을 초빙하자 아리스토텔레스는 제자 몇 명을 데리고 소아시아로 건너가, 그가 다스리던 트로아스(Troias) 지방의 해안 도시 앗소스(Assos)에 정착하여 자연과학 연구에 몰두한 것으로 보인다. 이때에 아리스토텔레스는 헤르메이아스의 양녀 퓌티아스(Pythias)와 결혼하여 퓌티아스라는 이름의 딸을 두었다. 기원전 343년 친(親)마케도니아파인 헤르메이아스가 페르시아인들에게 살해당하자 에게해 북동부의 레스보스(Lesbos)섬으로 옮겨가 자연과학 연구를 계속한 것으로 보인다. 그 뒤 고향으로 돌아온 아리스토텔레스는 기원전 342년 필립포스(Philippos) 2세의 열세 살 난 아들로 후일 페르시아 제국 등을 정복한 알렉산드로스(Alexandros) 대왕의 스승으로 초빙된다. 아리스토텔레스는 약 2년 동안 알렉산드로스를 가르쳤는데 무엇을 가르치고, 어떤 영향을 주었는지는 확실치 않다. 그 뒤 4~5년 동안 그가 무엇을 했는지는 알 수 없다. 기원전 335년 13년 만에 아테나이에 돌아간 아리스토텔레스는 얼마 뒤 퓌티아스가 죽자 여생을 노예인 헤르퓔리스(Herpyllis)와 살았는데, 둘 사이에 아들이 태어나자 할아버지의 이름을 따서 니코마코스라고 불렀다.

아테나이 시민이 아니라 거류민(metoikos)이었던 아리스토텔레스는 부동산을 소유할 수 없었다. 그래서 당시 알렉산드로스의 위임을 받아 마케도니아와 그리스의 도시국가들을 통치하던 안티파트로스(Antipatros)와 마케도니아를 지지하던 아테나이 부유층의 후원으로 세워진 학원에서 학생들을 가르쳤다. 아테나이의 동쪽 근교 아폴론 뤼케이오스(Apollon Lykeios)에게 바쳐진 원림(園林)에 있던 이 학원은 뤼케이온(Lykeion)이라 불렸다. 아리스토텔레스의 제자들은 지붕으로 덮인 그곳 산책로(peripatos)를 거닐며 토론을 했다 하여 '소요학파'(逍遙學派 hoi apo tou peripatou)라고 불렸다.

두 번째 아테나이 체류 기간은 아리스토텔레스에게는 가장 중요하고도 가장 생산적인 시기로, 그의 제자 알렉산드로스가 동방 세계를 정복하던 시기이기도 하다. 그러나 그의 저술 어디에도 그 정복에 관한 언급은 찾아볼 수 없다는 점이 그에 관한 수수께끼 중 하나이다. 이때 아리스토텔레스는 문학, 자연과학, 철학 등을 가르치고 연구하며 방대한 양의 필사본과 지도 등을 수집하여 고대에서는 처음으로 대규모 도서관과 자연사 박물관을 세울 수 있었고, 알렉산드로스의 도움 또한 컸다고 한다. 뤼케이온 학원에는 158개 국가의 정체(政體)에 관한 자료가 수집되어 있었다고 하는데, 그중 『아테나이인들의 정체』(Athenaion politeia)만이 19세기 말 이집트에서 파피루스 형태로 발견되었다.

기원전 323년 알렉산드로스가 귀국 도중 세상을 떠나면서 아테나이에 반(反)마케도니아 감정이 팽배하자, 신변에 위협을 느낀 아리스토텔레스는 소크라테스(Sokrates)를 독살한 아테나이가 또 다시 철학자를 죽이는 죄를 짓지 않게 하기 위해 어머니의 고향인 에우보이아(Euboia)섬의 칼키스(Chalkis) 시로 건너갔다. 그곳에서 위장병이 악화되어 이듬해인 기원전 322년 62세를 일기로 세상을 떠났다.

아리스토텔레스의 저술들은 학원 외부의 일반 독자들을 위한 저술들(exoterika)과 학원 내부용 강의 노트들(esoterika 또는 akroatika)로 나뉘는데, 이 가운데 그의 생전에 출간된 전자의 저술들은 주로 대화편으로 지금은 몇몇 제목만 전해지고 있다. 지금 우리가 알고 있는 저술들은 모두 후자에 속한다. 이 저술들은 그의 생전에는 출간되지 않고, 필사본만 이곳저곳을 돌아다니다가 기원전 1세기 뤼케이온 학원 원장이었던 로도스(Rhodos) 출신의 안드로니코스(Andronikos)에 의해 로마에서 출간되었다. 이 판본이 그리스어나 다른 언어로 된 현존하는 모든 아리스토텔레스 필사본의 대본이 되었다. 아리스토텔레스는 여러 분야에 관해 400여 편의 글을 썼다고 하나 지금은 50여 편 정도 남아 있다.

현존하는 아리스토텔레스의 저술들은 크게 다음과 같이 나뉜다. ①논리학에 관한 것들 일명 오르가논(Organon '도구'): 『범주론』(Kategoriai 라/Categoriae), 『명제론』(Peri hermeneias 라/De interpretatione), 『분석론 전서』(Analytika protera 라/Analytica priora), 『분석론 후서』(Analytika hystera 라/Analytica posteriora), 『변증론』(Topika 라/Topica), 『궤변론』(Sophistikoi elenchoi 라/Sophistici elenchi) 등. ②이론철학적인 것들: 『형이상학』(Ta meta *ta physika* 라/*Metaphysica*), 『자연학』(*Physike akroasis* 라/*Physica*), 『천체론』(*Peri ouranou* 라/*De caelo*), 『생성과 소멸에 관하여』(*Peri geneseos kai phthoras* 라/*De generatione et corruptione*), 『기상학』(*Meteologika* 라/*Meteologica*), 『혼에 관하여』(*Peri psyches* 라/*De anima*) 등. ③실천철학적인 것들: 『정치학』(*Politika* 라/*Politica*), 『니코마코스 윤리학』(*Ethika Nikomacheia* 라/*Ethica Nikomachea*), 『에우데모스 윤리학』(*Ethika Eudemeia* 라/*Ethica Eudemia*), 『대(大)윤리학』(*Ethika megala* 라/*Magna moralia*). ④제작에 관한 것들: 『시학』(*Peri poietikes* 라/*Poetica*), 『수사학』(*Techne rhetorike* 라/*Rhetorica*).

아리스토텔레스가 쓴 세 편의 윤리학 가운데 그 이름과는 달리 가장 분량이 적은 『대(大)윤리학』은 아리스토텔레스 자신이 쓴 것이 아니다. 『에우데모스 윤리학』보다는 『니코마코스 윤리학』이 나중에 쓰였고 내용적으로 더 깊이 있다는 데 대부분의 학자가 동의한다. 『니코마코스 윤리학』에서 아리스토텔레스는 인간이 추구하는 최고선은 행복이며 행복은 심적인 상태가 아니라 인간 활동이 수행될 때 얻어진다고 말한다. 그리고 인간이 도달할 수 있는 최고의 행복은 관조적 활동이라는 것을 미덕, 중용, 자발성, 정의, 실천적 지혜, 우애, 쾌락과 같은 주요 개념을 통해 설명하고 있다.

그는 이런 문제들을 관념적으로 다루지 않고 기존의 통설을 비판하고 비근한 예를 들면서 경험론적으로 접근하고 있지만 쉽게 이해되지 않는 대목이 한둘이 아니다. 인간이 도달할 수 있는 최고 행복은 관조적인 것이라는 주장 또한 그 점에서는 마찬가지이다. 또한 아리스토텔레스는 『니코마코스 윤리학』의 첫머리와 끝부분에서 윤리학을 정치학의 입문으로 간주하며, 윤리학의 주제가 개인 또는 일부 집단의 행복이라면 정치학의 주제는 공동체 전체의 행복이기 때문이라고 주장하는데, 이 또한 받아들이기도 반박하기도 어려운 대목 가운데 하나이다.

  아리스토텔레스의 저술들은 서양 철학사에 큰 영향을 미쳤지만 가장 난해한 철학서에 속한다. 그것은 무엇보다도 그의 저술들이 학원 내부용 강의 노트 형식으로 쓰여 그러잖아도 이해하기 어려운 데다, 아리스토텔레스 사후 다시 편집되어 출간되는 과정에서 다른 저술에서 이미 논의된 것은 생략하는 등 손질을 하면서 논리의 비약이 생겨났기 때문일 것이다.

2018년 2월
천병희

주요 연대표
(이 연대표의 연대는 모두 기원전임)

399년 소크라테스가 아테나이에서 재판받고 사형당하다. 이때 플라톤은
30세쯤 된 청년이었다.

384년 아리스토텔레스가 그리스 북동부 스타게이로스에서 태어나다. 그
의 아버지 니코마코스는 마케도니아 궁정 의사였다.

367년 아리스토텔레스가 아테나이에 가서 플라톤의 학원인 아카데메이
아에서 수학하다.

347년 플라톤이 죽자 그의 조카 스페우십포스가 아카데메이아의 후임 수
장이 되다. 소아시아 앗소스의 통치자인 헤르메이아스가 자신을 초
빙하자 아리스토텔레스가 아테나이를 떠나 그곳으로 가 헤르메이
아스의 양녀 퓌티아스와 결혼하다.

345년 아리스토텔레스가 레스보스섬의 뮈틸레네 시로 건너가 앗소스에서
시작한 자연과학 연구를 계속하다.

342년 아리스토텔레스가 마케도니아 왕 필립포스 2세의 아들로 후일 '대
왕'이 된 알렉산드로스의 스승이 되다.

338년 카이로네이아 전투에서 필립포스 2세가 테바이와 아테나이 연합군
을 격파하고 그리스 세계의 맹주로 추앙받다.

336년 필립포스 2세가 세상을 떠나고 그의 아들 알렉산드로스가 마케도니아 왕이 되다.

335년 아리스토텔레스가 스타게이로스에 잠시 머문 뒤 아테나이로 돌아가 뤼케이온 학원을 세우다. 아내가 죽자 여생을 노예인 헤르퓔리스와 함께 보내다. 둘 사이에서 아들 니코마코스가 태어나다.

323년 알렉산드로스가 귀국 도중 죽음을 맞자 아테나이에 반(反)마케도니아 감정이 팽배하다. 아리스토텔레스가 신변의 위험을 느껴 아테나이를 떠나 어머니의 고향인 에우보이아섬의 칼키스로 건너가다.

322년 아리스토텔레스가 에우보이아섬의 칼키스에서 62세를 일기로 세상을 떠나다.

제6권 지적 미덕

제10권 쾌락

일러두기

1. 이 책의 대본은 *Aristotelis Ethica Nicomachea*, recognovit I. Bywater, Oxford 1957 (Oxford Classical Texts)의 그리스어 텍스트이다. 주석은 C. C. W. Taylor, *Aristotle, Nicomachean Ethics books II-IV*, Oxford 2006 (Clarendon Aristotle Series)을 참고했다. 현대어 번역 중에서는 위 C. C. W. Taylor, R. Crisp (Cambridge Texts in the History of Political Thought 2000), J. A. K. Thomson (Penguin Classis 1992), D. Ross (Oxford World's Classics 2009)의 영어판과 O. Gigon (Deutscher Taschenbuch Verlag ^{8}2010)과 F. Dirlmeier (Reclam 2003)의 독일어판과 강상진/김재홍/이창우(도서출판 길 ^{2}2012), 손명현(동서문화사 ^{2}2011)의 한국어판을 참고했다.

2. 아리스토텔레스의 텍스트를 인용하거나 번역할 때는 대개 베커(Immauel Bekker) 판(*Aristotelis opera, ex recensione Immanuelis Bekkeri edidit Academia Regia Borussica*, Berlin 1831)의 쪽수, 단수, 행수를 따르는데 독자들이 원하는 부분을 쉽게 찾도록 이 책도 그런 관행을 따랐다. 예컨대 1094a5~1094b10은 위 베커 판의 1094쪽 좌단(段) 5행부터 1094쪽 우단 10행까지라는 뜻이다. 참고로 『니코마코스 윤리학』은 위 베커 판의 1094~1181쪽까지이다.

3. 각 권과 각 장의 소제목은 원전에 없으나 옮긴이가 J. A. K. Thomson, D. Ross의 것을 참고하여 붙였다.

4. 그리스어 arete는 거의 전부 '미덕'으로, hexis는 대부분 '마음가짐'으로, agathon은 '좋음' '좋은 것'으로 옮겼다. 그리스어 logos는 '이성' '논리' 등으로 문맥에 따라 다르게 옮겼다.

5. 본문 중 설명이 필요한 부분에는 간단하게 각주를 달았다.

6. [ ] 안에 든 부분은 훗날 덧붙인 것이 확실시되는 부분이고, ⟨ ⟩ 안은 덧붙인 것으로 상당히 심증이 가는 부분이고, ( ) 안은 덧붙인 것으로 의심하기도 하는 부분이다.

제 1 권

인간의 좋음

제1장—모든 인간 활동은 좋음을 추구한다. 하나의 목적은 다른 목적에 종속될 수 있다

1094a 모든 기술[1]과 탐구는 물론이고, 모든 행위와 선택은 어떤 좋음[2]을 추구하는 것 같다. 따라서 좋음[선]이야말로 당연히 모든 것이 추구하는 목표라고 하겠다. 그러나 그것들이 추구하는 목적[3]들 사이에는 분명 차이가 있다. 어떤 것은 활동[4] 자체가 목적이지만, 어떤 것은 활동에 수반되는 결과[5]가 목적이기 때문이다. 활동에 수

5 반되는 목적이 있을 경우 결과는 당연히 활동보다 더 우월하다.

그런데 활동과 기술과 학문[6]에는 여러 종류가 있는 만큼 그 목적 또한 여러 가지이다. 이를테면 의술의 목적은 건강이고, 조선술의 목적은 선박이며, 군사학의 목적은 승리이고, 경제학의 목적은

10 부(富)이다. 그러나 말굴레 제작 기술이나 마구(馬具)에 관계되는 다른 기술이 승마술에 종속되고, 승마술과 모든 종류의 군사행동

이 군사학에 종속되며 다른 기술이 또 다른 기술에 종속되듯, 이들 행위와 기술과 학문이 하나의 능력[7]에 종속될 때는, 어떤 경우에도 주된 기술의 목적이 종속된 기술의 목적보다 더 바람직하다. 후자를 추구하는 것은 전자를 추구하기 위함이니까. 행위의 목적이 활동 자체이든, 앞서 말한 학문에서처럼 행위에 따라오는 그 무엇이든 이 점은 마찬가지이다.

제2장—인간의 최고선을 연구하는 학문은 정치학이다

따라서 우리의 행위에 그 자체의 목적이 있어서 그것 때문에 우리가 원하고 우리가 원하는 다른 모든 것은 이 목적을 위해서라면, 그리하여 우리가 그 어떤 것도 다른 것 때문에 선택하지 않는다면(그렇지 않다면 그런 과정이 끝없이 이어져 우리의 욕구는 무익하고 공허한 것이 되고 말 테니까), 그것은 분명 좋음이며 그것도 최고선(最高善)[8]이라 할 것이다. 그렇다면 좋음을 아는 것이 우리 인생에 매우 중요하지 않겠는가? 그리고 궁수(弓手)처럼 과녁이 분

---

1 techne.
2 to agathon.
3 telos.
4 energeia.
5 ergon.
6 episteme.
7 dynamis.
8 to ariston.

명하다면 우리도 표적을 더 잘 맞히지 않겠는가? 만약 그렇다고

25 한다면, 우리는 좋음이 무엇이며 그것이 어떤 학문 또는 능력과 관

계가 있는지 개략적으로나마 파악해야 할 것이다.

　좋음을 아는 것은 가장 주도적이며 가장 권위 있는 학문의 관심

사인 것으로 생각되는데, 정치학[9]이 바로 그런 학문인 것 같다. 국

1094b 가에서 어떤 학문을 가르쳐야 하며, 각각의 계층이 어떤 학문을

어느 정도까지 배울지 정하는 것이 정치학이기 때문이다. 그리고

우리도 보다시피 군사학,[10] 경제학,[11] 수사학[12]같이 가장 존경받는

능력들도 이 학문에 속한다. 정치학은 다른 모든 학문을 이용할뿐

5 더러 우리가 무엇을 하고 무엇을 하지 말아야 하는지를 정하는 만

큼 정치학의 목적은 다른 학문의 목적을 포괄하며, 따라서 정치학

은 인간을 위한 좋음을 추구한다고 말할 수 있다. 왜냐하면 국가

[13]의 좋음과 개인의 좋음이 같은 것이라 해도, 국가의 좋음을 실현

하고 보전하는 일이 분명 더 중요하고 더 궁극적이기 때문이다. 개

인의 좋음을 실현하는 것도 바람직한 일이지만, 민족이나 국가를

10 위한 좋음을 실현하는 것은 더 고매하고 더 신적인 일이니 말이다.

이런 것들을 대상으로 삼는 만큼 우리 탐구는 일종의 정치학이라

하겠다.[14]

제3장—정치학은 정밀과학이 아니다

우리의 논의는 주제가 허용하는 만큼만 명료해지면 그것으로 충

분하다. 동일한 정확성을 기하는 것은 수공예품에서도 불가능하

며 학문적 논의에서는 더더욱 그렇다. 정치학의 탐구 대상인 고매
한 행동과 올바른 행동은 많은 차이와 가변성을 내포하고 있어,
관습에 따라서만 존재할 뿐 본성에 따라서 존재하는 것은 아닌 것
처럼 보인다. 마찬가지로 좋음도 그런 가변성을 내포하는데, 이는
좋음이 해가 되는 경우가 비일비재하기 때문이다. 지금까지 어떤
사람은 돈 때문에 망했고, 또 어떤 사람은 용기 때문에 망했으니
말이다. 따라서 우리는 이런 주제를 이런 방법으로 논의하는 만큼
진리를 개략적으로 제시하는 것으로 만족해야 한다. 다시 말해 우
리는 일반적인 것을 일반적으로 논의하고 있는 만큼 일반적인 결
론을 내리는 것으로 만족해야 하리라. 마찬가지로 듣는 사람도 우
리가 하는 말을 그에 맞게 받아들여야 할 것이다. 모든 영역에서
주제가 본성적으로 허용하는 만큼의 정확성을 요구하는 것이 교
양인의 특징이기 때문이다. 수사학자에게 논리적 증명을 요구하
는 것은 수학자에게 개연적 추론을 받아들이라고 하는 것만큼이
나 어리석은 짓이다.

사람은 누구나 자기가 아는 것은 올바르게 판단하며, 아는 것들

---

9 politike.
10 strategike.
11 oikonomike.
12 rhetorike.
13 polis.
14 아리스토텔레스는 윤리학을 정치학 입문으로 간주한다.

에 대해서는 훌륭한 판단자이다. 따라서 어떤 분야에서 교육받은 사람은 그 분야의 훌륭한 판단자이며, 모든 분야에서 교육받은 사람은 모든 분야에서 훌륭한 판단자이다. 이런 이유로 젊은이는 정치학 강의를 듣기에 적절하지 않다. 우리 논의는 인생의 여러 행위에서 시작되고 그런 행위들과 관련있는데, 젊은이는 그런 행위들에 경험이 거의 없다. 또한 젊은이는 감정에 이끌리기 쉬워 정치학을 공부한다 해도 별 소용이 없고 도움이 되지 않을 것이다. 정치학의 목적은 지식이 아니라 행위이기 때문이다. 그가 나이가 어리건, 아니면 성격이 미숙하건 이 점에는 아무런 차이가 없다. 결함은 세월에 달려 있지 않고 모든 것을 감정이 시키는 대로 추구하는 그의 생활방식에 기인한다. 이런 사람에게는 자제력 없는 사람처럼 지식이 아무런 도움이 되지 않는다. 하지만 이성에 따라 욕구를 조절하며 행동하는 사람에게 정치학에 관한 지식은 큰 도움이 될 것이다.

수강생, 적절한 수강 태도, 연구 목적에 관한 이런 발언 등으로 머리말을 대신하고자 한다.

제4장—궁극적 목적인 행복에 관해서는 의견이 분분하다

이제 본론으로 돌아가, 모든 지식과 선택은 좋음을 추구하는 만큼 정치학이 추구하는 목적은 무엇인지, 다시 말해 실천적 좋음 가운데 최고선은 무엇인지 논의해보자. 최고선의 명칭에 관한 한 사람들은 대부분 의견을 같이한다. 대중도 교양인도 그것을 행복[15]

이라고 부르며, 행복을 잘 사는 것[16]이나 잘나가는 것[17]과 같은 것으로 여기니 말이다. 그러나 행복이 정작 무엇인지에 관해서는 의견이 엇갈리며 대중과 철학자는 서로 다른 대답을 내놓는다. 대중은 행복을 쾌락, 부, 명예처럼 명백하고 확실한 것이라고 여긴다. 그러나 그들도 저마다 의견을 달리한다. 때로는 같은 사람이 그때그때 다른 대답을 내놓기도 하는데, 예컨대 병들면 건강을 행복이라 여기고 가난하면 부를 행복이라 여기는 식이다. 그리고 대중은 자신들이 무식하다는 것을 알기에 자신들이 이해할 수 없는 거창한 무엇인가를 말하는 사람이 있으면 경탄해 마지않는다. 어떤 사상가들[18]은 이런 수많은 좋음 너머에는 이 모든 좋음이 좋음이게끔 해주는, 그 자체로 좋은 무엇인가가 존재한다고 믿는다. 이런 의견을 일일이 검토하는 것은 시간 낭비일 것이다. 그러니 가장 유력한 의견과 일리가 있다고 생각되는 의견을 검토하는 것으로 충분할 것이다.

그러나 우리는 제1원리[19]에서 출발하는 논의와, 제1원리를 향해 나아가는 논의는 서로 다르다는 점을 간과해서는 안 된다. 플라톤도 이런 문제를 제기하며 제1원리에서 출발하는지 제1원리를

15 eudaimonia.

16 to eu zen(잘 사는 것).

17 to eu prattein.

18 플라톤(Platon)과 그의 제자들.

19 arche.

향해 나아가는지 따지곤 했는데,[20] 그의 이런 태도는 옳다 하겠다.

이 둘 사이에는 달리기경주에서, 심판이 있는 곳에서 반환점을 향해 달리는 것과 반환점에서 심판이 있는 곳으로 달리는 것만큼이나 차이가 있다. 우리는 알려진 것에서 출발해야 하는데 알려진 것은 둘 중 하나, 즉 우리에게 알려진 것이거나 아니면 무조건적으로 알려진 것이기 때문이다. 우리는 아마도 우리에게 알려진 것에서 출발해야 할 것이다. 따라서 고매하고 올바른 것에 관해 듣고, 간단히 말해 정치학 강의를 듣고 제대로 이해하려면, 먼저 좋은 습관을 갖고 자라야 한다. 여기서는 사실이 제1원리인데, 사실이 충분히 분명하다면 왜 그런지 확인할 필요가 없기 때문이다. 좋은 습관을 갖고 자란 사람은 이미 제1원리를 가지고 있거나, 쉽게 가질 것이다. 제1원리를 가지고 있지 않고 가질 수도 없는 사람은 헤시오도스[21]의 다음과 같은 말에 귀기울여야 할 것이다.

가장 훌륭한 사람은 스스로 모든 것을 깨닫는 사람이오.
좋은 조언을 따르는 사람 역시 훌륭한 사람이오.
그러나 스스로 깨닫지도 못하고 남의 말을 듣고도 그것을
마음에 받아들이지 않는 사람은 쓸모없는 사람이오.[22]

제5장—삶의 세 유형. 관조적 삶은 나중에 고찰하자

이야기가 곁길로 샜는데 다시 본론으로 돌아가도록 하자. 그들이 영위하는 삶으로 미루어 판단하건대, 대중과 가장 저속한 사람들

은 좋음 또는 행복을 쾌락과 동일시하는 것 같은데, 거기에도 일리는 있다. 그래서 그들은 향락적 삶을 좋아한다. 삶에는 세 가지 두드러진 유형이 있는데, 방금 말한 향락적 삶과 정치가의 삶과 세 번째로 관조적 삶이 그것이다. 대중은 짐승에게나 어울릴 삶을 선택함으로써 자신의 취향이 노예나 다름없음을 보여준다. 하지만 수많은 권력자는 사르다나팔로스[23]와 같은 취향을 가지고 있는 만큼 대중의 선택에도 일리가 있다고 하겠다.

그러나 교양인과 정치 활동을 하는 사람은 행복을 명예와 동일시하는데, 명예야말로 정치가에게는 삶의 목적이기 때문이다. 하지만 명예는 우리가 찾는 해답이 되기에는 너무 피상적인 것 같다. 명예는 그것을 받는 사람보다 그것을 부여하는 사람에게 달려 있다고 생각되는 반면, 좋음은 그 소유자에게 고유한 것으로, 그에게서 쉽게 분리되지 않는 것이라는 느낌이 들기 때문이다. 또한 그들은 자신이 좋은 사람이라는 확신을 갖기 위해서 명예를 추구하는 것 같다. 아무튼 그들은 아는 사람들 사이에서 자신들의 미덕[24]에 근거해 실천적 지혜를 가진 사람들로부터 존경받기를 원한다.

20 플라톤, 『국가』(*Politeia*) 510b~c 참조.
21 헤시오도스(Hesiodos)는 기원전 700년경에 활동한 그리스의 서사시인이다. 『신들의 계보』(*Theogonia*), 『일과 날』(*Erga kai hemerai*) 등의 작품이 남아 있다.
22 『일과 날』 293, 295~297행.
23 Sardanapallos. 전설적인 아시리아 왕으로, 호색가였다고 한다.
24 arete.

그렇다면 적어도 이들에게는 분명 미덕이 명예보다 더 상위에 속하는 가치이다.

30 따라서 명예보다는 오히려 미덕이 정치가의 삶의 목적이라고 하겠다. 그러나 미덕도 목적으로서는 뭔가 모자란 듯하다. 미덕을 가진 사람도 잠만 자거나 평생토록 아무 활동도 하지 않거나, 더하여 엄청난 고통이나 큰 불행을 당할 수 있기 때문이다. 고집불통이라

1096a 면 몰라도, 이런 삶을 행복하다고 부를 사람은 아무도 없을 것이다. 이에 대해서는 이쯤 해두자. 이 문제들은 우리의 일상적 토론에서 충분히 논의되었으니 말이다. 세 번째 유형은 관조적 삶인데,

5 나중에[25] 이를 고찰할 것이다.

사업가의 삶은 일종의 강요된 삶이며, 부(富)는 다른 것을 얻기 위한 수단에 불과하므로 분명 우리가 찾는 좋음이 아니다. 따라서 차라리 앞서 말한 것들을 목적으로 보는 것이 더 나을 것이다. 그 것들은 그 자체 때문에 사랑받으니까. 그러나 그것들도 목적은 아닌 것 같으며, 그것들을 놓고 이미 많은 반론이 제기된 바 있다. 그

10 러니 그것들은 내버려두기로 하자.

제6장—좋음의 이데아를 비판하다

아마도 보편적 좋음을 고찰하고 그것이 무엇을 의미하는지 따져보는 것이 더 바람직할 것이다. 물론 이런 탐구는 힘든 과제가 될 것이다. 우리 벗들[26]이 이데아[27] 이론을 도입했기 때문이다. 하지만 진리를 지키기 위해서라면 정든 것이라도 버리는 쪽이 더 낫다. 아

니, 그러는 것이 우리의 의무일 것이다. 특히 우리가 철학자[28]인 경
우에는. 우리에게는 둘 다 소중하지만 친구보다 진리를 선호하는
것이 옳기 때문이다.

그러나 이데아 이론을 도입한 사람들은, 앞뒤가 있는 것으로 인
정되는 것들에 대해서는 이데아를 설정하지 않았다. 그런 까닭에
그들은 수(數)의 이데아를 요구하지 않았던 것이다. 그러나 '좋음'
이라는 말은 존재의 범주에서도, 성질의 범주에서도, 관계의 범주
에서도 이야기되며, 그 자체로 존재하는 것인 실체는 본성상 관계
에 우선한다. (관계는 존재하는 것의 곁가지 또는 부속물이기 때
문이다.) 따라서 이런 경우를 모두 포괄하는 이데아란 없다.

또한 '좋음'이라는 말은 '존재'라는 말만큼이나 여러 의미로 사
용된다. '좋음'이라는 말은 신이나 지성[29] 같은 존재 범주에도, 미
덕 같은 성질 범주에도, 적정량과 같은 수량 범주에도, 유용성 같
은 관계 범주에도, 적기(適期)와 같은 시간 범주에도, 적소(適所)
와 같은 장소 범주 등에도 사용되기 때문이다. 따라서 하나의 보편
적 좋음이란 분명 존재하지 않는다. 그렇다면 '좋음'이 모든 범주가
아니라 단 하나의 범주에만 사용되어야 했을 테니까.

25 10권에서.
26 플라톤과 그의 제자들.
27 idea 또는 eidos. 형상.
28 philosopos. 원래는 '지혜를 사랑하는 사람'이라는 뜻이다.
29 nous.

또한 개별 이데아에 속하는 사물에 대응하는 하나의 학문이 있는 만큼, 모든 좋음을 위해서도 하나의 학문이 있어야 할 것이다. 그러나 사실은 하나의 범주에 속하는 것들에 대응하는 여러 학문이 있다. 예컨대 적기의 경우, 전쟁에서는 군사학의 연구 대상이고, 질병에서는 의술의 연구 대상이다. 적정량의 경우, 식사에서는 의술의 연구 대상이고, 체력단련에서는 체육의 연구 대상이다.

또한 그들이 말하는 '사물 자체'가 도대체 무엇을 의미하는지도 아리송하다. 인간 자체나 개별 인간이나 같은 개념에 속하니 말이다. 둘 다 인간이기에 둘 사이에는 아무런 차이도 없다. 그렇다면 좋음 자체와 특정한 좋음도 좋음이라는 점에서는 마찬가지이므로, 둘 사이에는 아무런 차이가 없을 것이다. 또한 어떤 사물이 영원하다고 해서 더 좋다고 할 수도 없으리라. 오랫동안 흰 것이 잠시 동안 흰 것보다 더 희지 않다면 말이다.

퓌타고라스[30]학파는 좋음의 대열에 일자(一者)[31]를 포함시킴으로써 좋음을 더 그럴듯하게 설명하는데, 스페우십포스[32]도 이 점에서 분명 그들을 따른 것 같다. 하지만 이 점에 관해서는 다른 기회[33]에 논하기로 하자.

그런데 우리가 방금 말한 것을 두고 한 가지 이의를 제기할 수 있다. 플라톤학파는 모든 종류의 좋음에 관해 말하는 것이 아니라 그 자체로 추구되고 선호되는 것은 단 하나의 이데아와 관련하여 좋음이라고 부르는 반면, 그런 것을 산출하거나 보전하거나 그런 것에 상반되는 것을 제지하는 것은 이런 점들 때문에 다른 의미에서 좋음이라고 부르니 말이다. 그러면 사물은 분명 두 가지 의미에서 좋은 것이 된다고 할 것인데 어떤 것은 그 자체로 좋은 것이고, 어떤 것은 좋음을 위한 수단으로 좋은 것이다. 그렇다면 그 자체로 15 좋은 것을 좋음을 위한 수단인 것과 구별하되, 전자가 단 하나의 이데아와 관련해 좋음이라고 불리는지 고찰해보도록 하자. 그 자체로 좋은 것은 어떤 것들인가? 사고하는 것, 보는 것, 특정 쾌락이나 명예처럼 그 자체를 위해서도 추구되는 것인가? 이런 것은 우리가 다른 것을 위해 추구하더라도 그 자체로 좋은 것에 포함할 수 있기에 하는 말이다. 아니면 그 자체로 좋은 것은 좋음의 이데아 외에는 없는가? 그렇다면 이데아는 무용지물일 것이다. 그러나 우리 20 가 앞서 거론한 것들도 그 자체로 좋은 것에 포함된다면 그것들 모두에게서 좋음을 규정한 정의는 같은 것으로 드러날 것이다. 마치 흰색의 정의가 눈과 백묵에서 같은 것으로 드러나듯이. 그러나 좋다고 이야기되는 관점에서 명예와 지혜와 쾌락의 정의는 서로 다르 25 다. 따라서 하나의 이데아에 대응하는 공통적인 좋음은 존재하지

---

30 Pythagoras. 사모스(Samos)섬 출신의 소크라테스 이전 철학자로, 기원전 530년경 남이탈리아에서 활동했다.

31 to hen.

32 스페우십포스(Speusippos, 기원전 407~339년). 플라톤의 조카로, 플라톤이 죽은 뒤 아카데메이아(Akademeia) 학원의 수장이었다.

33 『형이상학』(*Ta meta ta physika*) 1028b21~32, 1072b30~1073a13, 1091a29~b3, 1091b13~1092a17.

않는다.

그렇다면 이것들은 어떤 의미에서 좋음이라고 불리는가? 이것들은 분명 우연히 같은 이름으로 불리는 것은 아닐 테니까. 이것들은 모두 하나의 좋음에서 유래하거나, 하나의 좋음에 기여하기 때문일까? 아니면 유비(類比)[34]에 따라서일까? 시각이 몸의 좋음이라면 지성은 혼의 좋음인 것처럼 말이다. 이런 예는 그 밖에도 많을
30 것이다. 그러나 이 문제는 여기서 다루지 않는 것이 좋겠다. 이 문제를 엄밀히 고찰하는 것은 철학의 다른 분야[35]에 속한다.

좋음의 이데아에 대해서도 같은 말을 할 수 있다. 보편적으로 좋음이라고 말할 수 있으며 그 자체로 독립해서 존재하는 하나의 좋음이 존재한다 해도, 그것은 분명 인간이 실현하거나 획득할 수 없는 것이기 때문이다. 그런데 우리가 지금 추구하는 것은 바로 그런
35 좋음이다.

1097a 아마도 실현하거나 획득할 수 있는 좋음을 위해서도 우리가 그런 좋음의 이데아를 아는 것이 바람직하다고 생각하는 사람도 있으리라. 우리가 좋음의 이데아를 일종의 본보기로 갖고 있으면 우리는 좋은 것들을 더 잘 알 수 있고, 그것들을 알고 있으면 그것들을 획득할 수 있기 때문이다. 이런 논의는 그럴듯해 보이지만 실제
5 학문과는 맞지 않는 것 같다. 모든 학문은 어떤 좋음을 추구하며 그 좋음의 결함을 보완하려고 하면서도 정작 좋음 자체에 대응하는 지식에는 무관심하기 때문이다. 좋음 자체가 그토록 큰 도움이 되는데도 모든 전문가가 그것을 모르거나 추구하지 않는 것은 이

치에 어긋난다.

또한 직조공이나 목수가 좋음 자체를 앎으로써 자신의 기술에
얼마나 도움을 받으며, 좋음의 이데아 자체를 본 사람이 그로 인해 10
얼마나 훌륭한 의사나 장군이 되는지도 알기 어렵다. 의사는 분명
건강 자체가 아니라 인간의 건강 또는 특정인의 건강에 관심을 갖
기 때문이다. 의사는 개인을 치료하니까. 이 주제에 관해서는 이쯤
해두자.

제7장―인간에게 좋음은 무엇인가? 인생의 궁극적 목적이며 자족적인 것, 바로 행복이다

우리가 찾고 있는 좋음으로 되돌아가 그것이 어떤 것인지 살펴보 15
기로 하자. 분명 좋음은 각각의 행위와 기술에서 서로 다른 것 같
다. 그것은 의술에서 다르고 군사학에서 다르며, 여타의 경우에도
마찬가지이다. 그렇다면 모든 경우에서의 좋음이란 무엇인가? 그
것은 분명 그 때문에 다른 것들이 행해지는 그런 것이다. 그것은 의
술에서는 건강이고, 군사학에서는 승리이며, 건축에서는 집이며, 20
다른 경우에는 그 밖의 다른 것이다. 간단히 말해 모든 행위와 선
택이 목적으로 삼는 것이 좋음이다. 모든 사람은 그 밖의 다른 것
을 목적을 위해서 행하니까. 따라서 우리가 행하는 모든 것에 하나

34 analogia.
35 형이상학.

의 목적이 있다면 그것은 실현되어야 할 좋음이고, 목적이 여럿이면 그것들이 실현되어야 할 좋음일 것이다.

그렇다면 우리 논의는 다른 경로를 거쳐 전과 같은 결론[36]에 도달한 셈이다. 그러나 우리는 이 점을 더 명료하게 밝혀야 하겠다. 목적은 분명 여럿이고 그중 더러는 부나 피리나 도구 일반처럼 우리가 다른 목적을 위한 수단으로 선택하는 만큼, 모든 목적이 궁극적 목적이 아니라는 것이 분명하기 때문이다. 그러나 최고선은 분명 궁극적인 것이다. 그러니 궁극적 목적이 하나뿐이라면 그것이 우리가 찾는 좋음이고, 궁극적 목적이 여럿이면 그중 더 궁극적인 것이 우리가 찾는 좋음일 것이다. 우리는 그 자체 때문에 추구할 가치가 있는 것이 다른 것 때문에 추구할 가치가 있는 것보다 더 궁극적인 것이라 부르며, 또한 다른 것 때문에 바람직하지 않은 것이 그 자체 때문에도 바람직하고[37] 다른 것 때문에도 바람직한 것보다 더 궁극적인 것이라 부른다. 그래서 우리는 언제나 그 자체 때문에 바람직하지 결코 다른 것 때문에는 바람직하지 않은 것을 무조건 궁극적인 것이라고 부른다.

무엇보다도 행복이야말로 무조건 궁극적인 것 같다. 우리는 행복을 언제나 그 자체 때문에 선택하고, 결코 다른 것 때문에 선택하지 않으니까. 명예와 쾌락과 지성과 모든 미덕의 경우는 이와는 다르다. 우리는 그것들을 그 자체 때문에도 선택하고(우리는 그것들을 결과에 관계없이 선택하니까), 그것들을 통해 행복한 삶을 살리라 믿으며 행복을 위해서도 선택한다. 그러나 그런 것들 때문에 또는 다른 어떤 것 때문에 행복을 선택하는 사람은 없다.

자족(自足)³⁸이라는 관점에서 보아도 같은 결론일 것 같다. 궁극적 좋음은 자족적인 것으로 생각되기 때문이다. 우리가 말하는 '자족'이란 개념은 혼자 사는 단독자가 아니라, 부모와 처자와 친구와 동료 시민 일반과 더불어 사는 사람에게 적용된다. 인간은 본성적으로 사회적³⁹ 존재이기 때문이다. 그러나 여기에는 제한을 두어야 한다. 이를 선조와, 자손과, 친구의 친구에게로 범위를 확대하면 한도 끝도 없을 테니 말이다. 하지만 이 문제는 나중에⁴⁰ 고찰하기로 하자. 현재로서는 자족이란 그 자체로 삶을 바람직하게 만들며 아무것도 모자람이 없는 상태라고 정의한다. 우리는 행복이 그런 것이라고 생각한다. 나아가 우리는 행복을 가장 바람직한 것으로 여기며 여럿 중 하나라고 여기지 않는다. 행복이 여럿 중 하나라고 여겨진다면, 가장 작은 좋음이 보태어져도 행복은 분명 더 바람직한 것이 될 것이다. 좋음이 보태어지면 좋음은 더 커질 것이고, 두 좋음 가운데 큰 쪽이 언제나 더 바람직하기 때문이다. 따라서 행복은 우리 행위의 목적인 만큼 분명 궁극적이고 자족적이다.

36 1094a18~22(1권 2장).

37 그대로 옮기면 '선택할 가치가 있고'.

38 autarkeia.

39 politikon. 문맥에 따라 '정치적' '국가공동체(polis)를 이루고 사는'으로 옮길 수도 있다. '인간은 사회적 동물이다'는 명제는 이 구절에서 비롯되었다.

40 1100a10~1101a21(1권 10장).

그러나 행복이 최고선이라는 말은 아마도 진부하게 들릴 것이다. 따라서 행복이 무엇인지 더 명확하게 설명할 필요가 있다. 인간의 기능을 이해하면 행복이 무엇인지 설명될 것이다. 피리 연주자나 조각가나 온갖 기술자는 물론이고, 특정 기능이 있거나 특정 행위를 하는 모든 사람의 좋음과 행복은 그런 기능을 발휘하는 데 있다고 생각되는데, 이 점은 인간 자체의 경우도 마찬가지이기 때문이다. 인간에게도 특정 기능이 있다면 말이다. 그런데 목수나 제화공은 특정 기능이 있고 특정 행위를 하는데, 인간은 그런 것이 없고 아무 기능도 타고나지 못한 것일까? 아니면 눈과 손과 발과 모든 지체에 분명 특정 기능이 있듯이 마찬가지로 사람에게도 이런 기능 외에 어떤 특정 기능이 있는 것일까? 그런 기능이 있다면 그것은 어떤 기능일까? 그런데 삶은 식물에게도 공통된 기능이지만, 우리가 찾고 있는 것은 인간 고유의 기능이다. 그러니 영양섭취와 성장(成長)의 삶은 우리의 정의에서 제외하기로 하자. 다음에는 감각적 삶이 있는데, 이 역시 말이나 소 등 모든 동물에게도 공통된다. 그렇다면 남은 것은 이성적 부분의 활동적 삶이다. 이성적 부분은 다시 둘로 나뉘는데, 하나는 이성에 순응한다는 의미에서 이성적이고, 다른 하나는 이성을 갖고 사고한다는 의미에서 이성적이다. 이성적 부분의 삶에도 이런 두 가지 의미가 있는 만큼 우리는 활동적 삶이 우리가 말하는 삶임을 분명히 해두어야 한다. 이것이 이 용어의 고유한 의미에 더 가깝다고 생각되기 때문이다.

그런데 인간의 기능이 이성적 원리를 따르거나 이성적 원리를 내포하는 혼의 활동이라면, 그리고 키타라[41] 연주자와 훌륭한 키타라 연주자 등등의 경우처럼 어떤 일을 하는 사람과 그 일을 잘하는 사람의 기능을 우리가 같은 종류의 것으로 여긴다면, 그리하여 후자의 탁월함은 기능의 이름에 덧붙인 것이라면(키타라 연주자의 기능은 키타라를 연주하는 것이고, 훌륭한 키타라 연주자의 기능은 키타라를 훌륭하게 연주하는 것이니까), 그리고 우리가 인간의 기능을 특정한 삶, 곧 혼의 이성적 활동 또는 일련의 행위라고 생각한다면, 그리고 훌륭한 인간의 기능은 이런 행위들을 잘 수행하는 것이고 모든 기능은 거기에 걸맞은 미덕을 가지고 수행해야 제대로 수행하는 것이라면, 인간의 좋음은 결국 미덕에 걸맞은 혼의 활동이며, 미덕이 하나가 아니라 여럿이라면 가장 훌륭하고 가장 완전한 미덕에 걸맞은 혼의 활동이다.

그런 혼의 활동은 평생토록 지속되어야 한다. 제비 한 마리가 날아온다고 하루아침에 봄이 오지 않듯, 사람도 하루아침에 또는 단기간에 행복해지지는 않는다.

좋음의 밑그림은 이쯤 그려두기로 두자. 먼저 윤곽을 잡고 나중에 세부 묘사를 해야 하니까. 윤곽만 제대로 잡으면 누구나 작업을 계속하여 세부 묘사를 할 수 있으며, 그런 작업에는 시간이 많은 것을 찾아주거나 많은 도움을 줄 것이다. 그래서 기술이 발전하는

---

41 kithara. 현의 길이가 같은 고대 그리스의 발현악기 뤼라(lyra)를 소리가 더 낭랑하게 울리도록 개량한 악기.

것이다. 틈새를 메우는 일은 누구나 할 수 있다. 그러나 우리는 앞서 말한 것[42]을 명심하여, 모든 연구에서 똑같은 정확성을 요구할 것이 아니라, 매번 주제가 허용하고 연구 대상에 적합한 정도의 정확성을 요구해야 한다. 예컨대 목수와 기하학자는 서로 다른 방법으로 직각을 구한다. 목수는 자기 작업에 필요한 만큼만 직각을 구하지만, 기하학자는 직각이 무엇이며, 직각의 성질이 어떤 것인지 알려고 한다. 기하학자는 진리의 관찰자이기 때문이다. 우리는 다른 연구에서도 이러한 방법을 따라야 한다. 주요 과제가 지엽적 문제에 종속되는 일이 없도록 말이다. 또한 우리는 모든 경우에, 똑같은 방법으로 원인을 찾아서는 안 된다. 제1원리에서처럼 어떤 경우는 사실 자체를 제시하는 것만으로도 충분하다. 거기에서는 사실 자체가 출발점이자 제1원리이기 때문이다. 제1원리 가운데 더러는 귀납법을 통해, 더러는 지각을 통해, 더러는 습관화를 통해 알게 되고, 다른 것들은 다른 방법을 통해 알게 된다. 우리는 각각의 유형을 그 본성에 맞게 연구해야 하며, 그 하나하나를 정확하게 규정하려고 노력해야 한다. 그것들은 후속되는 것에 큰 영향을 미치기 때문이다. 제1원리라는 시작은 전체의 반(半) 이상이며, 우리가 찾는 것은 대부분 그것에 따라 해결되는 것 같기에 하는 말이다.

제8장—우리의 행복관은 대중의 통념과도 일치한다

그러나 우리는 제1원리를 우리의 결론과 전제뿐 아니라 사람들이 제1원리에 관해 말하는 것에 비추어서도 고찰해야 한다. 모든 사실은 진리와는 일치하지만 거짓과는 금세 상충되기 때문이다.

좋음은 외적인 좋음, 혼의 좋음, 몸의 좋음으로 삼분된다.[43] 우리는 이 가운데 혼의 좋음을 가장 엄밀한 의미에서 좋음이라고 부르며, 혼의 행위와 활동을 혼의 좋음으로 분류한다. 그러니 우리의 행복관은 철학자들이 받아들인 오래된 이 견해와 일치한다는 점에서 타당하다. 목적은 어떤 행위나 활동으로 이루어진다고 주장하고 있다는 점에서도 우리의 견해는 타당하다. 그럴 경우 목적은 혼의 좋음이지 외적인 좋음이 아니기 때문이다.

우리의 견해를 뒷받침해주는 또 다른 통념은 행복한 사람은 잘살며 잘나간다는 것이다. 우리는 행복은 사실상 잘 살고 잘나가는 것이라고 말한 바 있으니까.

또한 사람들이 행복에서 찾는 모든 것이 우리의 행복관에 내포되어 있는 것 같다. 어떤 사람은 행복을 미덕이라고, 어떤 사람은 실천적 지혜라고, 어떤 사람은 철학적 지혜라고 생각하는가 하면, 또 어떤 사람은 다소간의 쾌락이 수반되는 이런 것들의 결합이나 이런 것들 중 하나라고 생각한다. 그런가 하면 어떤 사람은 외적인 번영도 포함시킨다. 이런 견해 가운데 어떤 것은 대중의 오래된 통념이고, 어떤 것은 소수의 탁월한 사람들이 품고 있는 견해이다.

---

42 1094b19~27(1권 3장).

43 플라톤, 『에우튀데모스』(*Euthydemos*) 297a~b, 『필레보스』(*Philebos*) 48e, 『법률』(*Nomoi*) 743e.

이중 어느 쪽도 완전히 틀린 것은 아니며, 그들의 견해는 일부 또는 대부분 옳다고 보아야 할 것이다.

30   우리의 행복관은 행복이 미덕 또는 특정 미덕이라고 주장하는 사람들의 생각과도 일치한다. 미덕에 걸맞은 활동에는 미덕이 내포되기 때문이다. 그러나 우리가 최고선을 소유로 보느냐 사용으로 보느냐, 다시 말해 마음가짐으로 보느냐 활동으로 보느냐에 따라 큰 차이가 날 것이다. 잠든 사람이나 다른 이유로 빈둥대는 사람의 경우처럼 마음가짐은 좋은 결과를 낳지 않고도 존재할 수 있지만 활동은 그럴 수 없기 때문이다. 활동하는 사람은 행위하기 마련이며 또 잘 행위한다. 마치 올림피아 경기"에서 우승의 영관을 가장 잘생기고 가장 힘센 자가 아니라 경기에 참가한 자가 쓰듯(우승자는 이들 중에서 나오니까), 올바르게 행위하는 사람이 인생에서 고매하고 좋은 것들을 획득할 것이다.

또한 이런 사람들의 삶은 그 자체로 즐겁다. 쾌락은 혼의 경험인데, 사람은 저마다 자기가 좋아하는 것에 쾌감을 느끼기 때문이다. 말〔馬〕을 좋아하는 사람은 말이 즐겁고, 구경하기를 좋아하는 사람은 구경거리가 즐겁듯. 마찬가지로 정의를 사랑하는 사람은 올바른 것이 즐겁고, 유덕한 사람은 대개 미덕이 즐거운 법이다. 그런데 대중의 쾌락은 본성상 즐거운 것이 아니기에 상충한다. 그러나 고매한 것을 사랑하는 사람의 쾌락은 본성상 즐겁다. 유덕한 행위도 이와 같아서 유덕한 사람에게도 즐겁고 그 자체로도 즐겁다. 따라서 그들의 삶은 자체 안에 쾌락을 내포하고 있어, 쾌락이라는 장

1099a

5

10

15

신구를 착용할 필요가 없다. 앞서 말한 이유 외에도 고매한 행위가 즐겁지 않은 사람은 좋은 사람이 아니기 때문이다. 그도 그럴 것이 올바른 행위가 즐겁지 않은 사람을 누가 올바르다고 하겠으며, 후 (厚)한 행위가 즐겁지 않은 사람을 누가 후하다고 하겠는가! 이는 다른 경우도 마찬가지이다. 이치가 그러하다면, 유덕한 행위는 그 자체로 즐거울 수밖에 없다. 또한 유덕한 행위는 좋기도 하고 고매하며 이 두 가지 속성을 가장 많이 내포한다. 유덕한 사람은 이런 속성들을 잘 판단하기 때문이다. 그는 앞서 우리가 말한 대로 판단한다.

그러면 행복은 가장 훌륭하고 가장 고매하고 가장 즐거운 것이다. 그리고 이런 속성들은 델로스[45]섬에 새겨진 명문(銘文)에서처럼 분리되어 있지 않다.

가장 고매한 것은 정의이고, 가장 훌륭한 것은 건강이다.
그러나 바라던 것을 얻는 것이 가장 즐겁다.[46]

---

44 올림피아 경기(ta Olympia)는 펠로폰네소스 반도 서북부의 소도시 올림피아 (Olympia)에서 기원전 776년부터 제우스를 기리기 위해 4년마다 개최되던 축제였다. 고대 그리스의 4대 경기 가운데 가장 규모가 컸으며 근대 올림픽 경기의 전신(前身)이다.
45 Delos. 에게해의 섬으로 아폴론(Apollon)이 태어난 곳.
46 델로스섬의 레토(Leto) 신전 입구에 새겨진 이 명문은 기원전 6세기 전반부에 활동한 비가시인 테오그니스(Theognis)의 시집(225~226행)과 비극 작가 소포클레스(Sophokles)의 단편 326에서도 다소 변형되어 나타난다.

그래서 최선의 활동에는 이런 속성이 모두 포함된다. 그리고 우리는 행복이 이런 속성들로, 또는 그중 하나인 가장 훌륭한 것으로 구성되어 있다고 말한다.

하지만 앞서 말한 바와 같이,[47] 우리의 행복에는 분명 외적인 좋음도 필요하다. 재원(財源)이 없으면 고매한 행위를 하기가 불가능하거나 쉽지 않다. 많은 행위에서 우리는 친구들과 돈과 정치적 영향력을 도구처럼 사용하기에 하는 말이다. 또한 지체가 높다든가 슬하에 훌륭한 자식들을 둔다든가 외모가 준수한 것처럼 그것이 없어 행복이 망가지는 경우도 있다. 너무 못생겼거나 지체가 낮거나 슬하에 자식이 없어 외로운 사람은 행복하기 어려우며, 아주 불량한 자식들이나 친구들을 두었거나 착한 자식들과 친구들을 두었지만 이들과 사별한 사람은 더더욱 행복하기 어렵다. 따라서 우리가 앞서 말한 바와 같이, 행복에는 이런 종류의 좋은 조건들이 필요한 것 같다. 그래서 어떤 사람은 행복을 행운과 동일시하고, 어떤 사람은 행복을 미덕과 동일시한다.

제9장—어떻게 해야 행복해지는가

여기서 또 다른 문제가 제기된다. 행복은 학습이나 습관화나 다른 훈련을 통해 얻어지는 것인가, 아니면 신이 내려주거나 우연히 주어지는 것인가?

만약 신이 무엇인가를 인간에게 내려준다면, 행복이야말로 신이 내려준 것이 맞다. 행복은 인간 세상에서 가장 좋은 것이기 때문이다. 이 문제는 다른 분야에서 다루는 것이 마땅하지만 신이 내려준 것이 아니라 미덕과 어떤 학습이나 훈련을 통해 얻어지는 것이 행복이라 하더라도, 행복은 분명 가장 신적인 것 가운데 하나이다. 미덕이 받는 상과 미덕이 추구하는 목적은 확실히 세상에서 가장 좋은 것으로서, 신적인 것이며 축복받은 것으로 보이니까.

또한 행복에는 많은 사람이 동참할 수 있다. 미덕과 인연이 멀지 않은 사람이면 누구나 어떤 학습이나 개인적 노력을 통해 행복해질 수 있기 때문이다. 그렇게 행복해지는 것이 우연히 행복해지는 것보다 더 낫다면, 실제로도 더 낫다고 믿는 것이 사리에 맞다. 자연의 산물은 본성상 최대한 고매하기 마련이다. 기술과 그 밖의 다른 원인의 결과물도 그 점에서는 마찬가지이지만 가장 훌륭한 원인[48]의 결과물은 더더욱 그렇다. 가장 중요하고 가장 고매한 것을 운수소관으로 보는 것은 매우 부적절하다.

행복을 규정한 우리의 정의에서 이 문제의 해답을 구할 수 있다. 거기서 우리는 행복은 혼의 모종의 유덕한 활동이며,[49] 다른 좋음 가운데 더러는 행복의 필수 전제조건이고 더러는 자연스럽게 협조하는 것들로서 행복해지기 위한 수단으로 이용된다고 말한 바 있다.

47 1098b26.
48 혼 또는 지성.
49 1098a16(1권 7장).

이것은 우리가 첫머리에서 말한 것[50]과도 일치한다. 거기서 우리
30 는 정치학의 목적은 최고선이며, 정치학의 주된 관심사는 시민들
이 특정 자질을 갖추도록 하는 것이라고, 즉 고매한 행동을 하는
좋은 시민이 되게 하는 것이라고 보았으니 말이다.

따라서 우리가 소나 말이나 다른 동물을 행복하다고 하지 않는
것은 당연하다. 어떤 동물도 그런 활동을 하지 못하니까. 같은 이
1100a 유에서 아이도 행복하지 않다. 아이도 나이가 어려 그런 활동을 할
수 없기 때문이다. 아이를 행복한 사람으로 부른다면 이는 아이가
가진 잠재력 때문에 그렇게 부르는 것이다. 왜냐하면 앞서 말했듯
이[51] 행복해지기 위해서는 완전한 미덕과 평생의 노력이 필요하기
5   때문이다. 인생은 변화무쌍하여 온갖 우연한 일이 일어나기 마련
이며, 트로이아 전쟁 때의 프리아모스[52]에 관해 전해지듯이, 가장
행복한 사람도 노년에 큰 재앙을 당할 수 있다. 그런 불운을 만나
비참한 최후를 맞은 사람을 행복하다고 기릴 사람은 아무도 없다.

제10장―살아 있는 동안에는 어느 누구도 행복하다고 할 수 없는가

10 그렇다면 우리는 어느 누구도 살아 있는 동안에는 행복하다고 말
할 수 없고, 솔론의 조언에 따라 그 사람이 최후를 맞는 것을 볼 때
까지 기다려야 하는가?[53] 설령 이런 주장이 옳다고 하더라도 인간
은 죽은 뒤에야 행복한가? 아니면 이런 주장은 완전히 자기모순인
가? 특히 우리는 행복이 모종의 활동이라고 주장하니 말이다.

15   그러나 우리가 죽은 사람을 행복하다고 말하는 것이 아니고, 솔

론의 말도 사람은 죽어서야 재앙과 불행에서 해방되는 만큼 죽은
뒤에야 우리가 안심하고 누군가를 행복하다고 말할 수 있다는 뜻
이라면, 이런 주장 역시 반론의 여지가 있다. 이를테면 명예와 불
명예, 자녀들과 자손의 행운과 불운 같은 좋음과 나쁨은 살아 있   20
지만 그것을 미처 의식하지 못하는 사람에게도 일어나는 만큼 죽
은 사람에게도 일어난다는 것이 통념이기에 하는 말이다. 하지만
여기에도 문제점은 있다. 노년에 이르기까지 행복하게 살다가 행
복하게 최후를 맞은 사람이 있다 해도 그의 자손에게 많은 반전이
일어나, 그중 더러는 좋은 사람으로 그에 합당한 삶을 살지만, 더러
는 그와 정반대일 수 있기 때문이다. 물론 자손과 선조 사이에 많   25
은 세대 차가 날 것이다. 그렇다면 죽은 사람이 자손의 이런 부침
(浮沈)에 참여하여, 때로는 행복하고 때로는 불행하다는 것은 불
합리할 것이다. 하지만 자손의 행운과 불운이 선조에게 얼마 동안
이나마 아무런 영향을 미치지 않는다면 이 또한 불합리할 것이다.   30

50 1094a27~b10(1권 2장).

51 1098a16~18(1권 7장).

52 트로이아(Troia)의 마지막 왕인 프리아모스(Priamos)는 장남 헥토르가 아킬
레우스에게 죽고 그 시체를 찾으러 적진을 찾아가는 불운을 겪는다. 그는 젊어서
는 행복했으나 늙어서 큰 불운을 만난 노인의 대명사가 되었다.

53 헤로도토스(Herodotos), 『역사』(Histories apodexis) 1권 30~32장 참조. 솔론
(Solon)은 기원전 6세기 초에 활동하던 아테나이(Athenai)의 입법자로, 아테나이
민주정체의 기틀을 마련했다.

이제 우리는 앞서 제기된 문제[54]로 돌아가도록 하자. 그것을 고찰해보면 지금 논의 중인 문제가 해결될 수도 있으니까. 우리가 누군가 최후를 맞는 것을 보고 나서야 그가 지금 행복한 것이 아니라 전에 행복했다는 이유로 그를 행복한 사람이라고 해야 한다면, 그리고 살아 있는 사람은 운수가 뒤바뀔 수 있기에, 그리고 살아 있는 사람은 부침이 많지만 우리는 행복이 어떤 영구적인 것이라고 여기기에 누가 지금 행복한데도 그를 행복한 사람이라고 해서는 안 된다면, 이는 확실히 불합리하다. 만약 운수만 뒤쫓는다면, 우리는 분명 같은 사람을 때로는 행복한 사람으로 때로는 불행한 사람으로 불러야 한다. 그럼 행복한 사람은 일종의 카멜레온이 되고 그의 행복은 사상누각이 되고 만다. 누군가의 운수만 뒤쫓는 것은 전혀 옳지 않은 것 같다. 인생의 성공과 실패는 운수에 달려 있지 않고, 앞서 말했듯이 인생에는 운도 필요하지만 우리의 행복과 불행은 유덕한 활동이나 아니면 그와 반대되는 것이 결정하기 때문이다.

우리가 방금 논의한 이 문제는 우리의 정의(定義)를 뒷받침해준다. 인간의 어떤 기능도 유덕한 활동만큼 영속적이지 못하기 때문이다. 유덕한 활동은 몇몇 학문보다도 더 지속적이다. 또한 유덕한 활동 가운데 가장 존경스러운 것이 더 오래 지속된다. 더없이 행복한 사람은 무엇보다 그런 활동에 계속 전념하며 살아가기 때문이다. 그래서 유덕한 활동은 망각의 늪에 빠지지 않는다.

그렇다면 이런 속성[55]은 행복한 사람의 몫이며, 그래서 행복한 사람은 평생토록 행복할 것이다. 그는 모든 시간 또는 대부분의 시간을 유덕한 활동을 하거나 관조하며 보낼 테니까. 또한 그는 진실로 좋은 사람이며 한 점 나무랄 데 없는 사람으로서 운수의 변화를 가장 고매하게, 더없이 품위 있게 견딜 테니까.

하지만 살다보면 크고 작은 사건이 우연히 일어나기 마련이다. 사소한 불행이나 사소한 행운은 분명 우리 삶을 어느 한쪽으로 기울게 할 힘이 없지만, 좋은 일이 많이 생기면 삶은 더 풍요로워질 것이다. (그런 일들은 자연히 삶을 멋있게 해주고, 그런 일들을 이용하는 것은 고매하고 훌륭하기 때문이다.) 반면 좋지 못한 일이 많이 생기면 고통을 안겨주고 여러 활동을 방해함으로써 우리의 행복을 망쳐놓을 것이다. 하지만 고통에 무감각해서가 아니라 마음이 고매하고 넓기 때문에 수많은 큰 불행을 묵묵히 참고 견딘다면, 그의 고매한 품성은 큰 불행 속에서도 빛날 것이다.

그리고 앞서 우리가 말한 대로[56] 활동이 삶의 성격을 결정한다면, 행복한 사람은 결코 비참해지지 않는다. 그가 가증스럽고 비열한 짓을 하는 일은 없을 테니까. 진실로 좋은 사람이고 현명한 사람은 아마도 온갖 불행을 품위 있게 참고 견디며, 상황이 허락하는 한 언제나 가장 고매한 방도를 강구할 테니 말이다. 마치 주어진

---

54 1100a10~11.
55 지속적인 행복을 누리는 것.
56 1100b9~11.

군대로 가장 적절한 전략을 짜는 장군처럼, 주어진 가죽으로 가장

5   훌륭한 구두를 만드는 제화공처럼, 다른 장인이 모두 그렇게 하는

것처럼. 이치가 그렇다면 행복한 사람은 결코 비참해지지 않는다.

물론 행복한 사람도 프리아모스와 같은 불행을 당한다면 더없이

행복하다고 말할 수는 없겠지만. 행복한 사람은 또한 변덕스럽고

변화무쌍하지 않을 것이다. 그의 행복은 쉽사리, 그리고 흔히 일어

10   나는 불행으로는 망가지지 않을 것이다. 잇단 큰 불행으로는 망가

질지 몰라도. 잇달아 큰 불행을 당한다면, 단시일에 이런 불행에서

기운을 회복하여 다시 행복해지지는 못할 것이다. 그가 기운을 회

복하여 다시 행복해진다면, 이는 그가 오랜 기간에 걸쳐 빛나는 성

공을 수없이 거둔 뒤일 것이다.

15   이제 우리는 행복한 사람이란 외적인 좋음도 충분히 구비하고

있으며 일정 기간이 아니라 평생토록 유덕한 활동에 전념하는 사

람이라고 정의할 것이다. 그리고 '그가 앞으로도 그렇게 살다가 그

렇게 죽을 것이다'라고 덧붙여야 한다. 우리에게 미래는 확실히 알

수 없는 것이지만, 우리는 행복은 목적이며 모든 점에서 궁극적이

20   라고 주장하기 때문이다. 그렇다면 우리는 살아 있는 사람 가운데

앞서 말한 자질을 가졌거나 앞으로 가질 만한 사람을 인간으로서

행복하다고 말할 수 있다. 이런 문제들에 관해서는 이쯤 해두자.

제11장―산 사람의 운세가 죽은 사람에게도 영향을 미치는가

자손과 모든 친구의 운세가 죽은 사람에게 아무런 영향을 미치지

못한다는 생각은 매우 비정하고 통념과도 배치되는 것 같다. 그러나 세상에는 온갖 일이 다 일어나고 그중 어떤 것은 우리에게 더 영향을 미치고 어떤 것은 덜 영향을 미치는데, 이런 일들을 세세히 구분하는 것은 많은 시간이 걸리는, 아니 끝도 없는 작업이 될 테니 개략적인 윤곽만 짚어도 충분할 것이다.

누군가의 불행 가운데 어떤 것은 그의 삶에 큰 영향을 미치지만 어떤 것은 상대적으로 경미한 영향을 미치듯이 그의 친구들의 불행에도 이와 같은 차이가 있다면, 그리고 이런 불행이 살아 있을 때 일어나는지 죽은 뒤에 일어나는지에 따라 차이가 있다면(이것은 비극에서 잔혹한 범죄가 극이 시작되기 전에 일어나는지[57] 아니면 무대 위에서 일어나는지에서 드러나는 차이보다 더 큰 차이이다), 우리는 이러한 차이도 고려해야 할 것이다. 아니, 그보다도 우리는 죽은 사람이 과연 좋음 또는 나쁨에 참여할 수 있는지 물어야 할 것이다. 앞서 주장한 바에 따르면, 좋음 또는 나쁨이 죽은 사람에게 어떤 영향을 미친다면 그 영향은 그 자체로도 죽은 사람과 관련해서도 미약하거나 무시할 정도일 테니 하는 말이다. 설령 그렇지 않다 해도 그 영향은 아무튼 불행한 사람을 행복하게 만들거나 행복한 사람에게서 행복을 박탈할 정도는 아닐 것이다. 따라서

57 그리스 비극에서 살인 같은 잔혹 행위는 무대 위에서 실제로 공연되지 않고 소포클레스의 『오이디푸스 왕』(*Oidipous tyrannos*)에서처럼 극이 시작하기 전에 일어난 것으로 전제하거나, 사자(使者)가 나타나 보고하는 방법으로 처리된다.

친구들의 행운 또는 불운이 죽은 사람에게 어느 정도 영향은 미치지만, 그 영향은 행복한 사람을 불행하게 만들거나 그와 비슷한 변화를 가져다주는 그런 종류나 그런 정도는 아니다.

제12장―미덕은 칭찬받을 만하지만 행복은 칭찬을 초월한다

10 이런 문제들이 명확하게 해결되었으니, 우리는 행복이 칭찬받는 것에 속하는지, 아니면 존경받는 것에 속하는지 고찰해보기로 하자. 행복은 단순한 가능성이 아니기 때문이다.

칭찬받는 모든 것은 그것이 어떤 성질을 갖고 있고, 다른 것과 어떤 관계가 있으므로 칭찬받는다. 우리는 올바른 사람이나 용감
15 한 사람을, 다시 말해 좋은 사람과 미덕 일반을 그들의 행위와 업적 때문에 칭찬한다. 그리고 우리가 힘센 사람이나 빨리 달리는 사람 등등을 칭찬하는 것은 그가 어떤 성질을 갖고 있고, 탁월하고 좋은 것과 어떤 관계가 있기 때문이다. 이 점은 우리가 신들을 찬양하는 까닭을 생각해보면 명백해진다. 신들을 인간의 표준에 따
20 라 판단하는 것은 불합리해 보이지만, 우리가 그러는 것은 앞서 말한 바와 같이 칭찬이란 다른 것과의 관계를 내포하기 때문이다. 그러나 칭찬이 상대적인 것에 적용되는 것이라면, 최선의 것들에 적용되는 것은 분명 칭찬이 아니라 그보다 더 위대하고 더 나은 무엇일 것이다. 사실이 그렇다. 우리는 신들, 또는 신을 가장 많이 닮은 인간을 축복받고 행복하다고 말한다. 이 점은 여러 좋은 것의 경우
25 에도 마찬가지이다. 누구도 정의를 칭찬하듯 행복을 칭찬하지 않

는다. 오히려 행복은 더 신적이고 더 나은 것이라고 보고 '축복받은 것'이라고 부르니 말이다.

그런 의미에서 쾌락이 최고라는 에우독소스[58]의 주장 역시 옳은 것 같다. 그는 쾌락이 좋은 것 중 하나임에도 칭찬받지 못하는 것은 쾌락이 칭찬받는 것들보다 더 우위에 있다는 증거라고 생각했으니까. 그리고 그는 다른 좋은 것들이 신과 좋음에 비추어 칭찬받기에 신과 좋음도 이 점에서는 마찬가지라고 생각했다. 사실 칭 30 찬은 미덕에 합당하다. 미덕은 우리가 고매하게 행동하게 해주기 때문이다. 그러나 찬사[59]의 대상은 몸과 혼의 업적이다. 하지만 이 문제를 더 면밀히 검토하는 것은 찬사에 관해 별도로 연구하는 사 35 람의 몫이다. 아무튼 행복은 존경스럽고 궁극적인 것 중 하나라는 1102a 점은 우리가 앞서 말한 것들에서 분명하다.

이 점은 행복이 제1원리라는 사실을 보아도 알 수 있다. 우리 모두의 모든 행위는 행복을 위한 것이며, 우리는 제1원리와 좋은 것들의 원인이야말로 존경스럽고 신적인 것이라고 여기기 때문이다.

제13장—좋음이 무엇인지 이해하려면 인간의 혼을 연구해야 한다

행복은 궁극적 미덕에 걸맞은 혼의 활동인 만큼 우리는 미덕의 본 5 성을 고찰해야 한다. 그래야만 행복의 본성을 더 잘 이해할 수 있다.

---

58 Eudoxos(기원전 390년경~340년경). 플라톤의 제자로, 뛰어난 수학자였다.
59 enkomion.

또한 진정한 정치가는 무엇보다도 미덕을 연구하는 사람이라고 생각된다. 그는 동료 시민을 좋은 시민으로, 법에 잘 따르도록 만들기를 원하기 때문이다. 우리는 크레테와 라케다이몬[60]의 입법자들과 그런 자질을 가진 다른 사람을 예로 들 수 있다. 이런 것을 연구하는 것이 정치학의 일부라면, 이런 연구는 분명 우리의 원래 계획에 부합할 것이다.

그러나 우리는 분명 인간의 미덕을 연구해야 한다. 우리는 인간의 좋음 또는 인간의 행복을 찾고 있기 때문이다. 그런데 우리가 말하는 미덕이란 몸의 미덕이 아니라 혼의 미덕이다. 또한 우리는 행복도 혼의 활동이라고 정의한다. 그렇다면 정치가는 분명 혼에 관해 어느 정도는 알고 있어야 한다. 그것은 눈을 치료하려는 사람이 몸 전체를 어느 정도 알아야 하는 것과 같은 이치이다. 정치학은 의술보다 더 존경받는 더 훌륭한 학문인 만큼 더더욱 그렇다. 물론 의사 중에서도 제대로 된 의사는 몸에 관해 알려고 많은 노력을 기울인다. 따라서 정치가도 혼을 연구하되 미덕을 알기 위해 우리 연구에 필요한 만큼은 참여해야 한다. 혼의 본성을 더 세세히 탐구하자면 아마도 우리의 현재 목적이 요구하는 그 이상의 노력이 필요할 것이다.

혼에 관해서는 우리의 외부 공개용 저술들에서도 어느 정도 충분히 논의된 만큼[61] 우리는 이 저술들을 이용해야 할 것이다. 예컨대 혼의 일부는 이성적이고 일부는 비이성적이라고 했다. 이런 부분들이 몸이나 분리 가능한 어떤 것의 부분처럼 분리될 수 있는지,

아니면 원둘레의 철면(凸面)과 요면(凹面)처럼 사고상으로는 분리 30
되어도 본성상으로는 분리될 수 없는지는 우리의 현재 목표에는
중요하지 않다.

혼의 비이성적 요소 가운데 일부는 공통적인 것 같다. 영양섭취
와 성장의 원인이 되는 식물적인 부분 말이다. 혼의 이런 능력은 영
양분을 섭취하는 모든 것 속에 심지어 태아 속에도 있으며, 성체 1102b
(成體) 속에서도 그것은 같은 것이라고 보아야 한다. 성체의 능력
이 다르다고 보는 것보다 같다고 보는 것이 더 합리적이다.

따라서 이런 능력의 미덕은 분명 공통적이며 인간에만 국한된
것이 아니다. 이 부분과 그것의 능력은 잠잘 때 가장 왕성하게 활
동하는 것 같은데, 잠들어 있을 때는 좋은 사람과 나쁜 사람을 가 5
장 구별하기 어렵기 때문이다. (그래서 행복한 사람도 인생의 절반
은 비참한 사람과 다르지 않다는 속담이 생겼다. 그것은 일리 있는
말이다. 잠들어 있는 동안에는 잠이, 선악이 구분되는 혼의 기능
을 중지시키기 때문이다.) 일부 자극이 혼에 슬며시 스며들어 훌륭 10
한 사람이 보통 사람보다 더 좋은 꿈을 꾼다는 것 말고는 말이다.

60 크레테(Krete)는 크레타(Creta)섬의 그리스어 이름이다. 라케다이몬
(Lakedaimon)은 여기서 스파르테(Sparte 라/Sparta)를 달리 부르는 이름이다.
61 아리스토텔레스의 저술들은 외부 공개용과 강의용으로 나뉘는데 전자는
없어졌다. '외부 공개용 저술들'(ta exoterika)을 아리스토텔레스가 강의하던 뤼
케이온(Lykeion) 학원 밖, 이를테면 플라톤이 창설한 학원인 아카데메이아
(Akademeia)에서 강의된 것을 의미한다고 보는 이들도 있다.

이 주제는 충분히 논의되었으니 영양섭취 능력에 관해서는 이쯤 해두자. 그것은 본성상 인간의 미덕과는 무관하기 때문이다.

혼에는 비이성적이지만 어떤 의미에서는 이성에 참여하는 어떤 요소가 있는 것 같다. 우리는 자제력 있는 사람과 자제력 없는 사람의 이성, 즉 혼의 이성적 부분을 칭찬하니 말이다. 우리가 칭찬하는 것은 이 부분이 그들을 올바른 방향으로 나아가 최선을 지향하도록 촉구하기 때문이다. 그러나 그들 안에는 분명 이성 외에도 이성에 맞서 싸우며 저항하는, 본성적으로 비이성적인 다른 요소도 있다. 몸의 경우 뒤틀린 사지는 우리가 오른쪽으로 움직이려고 하면 반대 방향인 왼쪽으로 움직이듯이, 혼의 경우에도 그런 일이 일어난다. 자제력 없는 사람의 충동은 반대 방향으로 움직인다. 몸의 경우에는 빗나가는 것이 눈에 보이지만 혼의 경우에는 보이지 않는다. 그럼에도 우리는 혼 안에는 이성 외에도, 이성에 맞서 반항하는 어떤 요소가 있다고 보아야 할 것이다. 이 요소가 다른 요소들과 어떻게 다른지는 중요하지 않다. 그러나 앞서 말한 바와 같이,[62] 이 요소 역시 이성에 참여하는 것 같다. 아무튼 자제력 있는 사람이 가진 이 요소는 이성에 복종하며, 절제 있는 사람과 용감한 사람이 가진 이 요소는 아마도 더 고분고분할 것이다. 이런 사람들이 가진 이 요소는 이성과 완전한 조화를 이루기 때문이다.

따라서 혼의 비이성적 요소는 두 부분으로 구성되어 있는 것 같다. 식물적 부분은 이성에 조금도 참여하지 않지만, 욕구적이고 욕망적 부분 일반은 이성에 귀를 기울이고 복종하는 한 어떤 의미에서 이성에 참여하기 때문이다. 여기서 이성이란 누가 아버지나 친구들의 조언에 따르면 이성적인 사람이라는 말을 듣는다는 의미에서의 이성이지 수학적 의미에서의 이성은 아니다. 비이성적 요소가 이성에 설득될 때도 있는 것은 사람들이 조언하고, 질책하고, 격려하는 것을 보면 알 수 있다. 그러나 우리가 혼의 비이성적 요소 1103a도 이성적이라고 해야 한다면 이성적 요소도 두 부분으로 나뉠 것이다. 그중 하나는 그 자체로 엄밀한 의미에서 이성적 부분이고, 다른 하나는 아버지의 충고에 귀를 기울이려는 사람처럼 이성에 귀를 기울이려고 하는 부분이다.

미덕도 혼의 이런 구분에 따라 여러 종류로 나뉜다. 우리는 철학 5적 지혜·이해력·실천적 지혜 같은 것을 지적[63] 미덕이라 하고, 후함과 절제 같은 것은 도덕적[64] 미덕이라고 부른다. 누군가의 성격에 관해 말할 때 우리는 그가 지혜롭다거나 이해가 빠르다고 하지 않고 참을성이 많다 또는 절제 있다고 말하기 때문이다. 하지만 우리는 지혜로운 사람을 그의 마음가짐[65] 때문에 칭찬하는데, 칭찬받을 만한 이런 마음가짐을 우리는 미덕이라고 부른다. 10

---

62 1102b13~14.

63 dianoetike.

64 ethike.

65 hexis. 문맥에 따라 '성향' '기질' '자세'로 옮길 수 있다.

제 2 권

도덕적 미덕

제1장—도덕적 미덕은 다른 기술처럼 반복행위로 습득된다

이렇듯 미덕은 두 가지가 있는데, 지적 미덕과 도덕적 미덕이 그것
이다. 지적 미덕은 주로 교육에 따라 생겨나고 성장하는데, 그러
자면 시간과 경험이 필요하다. 한편 도덕적 미덕은 습관의 산물이
다. 그래서 그런 미덕은 '습관'[1]이라는 말에서 파생된 '도덕적'[2]이라
는 이름으로 불린다. 이로 미루어볼때 도덕적 미덕은 어떤 것도 우
리 안에서 저절로 생겨나지 않음이 분명하다. 타고난 본성이라면
습관에 따라 달라지지 않기 때문이다. 예컨대 본성적으로 아래로
떨어지는 돌은 수만 번을 위로 던지며 아무리 노력을 해도 위로 솟
구치도록 습관을 들일 수 없으며, 불도 아래로 타 내려가도록 습
관을 들일 수 없다. 그 밖의 다른 것도 타고난 본성에 어긋하게 움
직이도록 습관을 들일 수 없다. 따라서 도덕적 미덕은 우리 안에서
본성적으로 생겨나지도 본성에 반해 생겨나지도 않으며, 오히려

우리가 그것을 본성적으로 받아들여 습관화함으로써 완성된다.

또한 자연이 우리에게 부여하는 모든 능력도 우리에게 먼저 그 잠재력[3]이 주어지고 나중에 그것이 실현된다. (이는 감각을 보면 분명히 알 수 있다. 우리가 자꾸 보거나 자꾸 들어서 감각이 생긴 것이 아니다. 우리는 사용하기 전부터 감각을 가지고 있었지, 사용함으로써 감각이 생겨난 것은 아니다.) 그러나 미덕을 습득하려면 먼저 실천해봐야 한다. 예컨대 우리는 건축을 해봐야 건축가가 되고, 뤼라를 연주해봐야 뤼라 연주자가 된다. 마찬가지로 올바른 행동을 해야 올바른 사람이 되고, 절제 있는 행동을 해야 절제하는 사람이 되며, 용감한 행동을 해야 용감한 사람이 된다. 많은 국가에서 일어나는 일들도 이것을 입증한다. 입법자들은 습관화를 통해 시민을 좋은 시민으로 만들며, 바로 이것이 모든 입법자의 바람이기 때문이다. 그러지 못하는 입법자들은 실패하기 마련이다. 이것이 좋은 정체(政體)[4]와 나쁜 정체의 차이점이다.

또한 기술이 다 그렇듯이 모든 미덕은 같은 원인과 같은 수단에 의해 생겨나기도 하고 망가지기도 한다. 훌륭한 뤼라 연주자도, 서투른 뤼라 연주자도 뤼라를 연주함으로써 생겨나기 때문이다. 이

30

1103b

5

---

1 ethos.
2 ethike. 문맥에 따라 '윤리적'으로 옮길 수 있다.
3 dynamis.
4 politeia.

는 건축가와 다른 분야의 장인도 마찬가지이다. 건축을 잘하면 훌륭한 건축가가 되고, 건축을 서투르게 하면 서투른 건축가가 되니 말이다. 그렇지 않다면 그들을 가르치는 사람이 따로 필요 없을 것이다. 모두들 태어나면서부터 자기 기술에 능하거나 서투를 테니 말이다.

　　미덕도 마찬가지이다. 남을 대할 때 어떻게 행동하는지에 따라

우리는 올바른 사람이 되거나 불의한 사람이 되며, 위험에 직면하여 어떻게 행동하는지에 따라, 그리고 두려워하는 습관이 있는지 자신감을 갖는 습관이 있는지에 따라 용감한 사람이 되거나 겁쟁이가 될 것이다. 이는 욕구와 분노도 마찬가지이다. 그런 경우에 어떻게 행동하는지에 따라 어떤 이는 절제 있고 침착한 사람이 되고,

어떤 이는 무절제하고 성마른 사람이 될 테니까. 한마디로 말하자면 동일한 마음가짐은 동일한 행동들에서 생겨난다. 그래서 우리는 우리의 행동에 어떤 성격을 부여하지 않으면 안 된다. 어떤 마음가짐을 갖게 되는지는 행동의 성격에 좌우되기 때문이다. 따라서 아주 어릴 때부터 어떤 습관을 들이는지에 따라 사소한 차이가 아

니라 큰 차이가, 아니 모든 차이가 생겨나는 것이다.

제2장─정확히 규정할 수 없는 행위도 지나침과 모자람은 피해야 한다

그런데 우리가 지금 연구하는 분야는 다른 분야처럼 이론적 지식을 추구하지 않는다. 우리는 미덕이 무엇인지 알기 위해서가 아니라 좋은 사람이 되기 위해 연구하기 때문이다. 그것이 아니라면

우리의 연구는 쓸모없는 것이다. 따라서 우리는 무엇보다도 우리가 어떻게 행동해야 하는지 고찰해야 한다. 앞서 말한 바와 같이[5] 우리가 어떤 마음가짐을 갖게 되는지는 행동의 성격에 좌우되기 때문이다.

우리가 올바른 원칙에 따라 행동해야 한다는 데는 누구나 동의하는 만큼 이를 우리 논의의 전제로 삼을 것이다. 올바른 원칙이 무엇이며 다른 미덕과 어떤 관계가 있는지는 나중에[6] 논의할 것이다. 그러나 논의를 시작하기 전에 먼저 합의해두어야 할 것이 있다. 그것은 우리가 요구하는 설명은 주제에 적합해야 한다고 첫머리에서[7] 말한 것처럼 행위를 설명한 내용은 개략적이어야지 세밀함을 요구할 수는 없다는 점이다. 행위에 관한 문제나, 무엇이 우리에게 유익한가 하는 문제와 관련해서는 건강에 관해서와 마찬가지로 확고히 정해진 것이 없기 때문이다.

보편적 규칙이 정확하지 못하면, 개별 문제에 그것을 적용할 경우 정확성을 기하기는 더욱 어렵다. 개별 문제는 어떤 기술이나 규 칙에도 속하지 않아, 행위자는 의사나 선장처럼 매번 그때그때 상황이 요구하는 것을 스스로 생각해야 한다. 하지만 지금 우리가 그 런 종류의 것을 연구한다 해도 우리는 도움을 주도록 노력해야 할

5 1103a31~1103b25(2권 1장).
6 1144b26~1145a2(6권 13장).
7 1094b11~27(1권 2~3장).

것이다.[8]

그렇다면 먼저 우리는 체력과 건강에서 볼 수 있듯이, 도덕적 자질들은 본성상 모자람[9]과 지나침[10]에 따라 손상된다는 점을 염두에 두어야 한다. 체력과 건강을 예로 드는 것은 명확한 예로 불명확한 것을 밝히려는 의도이다. 운동은 지나치거나 모자라면 체력을 떨어뜨리고, 마찬가지로 음식물 섭취도 너무 많거나 너무 적으면 건강을 해친다. 반면 적정량은 건강을 증진하거나 유지하게 한다. 이 점은 절제와 용기와 다른 미덕도 마찬가지이다. 무엇이든 피하고 두려워하며 버티지 못하는 사람은 비겁해지고, 아무것도 두려워하지 않고 모든 위험에 맞서는 사람은 무모해진다. 마찬가지로 모든 쾌락에 탐닉하며 어떤 쾌락도 멀리하지 않는 사람은 방탕해지고, 촌뜨기처럼 모든 쾌락을 피하는 사람은 무감각해진다. 이와 같이 절제와 용기는 지나침과 모자람에 따라 손상되고, 중용[11]에 따라 보존된다.

미덕만이 같은 원인과 같은 수단에 의해 손상되기도 하고 생성·발전되기도 하는 것이 아니라, 유덕한 활동도 그 점에서는 마찬가지이다. 체력처럼 더 식별 가능한 다른 경우도 마찬가지이다. 체력은 음식물을 많이 섭취하고 많은 노고를 견뎌내는 데서 생기는데, 이런 일은 체력이 강한 사람이라야 가장 잘해낼 수 있으니까. 미덕도 마찬가지이다. 쾌락을 멀리함으로써 우리는 절제하는 사람이 되고, 절제하는 사람이 되어야 쾌락을 가장 잘 멀리할 수 있다. 용기도 마찬가지이다. 두려운 것을 대수롭지 않게 보고 견뎌내는 습관을 들임으로써 우리는 용감해지고, 용감해지면 두려운 것들을 가장 잘 견뎌낼 수 있을 테니까.

제3장—자신의 행위가 즐거운지 괴로운지는 도덕적 성숙의 지표가 된다. 훌륭한 처신은 쾌감이나 고통을 대하는 적절한 태도에서 나오기 때문이다

우리는 자신의 행위가 즐거운지 괴로운지를 그 사람의 마음가짐을 보여주는 지표로 삼아야 한다. 육체적 쾌락을 멀리하되 자신의 그런 행위가 즐거운 사람은 절제 있고, 그런 행위가 괴로운 사람은 방탕하다. 또한 위험에 맞서기를 즐기거나 적어도 그러는 것이 괴롭지 않은 사람은 용감하고, 그러는 것이 괴로운 사람은 비겁하다. 도덕적 미덕은 쾌락과 고통에 관련되기 때문이다. 우리는 나쁜 짓을 쾌락 때문에 하고, 고매한 행동은 고통 때문에 하지 않는다. 그래서 우리는 즐거워해야 할 일은 즐거워하고 괴로워해야 할 일은 괴로워하도록, 플라톤의 말처럼[12] 아주 어릴 때부터 특별한 방법으로 훈련받을 필요가 있다. 바로 이것이 진정한 교육이기 때문이다.

8 가급적 정확하게 기술함으로써 도움을 주는 것을 말한다.
9 endeia.
10 hyperbole.
11 mesotes.
12 플라톤, 『국가』 401e~402a, 『법률』 653e 이하.

15   또한 미덕이 행위와 감정에 관련되고 모든 행위와 감정에 언제
나 쾌감이나 고통이 따른다면, 이 때문에라도 미덕은 쾌락과 고통
에 관련될 것이다. 이 점은 벌이 고통과 쾌락[13]으로 이루어진다는
사실에서도 알 수 있다. 벌은 일종의 치유인데, 그런 치유는 본성
상 상반하는 것으로써 이루어지기 때문이다.

      또한 앞서 말한 바와 같이[14] 혼의 모든 마음가짐은 본성상 혼을
20   더 좋아지게 하거나 더 나빠지게 하는 조건과 관계가 있고 관련이
있다. 사람들은 쾌락과 고통 때문에 나빠진다. 다시 말해 쾌락은
추구하고 고통은 회피하되 그래서는 안 되는 것을, 그래서는 안
되는 때에, 그래서는 안 되는 방법이나 그 밖의 다른 비이성적 방
법으로 추구하거나 회피하기 때문이다. 그래서 어떤 사람은 미덕
25   을 일종의 무감각상태[15] 또는 휴식상태[16]로 분류했다. 하지만 그
것은 옳지 못하다. 그들은 무조건적으로 그렇게 말하고, 방법과
시기 등에 관해 적절하다거나 부적절하다는 말을 하지 않는다. 따
라서 우리는 도덕적 미덕은 쾌락이나 고통과 관련하여 우리가 최
선의 행동을 하게 하는 경향이 있고, 도덕적 악덕은 그 반대라는
것을 논의의 전제로 삼기로 한다.

      다음 사실도 미덕과 악덕이 쾌락과 고통에 관련된다는 점을 보
30   여준다. 선택 대상은 세 가지인데 고매한 것, 유용한 것, 즐거운 것
이 그것이다. 회피 대상도 세 가지인데 그와 반대되는 것, 곧 창피
한 것, 유해한 것, 괴로운 것이 그것이다. 이 모든 것과 관련하여 좋
은 사람은 올바른 길을 가고 나쁜 사람은 그릇된 길을 가는 경향이

있는데, 쾌락과 관련해서는 특히 그렇다. 쾌락은 모든 동물에게 공
통되고, 모든 선택 대상에 따라붙기 때문이다. 고매한 것과 유용한 것도 분명 즐거우니 말이다.

쾌락은 어릴 때부터 우리 모두와 함께 자라왔다. 따라서 우리 삶 속에 뿌리내린 쾌락이라는 감정을 근절하기는 어렵다. 또한 우리는 정도의 차이는 있지만 쾌락과 고통이라는 잣대로 우리의 행위를 잰다. 따라서 우리의 연구도 전체적으로는 이런 감정에 관한 것을 다루어야 한다. 우리가 쾌락과 고통을 느끼는 방법이 옳은지 그른지는 우리 행동에 적지 않은 영향을 미치니까.

또한 헤라클레이토스의 말처럼,[17] 쾌락과 싸우기란 분노와 싸우기보다 어렵다. 그러나 모든 기술과 미덕은 언제나 더 힘든 것에 관련된다. 힘든 것에서 얻은 성공이 더 훌륭하기 때문이다. 따라서 이런 이유 때문에도 미덕과 정치의 관심사는 시종일관 쾌락과 고통이어야 한다. 쾌락과 고통을 잘 다루는 사람은 좋은 사람이 되고, 잘못 다루는 사람은 나쁜 사람이 될 것이기 때문이다.

13 정확히는 쾌락의 박탈.

14 1104a27~b3(2권 2장).

15 apatheia.

16 eremia.

17 딜스/크란츠(Diels/Kranz, 이하 D/K), 『소크라테스 이전 철학자들의 단편들』 (*Die Fragmente der Vorsokratiker*) 중 헤라클레이토스, 단편 85 참조. 헤라클레이토스(Herakleitos)는 기원전 6세기에 활동한 소아시아 이오니아(Ionia) 지방 출신 철학자이다.

제2권 **67**

미덕이 쾌락과 고통에 관련된다는 점은, 다시 말해 미덕은 자신을 낳는 행위에 의해 증진하기도 하지만 그렇지 못한 행위에 의해 손상된다는 점과, 미덕을 낳는 행위가 곧 미덕의 활동 영역이라는 점은 이상으로 충분히 논의된 것으로 하자.

제4장—유덕한 행위로 미덕을 습득하는 것이 가능한지에 답하다

하지만 올바른 사람이 되려면 먼저 올바른 행위를 해야 하고 절제하는 사람이 되려면 절제 있는 행위를 해야 한다는 우리의 주장[18]을 두고, 그게 대체 무슨 뜻이냐고 묻는 사람도 있을 것이다. 사람이 올바르고 절제 있는 행위를 하면, 이미 올바르고 절제 있기 때문이다. 이것은 누군가 단어를 문법 규칙에 맞게 정확하게 구사하고 악기를 정확하게 연주하면, 이미 문법가이고 음악가인 것과 같은 이치이다.

아니면 이런 기술 분야에서도 이것은 사실이 아닌가? 우연히 또는 남의 지시를 받아 몇몇 단어를 문법 규칙에 맞게 구사할 수도 있으니까. 그렇다면 어떤 사람이 문법에 맞는 행위를 문법에 맞게, 즉 자신이 가진 문법 지식에 힘입어 행할 때에만 문법가일 것이다.

또한 기술과 미덕은 경우가 다르다. 기술의 산물은 그 안에 이미 그 가치를 내포하고 있어, 어떤 성질을 갖기만 해도 그것으로 충분하다. 그러나 유덕한 행위는 어떤 성질을 갖고 있다고 해서 올바르게 또는 절제 있게 행해지는 것이 아니다. 그러려면 행위자가 특정한 마음가짐을 갖고 행해야 한다. 행위자는 첫째, 자기가 무엇을

하는지 알아야 하고, 둘째, 행위를 선택하되 그 자체 때문에 선택 1105b
해야 하며, 셋째, 확고부동한 마음가짐에서 행위해야 한다. 그러나
이런 것이 기술을 습득하기 위한 조건으로 간주되지는 않는다. 지
식을 제외하고는 말이다. 그러나 미덕과 관련해서는 지식은 전혀
또는 별로 영향을 미치지 못하지만 다른 두 조건은 적잖이, 아니
지극히 중요하다. 그리고 이 두 조건은 올바르고 절제 있는 행위를
반복해서 행할 때 충족된다.

따라서 행위는 올바르고 절제하는 사람이 행할 법한 행위일 때 5
올바르고 절제 있는 행위라고 불린다. 그러나 올바르고 절제하는
사람은 단순히 그런 행위를 행하는 사람이 아니라, 올바르고 절제
하는 사람이 행할 법하게 그런 행위를 행하는 사람이다. 따라서 사 10
람은 올바른 행위를 함으로써 올바르게 되고, 절제 있는 행위를 함
으로써 절제 있게 된다고 말하는 것이 옳다. 그런 행위를 하지 않는
다면 어느 누구도 좋은 사람이 될 기회조차 갖지 못할 것이다.

그러나 대부분의 사람은 그런 행위를 하지는 않고 이론으로 도
피하여 자기들은 철학자이니 철학을 통해 훌륭한 사람이 될 것이
라고 생각한다. 그런 사람은 의사 말을 주의 깊게 들으면서도 의사 15
의 지시대로 하지 않는 환자와 같다. 그런 식의 치료법으로는 환자
의 몸이 더 나아지지 않듯이, 철학자들의 혼도 그런 식의 철학으로

---

18 1103a31~b25(2권 1장), 1104a27~b3(2권 2장).

는 더 나아지지 않는다.

제5장—미덕을 정의하려면 그것이 어느 부류에 속하는지 정해야 한다. 미덕은 감정이나 능력이 아니라 마음가짐이다

20 이제 우리는 미덕이 무엇인지 고찰해야 한다. 혼에서 발견되는 것은 감정, 능력, 마음가짐[19] 이상 세 가지이다. 따라서 미덕은 그중 하나일 것이다. 감정이란 욕구, 분노, 두려움, 자신감, 질투, 환희, 사랑, 증오, 동경, 경쟁심, 연민 등 쾌락이나 고통이 따르는 모든 상태를 말한다. 능력이란 우리가 이런 감정을 느끼게 하는, 이를테 25 면 분노나 슬픔이나 연민을 느끼게 해주는 감수성을 말한다. 마음가짐이란 우리가 이런 감정에 잘 대처하거나, 잘못 대처하게 하는 심적 상태를 의미한다. 예컨대 우리가 분노를 너무 격렬하게 느끼거나 너무 약하게 느끼면 분노에 잘못 대처하는 것이고, 적절히 느끼면 분노에 잘 대처하는 것이다. 이는 다른 감정에서도 마찬가지이다.

그런데 미덕도 악덕[20]도 감정은 아니다. 우리는 우리의 감정 때문에 좋은 사람이라거나 나쁜 사람이라는 말을 듣는 것이 아니라, 30 우리의 미덕과 악덕 때문에 그런 말을 듣는다. 또한 우리는 우리의 감정 때문에 칭찬받거나 비난받지 않고(어떤 사람이 두려워하거나 화낸다고 해서 칭찬받는 것도 아니고, 어떤 사람이 화낸다고 해서 무조건 비난받는 것이 아니라 특정 방법으로 화낼 때 비난받는 1106a 다), 우리의 미덕과 악덕 때문에 칭찬받고 비난받는다. 또한 화내거나 두려워하는 것은 우리가 선택하는 것이 아니지만, 미덕은 우리가 선택하는 것이거나 우리의 선택을 내포한다. 또한 우리는 우리의 감정과 관련해 마음이 움직인다는 말을 듣지만, 우리의 미덕 5 이나 악덕과 관련해서는 마음이 움직인다는 말을 듣지 않고 마음이 어떤 상태에 있다는 말을 듣는다.

이런 이유에서 미덕은 능력도 아니다. 우리는 단순히 이런 감정을 느낄 능력이 있다고 해서 좋은 사람이라거나 나쁜 사람이라는 말을 듣지 않고, 칭찬받거나 비난받지도 않기 때문이다. 또한 우리는 본성적으로 이런 능력을 갖고 있지만, 본성적으로 좋은 사람이 되거나 나쁜 사람이 되지는 않는다. 이에 대해서는 앞서[21] 언급한 10 바 있다.

미덕이 감정도 아니고 능력도 아니라면 마음가짐일 수밖에 없다. 이상으로 우리는 미덕이 어느 부류에 속하는지 이야기했다.

제6장—도덕적 미덕의 특징은 중용을 선택하는 것이다

그러나 우리는 미덕이 마음가짐이라고만 말할 것이 아니라 어떤 종류의 마음가짐인지도 말해야 한다. 그러면 모든 미덕은 미덕을 15 지닌 것이 좋은 상태에 있게 하고 제 기능을 잘 수행하게 하는 것이

19 pathos. dynamis. hexis.

20 kakia.

21 1103a18~b2(2권 1장).

라고 말할 수 있다. 예컨대 눈의 미덕은 눈과 눈의 기능을 좋게 한다. 우리는 눈의 미덕을 통해 잘 보기 때문이다. 마찬가지로 말의
20　미덕은 말이 좋은 말이 되게 할뿐더러 잘 달리게 해주고, 기수를 잘 운반하게 해주며, 적의 공격을 잘 버티게 한다. 이런 규칙이 모든 경우에 적용된다면, 인간의 미덕은 인간을 좋게 이끌며 인간이 제 기능을 잘 수행하게 하는 마음가짐일 것이다.

25　　어떻게 해서 그렇게 되는지는 우리가 이미 설명한 바 있지만[22] 그 점은 다음과 같이 미덕의 특성이 무엇인지 고찰해보아도 분명해질 것이다.

　　이어져 있고 나눌 수 있는 모든 것에서 우리는 더 많은 양을, 또는 더 적은 양을, 또는 동등한 양을 사물 자체와 관련해서도, 우리 자신과 관련해서도 취할 수 있다. 그리고 동등한 양이란 지나침과 모자람의 중간이라 할 수 있다. 사물 자체와 관련해서 중간이란
30　양쪽 끝에서 같은 거리에 있는 지점을 말하는데, 이것은 누구에게나 하나뿐이며 동일하다. 우리 자신과 관련해서 중간이란 지나치지도 모자라지도 않음을 말하는데, 이것은 하나만 있는 것도 아니고 모두에게 동일한 것도 아니다. 예컨대 10은 많고 2는 적다고 할 경우, 사물 자체와 관련해서는 6이 중간이다. 왜냐하면 6이 2를 초
35　과하는 양은, 6이 10에서 모자라는 양과 같기 때문이다. 이것이 산술적 비례에 따른 중간[23]이다. 그러나 우리 자신과 관련한 중간
1106b　은 그런 방법으로는 구하지 못한다. 어떤 사람에게 10므나[24]의 음식은 많고 2므나는 적다고 할 경우, 체육교사가 반드시 6므나를 처

방하지는 않는다. 6므나도 사람에 따라서는 너무 많거나 너무 적을 수 있으니까. 밀론[25]에게는 너무 적고, 초보 운동선수에게는 너무 많다. 달리기와 레슬링의 경우도 마찬가지이다. 모든 학문의 전문가는 이런 방법으로 지나침과 모자람을 피하며 중간을 찾아내 선택한다. 사물 자체와 관련한 것이 아니라 우리 자신과 관련한 중간을.

따라서 모든 학문이 이렇게 중간을 눈여겨보고 중간을 기준 삼아 결과물을 판단함으로써 제 기능을 잘 수행한다면(그래서 사람들은 성공적인 결과물은 보탤 것도 뺄 것도 없다고 말하는데, 이 말은 지나침과 모자람이 결과물의 장점을 망치게 하지만 중용은 보존하는 만큼 훌륭한 장인은 우리가 말하는 바와 같이 중용을 바라보며 작업해야 한다는 뜻이다), 그리고 미덕은 자연과 마찬가지로 어떤 기술보다 더 정확하고 더 효과적이라면, 미덕이야말로 중간을 목표로 삼을 것이다. 여기서 미덕이란 도덕적 미덕이다. 감정과 행위와 관련된 것은 도덕적 미덕이고, 행위와 미덕에는 지나침과 모자람과 중간이 내포되기 때문이다. 예컨대 두려움, 자신감, 욕구, 분노, 연민, 쾌락과 고통 일반은 너무 많이 또는 너무 적게 경

---

22 1098a7 이하, 1103b6~22(2권 1장).

23 meson kata ten arithmetiken analogian(산술적 비례에 따른 중간).

24 1므나(mna)는 무게의 단위로는 약 430그램이다.

25 Milon. 기원전 6세기 남이탈리아 출신의 유명 운동선수.

20　험할 수 있는데, 어느 쪽도 좋은 것은 아니다. 그러나 적당할 때, 적당한 사물과 관련해, 적당한 사람들에게, 적당한 목적을 위해, 적당한 방법으로 그런 감정을 느끼는 것은 중용이자 최선인데 이것이 미덕의 특징이다. 마찬가지로 행위에도 지나침과 모자람과 중
25　간이 있다. 그러나 미덕은 감정과 행위와 관련하며 감정과 행위에서 지나침과 모자람은 일종의 실패이고 중간은 칭찬받을뿐더러 일종의 성공으로 인정받는데, 칭찬받고 성공하는 것은 모두 미덕의 특징이다. 따라서 미덕은 적어도 중간을 목표로 삼는다는 점에서 일종의 중용이다.

30　또한 실패하는 데는 여러 방법이 있다. (퓌타고라스학파의 표현을 빌리자면, 나쁜 것은 무한하고 좋은 것은 유한하니까.) 그러나 성공하는 방법은 한 가지뿐이다. (그래서 한 가지는 다시 말해 정도(正道)에서 벗어나기는 쉽고, 한 가지는 다시 말해 정도에 머물기는 어렵다.) 이런 이유 때문에라도 지나침과 모자람은 악덕의 특징이고 중용은 미덕의 특징이다.

35　사람들은 한 가지 방법으로 좋지만 온갖 방법으로 나쁘기 때문이다.[26]

　　따라서 미덕은 합리적 선택을 내포하고 우리 자신과 관련된 중
1107a　간으로 이루어지며, 현명한 사람이 결정할 법한 방법으로 이성에 따라 결정된 마음가짐이다. 여기서 중간이란 지나침과 모자람이

라는 두 악덕 사이의 중간이다. 미덕이 중간인 까닭은 이런 악덕들은 감정과 행위에서 적당한 것에 미치지 못하거나 넘어서는 데 반해 미덕은 중간을 찾아내어 선택하기 때문이기도 하다. 따라서 미덕은 실체와 본질을 정의하자면 중용이지만, 무엇이 최선이고 무엇이 좋은지의 관점에서 보면 최상이다.

그러나 모든 행위와 모든 감정에서 중용이 가능한 것은 아니다. 어떤 것들은 자신이 나쁘다는 것을 이름에서부터 드러낸다. 악의·파렴치·질투가 그러하고, 행위의 경우 간음·도둑질·살인이 그러하다. 이런 것과 이와 비슷한 것들이 나쁘다고 하는 것은 그 자체가 나쁘기 때문이지 그것들이 지나치거나 모자라기 때문이 아니다. 따라서 이런 것들과 관련해서는 과녁을 맞히는 것이 아예 불가능하여 언제나 빗맞히기 마련이다. 이런 것들과 관련해서는 좋고 나쁨이 상황에, 이를테면 적당한 여자와 적당한 때에 적당한 방법으로 간음하는지에 달려 있지 않다. 이런 것들은 어느 것을 행하든 무조건 정도에서 벗어나기 마련이다.

따라서 불의하거나 비겁하거나 절제 없는 행위에도 중용과 지나침/모자람이 있으리라고 예상하는 것도 불합리하다. 그럴 경우에는 지나침과 모자람의 중용도 있고, 지나침의 지나침과, 모자람의 모자람도 있을 테니 말이다. 중용은 어떤 의미에서 최상이기에 절

26 출전 미상.

제와 용기에는 지나침과 모자람이 없듯, 앞서 언급한 악덕에도 중용이나 지나침이나 모자람이 없다. 하지만 그런 악덕을 행하면 과녁을 빗맞힌다. 일반적으로 지나침이나 모자람에는 중용이 없고, 중용에는 지나침이나 모자람이 없기 때문이다.

제7장—중용의 원칙을 개별 미덕에 적용해보다

하지만 이렇게 일반화하는 것으로는 충분하지 않다. 우리는 이를 개별 경우에 적용해봐야 한다. 우리가 행위를 논할 때 일반적 논의는 더 광범위하게 적용되지만, 개별 논의는 진실에 더 가깝다. 그럴 수밖에 없는 것이 행위는 개별 경우와 관련해야 하고, 이론은 개별 경우와 일치해야 하기 때문이다. 그렇다면 도표[27]에서 몇 가지 예를 들어보자.

두려움과 자신감의 중용은 용기이다. 지나친 경우 중에서 두려움을 모른다는 점에서 지나친 사람에게 붙일 이름은 없지만(이름 붙일 수 없는 경우는 허다하다), 자신감에서 지나친 사람은 무모하고, 두려움이 지나치고 자신감이 모자라는 사람은 겁쟁이이다. 쾌락과 고통과 관련해서는(물론 다 그런 것도 아니고 고통의 경우에는 좀 덜하지만) 중용은 절제이며, 지나침은 방종이다. 쾌락과 관련하여 모자란 사람은 흔치 않아 명칭도 없지만, 그들은 '무감각한 사람'이라고 부르기로 하자.

돈거래에서 중용은 후함이며 지나침과 모자람은 방탕과 인색이다. 이런 자질을 가진 자는 상반된 방법으로 지나치고 모자란데,

방탕한 사람은 지출이 과하고 수입이 적은 데 반해 인색한 사람은 수입이 과하고 지출이 적다. 지금은 우리가 이 주제에 관해 개략적으로 설명하는 것으로 만족하지만 나중에[28] 더 세밀하게 분석할 것이다.

돈과 관련해서는 다른 마음가짐들도 있다. 돈과 관련된 중용은 통 큼이고(통 큰 사람은 후한 사람과 다르다. 전자는 거액을, 후자는 소액을 다룬다), 지나침은 속물근성과 무미건조함이며 모자람은 좀스러움이다. 이것들은 후함에 반대되는 마음가짐과는 다른데, 어떻게 다른지는 나중에[29] 설명할 것이다.

명예와 불명예에서 중용은 자부심이고 지나침은 일종의 허영심이며 모자람은 소심함이다. 앞서 우리는 후함은 소액을 다룬다는 점에서 통 큼과 다르다고 말했다.[30] 마찬가지로 자부심에 대응하는 미덕도 있는데, 자부심이 큰 명예와 관련되는 데 반해 이 미덕은 작은 명예와 관련된다. 우리는 작은 명예도 알맞게 원할 수 있고, 지나치거나 모자라게 원할 수 있기 때문이다. 욕구가 지나친 자는 야심가라 하고, 욕구가 모자란 자는 야심 없는 사람이라 하며, 그 중간은 명칭이 없다. 그들의 마음가짐 또한 명칭이 없다. 야심가의 마음가짐이 야심이라고 불리는 것 말고는. 그래서 양극단에 있는 자

27 강의할 때 사용되었던 도표.
28 1115a4~1138b14(3권 5장~5권 11장).
29 1122a20~b18(4권 2장).
30 1107b17~19.

들은 자기들이 중간에 있다고 주장한다. 우리도 중간에 있는 사람을 때로는 야심가라고 부르고, 때로는 야심 없는 사람이라고 부른다. 때로는 야심가를 칭찬하는가 하면 때로는 야심 없는 사람을 칭찬하기도 한다. 우리가 왜 그러는지는 나중에[31] 설명할 것이다. 지금은 정해놓은 방법에 따라 나머지 미덕과 악덕을 논하기로 하자.

5   분노에도 지나침/모자람과 중용이 있다. 이런 것들은 명칭이 없지만, 우리는 중간에 있는 사람을 온유한 사람이라고 부르는 만큼 이 중용을 온유라고 부르기로 하자. 양극단에 있는 사람 중에 지나친 자는 성마른 사람, 그의 악덕은 성마름이라고 부르고, 모자란 자는 기개(氣槪) 없는 사람, 그의 악덕은 기개 없음이라고 하자.

10   이 밖에도 세 가지 중용이 있는데, 그것들은 유사하면서도 서로 다르다. 그것들은 모두 우리가 동료 시민과 교류하며 말하고 행위하는 것과 관련하지만, 차이점이라면 하나는 그런 말과 행위에서 진리를 발견하는 일에 관련하는데, 나머지 둘은 각각 놀이에서의 재미와 인생 전반에 걸친 재미에 관련한다. 따라서 우리는 모든 사물에서 중용은 칭찬받을 만하지만, 극단은 칭찬받을 만하지도 옳지도 않고 오히려 비난받아 마땅하다는 것을 더 잘 알기 위해 그것들에 관해서 논해야 할 것이다. 그것들도 대부분 명칭이 없지만, 다른 경우에도 그랬듯이 분명히 알고 쉽게 이해할 수 있도록 우리 스스로 이름을 붙여보자.

20   그러면 진리와 관련하여 중간에 있는 자는 진실한 사람, 중용은 진실이라고 부르기로 하자. 지나치게 자기를 드러내는 것은 허풍이

고 그런 성격의 소유자는 허풍선이이며, 지나치게 자기를 드러내려 하지 않는 것은 거짓 겸손이고 그런 성격의 소유자는 겸손한 척하는 사람이다. 놀이에서의 재미와 관련하여 중간에 있는 사람은 재치 있는 사람, 그런 마음가짐은 재치라고 부르기로 하자. 지나침은 익살이고 그런 성격의 소유자는 익살꾼이며, 모자란 사람은 촌뜨기이고 그런 상태는 촌스러움이다. 인생 전반에 걸친 나머지 한 종류의 재미와 관련하여, 올바르게 즐거운 자는 상냥한 사람이고 중용은 상냥함이다. 지나친 사람은 그럴 동기가 없다면 맞장구치는 사람이고, 제 이익이 동기라면 아첨꾼이다. 모자라서 매사가 즐겁지 못한 사람은 걸핏하면 싸우려 드는 심술쟁이이다.

또한 감정에도, 감정과 관련해서도 중용이 있다. 이를테면 수치심은 미덕이 아니지만, 수치심을 느낄 줄 아는 사람은 칭찬받는다. 이 경우에도 어떤 사람은 중간이라는 말을 듣고 다른 사람은 지나친 사람이라고 불리는데, 무슨 일에나 부끄러워하는 사람이 그렇다. 모자라서 어떤 일에도 부끄러움을 느끼지 않는 사람은 파렴치한 사람이라고 불리고, 중간에 있는 사람은 겸손하다.

의분은 시기와 악의 사이의 중용인데, 이 셋은 이웃에게 일어나는 일 때문에 느끼는 고통과 쾌감에 관련한다. 의분을 느끼는 사람은 남의 부당한 행운이 괴롭고, 시기심 많은 사람은 거기에 머물

25

30

35

1108b

5

---

31 1125b11~25(4권 4장).

지 않고 남의 모든 행운이 괴로우며, 악의에 찬 사람은 남의 불행이 괴롭기는커녕 오히려 즐겁다.

　이런 종류의 중용에 관해서는 다른 곳에서[32] 더 논의할 기회가 있을 것이다. 정의란 말은 여러 뜻으로 쓰이는 만큼 우리는 다른 미덕에 관해 논한 뒤 정의를 두 가지로 구분하여, 어떻게 해서 그 하나하나가 중용인지 설명할 것이다.[33] [우리는 합리적 미덕도 비슷한 방법으로 다룰 것이다.][34]

제8장—중용이 때로는 양극단 중 한 극단에 더 가깝거나 가까워 보인다

이 세 가지 심적 상태에서 두 가지는 악덕이고(한 가지는 지나쳐서 그렇고, 다른 한 가지는 모자라서 그렇다), 한 가지는 미덕 곧 중용이다. 어떤 의미에서 그것들은 저마다 다른 것들과 대립한다. 양극단은 중간과 대립할뿐더러 저들끼리도 대립하고, 중간은 양극단과 대립하기 때문이다. 마치 같은 것이 더 작은 것에 견주면 더 크고 더 큰 것에 견주면 더 작듯이, (감정에서든 행위에서든) 중간 상태는 모자란 것에 견주면 지나치고 지나친 것에 견주면 모자란다. 이를테면 용감한 사람은 겁쟁이에 견주면 무모해 보이고, 무모한 사람에 견주면 겁쟁이로 보인다. 마찬가지로 절제하는 사람은 무감각한 사람에 견주면 방종해 보이지만 방종한 사람에 견주면 무감각해 보인다. 후한 사람은 인색한 사람에 견주면 낭비벽이 있어 보이지만 낭비벽이 있는 사람에 견주면 인색해 보인다. 그래서 어느 한 극단에 속하는 사람들은 중간에 있는 사람을 다른 극단 쪽으로 밀어낸다. 그래서 겁쟁이는 용감한 사람을 무모한 사람이라고 부르고 무모한 사람은 용감한 사람을 겁쟁이라고 부르는데, 다른 경우에서도 이와 비슷하다.

이들 마음가짐은 항상 이런 방식으로 서로 대립하지만 가장 심한 대립은 중간과 대응하는 양극단의 대립이 아니라 양극단끼리의 대립이다. 왜냐하면 양극단의 거리가 양극단이 중간까지 갖는 거리보다 더 멀기 때문이다. 이는 마치 '대'(大)가 '소'(小)에서 또 '소'가 '대'에서 떨어져 있는 거리가 '대'와 '소'가 '중'(中)에서 각각 떨어져 있는 거리보다 더 먼 것과 같은 이치이다. 또한 어떤 극단은 중간과 비슷해 보인다. 마치 무모함이 용기와 비슷해 보이고 낭비벽이 후함과 비슷해 보이는 것처럼. 그러나 양극단 간의 대립이 가장 심하다. 그리고 서로 가장 멀리 떨어져 있는 것들이 서로 대립하는 것으로 정의되는 만큼, 멀리 떨어져 있는 것일수록 그만큼 더 대립한다. 어떤 경우에는 모자람이 지나침보다 중간과 더 대립하고 어떤 경우에는 지나침이 모자람보다 중간과 더 대립한다. 예컨대 용기에 더 대립하는 것은 지나침인 무모함이 아니라 모자람인 비겁함이다. 그런가 하면 절제에 더 대립하는 것은 모자람인 무감각

25

30

35

1109a

32 1115a4에서 4권 끝까지.

33 5권에서 이 부분이 설명된다.

34 나중에 덧붙인 것으로 추정되는 부분이다. 아리스토텔레스는 지적 미덕을 합리적 미덕이라고 부른 적이 없기 때문이다. 지적 미덕에 관해서는 6권에서 논의된다.

이 아니라 지나침인 방종이다.

거기에는 두 가지 이유가 있다. 그중 하나는 사물의 본성에서 유래한다. 양극단 중 하나가 중간에 더 가깝고 더 비슷해 보이면, 우리는 이 극단이 아니라 다른 극단을 중간과 대립시키기 때문이다. 예컨대 비겁함보다는 무모함이 용기와 더 가깝고 더 비슷하다고 생각되기에 우리는 무모함보다는 비겁함을 용기와 대립시킨다. 이것이 사물의 본성에서 유래하는 한 가지 이유이다.

다른 이유는 우리의 본성에서 유래한다. 우리가 본성적으로 더 끌리는 것들은 중간과 더 대립하는 것처럼 보이기에 하는 말이다. 예컨대 우리는 본성적으로 쾌락 쪽으로 더 끌리기에 절제보다는 방종 쪽으로 더 치우치기 쉽다. 따라서 우리는 우리가 끌리는 쪽의 극단이 중용에 더 대립한다고 말한다. 그래서 지나침인 방종이 절제에 더 대립한다.

제9장—중용을 위한 실천적 지침

이로써 우리는 도덕적 미덕은 중용이며 어떤 의미에서 그러한지 충분히 논의했다. 말하자면 그것은 지나침과 모자람이라는 두 악덕 사이의 중용이며, 중용은 감정과 행위에서 중간을 겨냥하기 때문에 그런 성질을 갖는다. 그래서 훌륭한 사람이 되기가 어려우며, 매사에 중간을 찾아내기란 어렵다. 예컨대 원의 중심은 아무나가 아니라 전문지식을 가진 사람만이 찾아낼 수 있다. 또한 화내거나 돈을 주거나 돈을 쓰는 일은 누구나 할 수 있지만, 적당한 사

람에게 적당한 정도로 적당한 때에 적당한 이유에서 적당한 방법
으로 그렇게 하는 것은 아무나 할 수 있는 일도 아니고 쉬운 일도
아니다. 그래서 이런 일들을 잘하는 것은 흔치 않기에 고매하고 칭
찬받을 만하다.

따라서 중간을 목표로 삼는 사람은 먼저 칼륍소의 다음과 같은
조언에 따라 중간과 크게 대립하는 것은 피해야 한다. 30

그대는 배를 몰되 저기 저 물보라와 너울에서 떨어지게 하여.[35]

양극단 가운데 하나는 정도에서 벗어나기가 더 쉽고, 다른 하나
는 덜 그렇기 때문이다. 그리고 중간을 맞히기란 극히 어려우므로
사람들 말마따나 차선책으로, 두 악 가운데 덜한 것을 선택해야
한다. 그리고 그러기 위한 최선의 방법은 우리의 이런 조언을 따르 35
는 것이다. 1109b

그러나 우리는 우리가 치우치는 쪽의 사물도 고찰해야 한다. 우
리 중에 더러는 본성적으로 이런 사물에 치우치고 더러는 저런 사
물에 치우치기 때문이다. 이 점은 우리가 느끼는 쾌감과 고통을 보

---

35 호메로스(Homeros), 『오뒷세이아』(*Odysseia*) 12권 219~220행. 현존하는 호
메로스 텍스트에서 이 시구는 표류해온 오뒷세우스(Odysseus)를 7년 동안 억류
했던 요정 칼륍소(Kalypso)가 한 말이 아니라, 거대한 바다 소용돌이 카륍디스
(Charybdis)보다는 조금 덜 위험한 괴물 스퀼라(Skylla) 쪽으로 붙어서 항해하라
는 마녀 키르케(Kirke)의 조언을 오뒷세우스가 키잡이에게 일러주는 말이다.

면 알 수 있다. 우리는 반대 방향으로도 가봐야 한다. 굽은 널빤지를 바루듯이 우리는 과오를 멀리함으로써 중용에 이를 것이기 때문이다. 매사에 무엇보다 즐거운 것과 쾌락을 경계해야 한다. 우리는 쾌락에 관해서는 공명정대한 재판관이 되기 어렵기 때문이다. 그러니 우리는 트로이아의 장로들이 헬레네를 대하듯 쾌락을 대해야 하며 무슨 일을 하건 그들이 한 말[36]을 되새겨야 한다. 이렇게 쾌락을 멀리함으로써 우리는 정도에서 벗어나는 일을 줄일 것이다.

요컨대 이런 규칙을 지킴으로써 우리는 중용을 가장 잘 지킬 수 있게 될 것이다. 아마 그럼에도 중용을 지키기란 개별 경우에는 특히 어려울 것이다. 어떻게, 누구에게, 무슨 이유로, 얼마 동안 화를 낼지 결정하기란 쉽지 않다. 사실 우리는 때로는 이 점에서 모자란 사람을 칭찬하여 온유하다고 말하는가 하면, 때로는 화를 내는 사람을 남자답다고 말한다. 적정선에서 지나침 쪽으로든 모자람 쪽으로든 조금 벗어난 사람은 비난받지 않고 많이 벗어난 사람이 비난받는다. 그런 사람이 눈에 띄기 때문이다. 그러나 누가 얼마나 많이, 어느 정도 벗어나야 비난받는지 이성에 따라 결정하기란 어렵다. 감각에 따라 지각하는 것들도 다 마찬가지이다. 그런 것들은 개별적인 것들이고, 그런 것들을 판단하는 일은 지각에 달려 있다.

그렇다면 이제 어떤 경우에도 중간 상태는 칭찬받을 만하다는 사실이 밝혀졌다. 그러나 우리는 때로는 지나침 쪽으로 때로는 모자람 쪽으로 치우쳐봐야 한다. 그래야만 가장 쉽게 중용을 지키고 ₂₅ 좋은 것을 알아낼 수 있기 때문이다.

---

36 호메로스, 『일리아스』(*Ilias*) 3권 156~160행. 이 부분에서, 전투를 관망하기 위해 성벽 위에 모여 앉아 있던 트로이아 장로들은 파리스(Paris) 왕자가 데려온 헬레네(Helene)가 아무리 절세미인이라도 이제는 그리스인들에게 돌려주어 전쟁을 종식시켜야 한다고 주장한다.

도덕적 책임

제1장—행위는 자발적이거나 비자발적이다

30 미덕은 감정과 행위와 관련되고, 자발적 감정과 행위는 칭찬받거나 비난받는 데 반해 비자발적 감정과 행위는 용서받거나 때로는 동정받기도 하는 만큼, 미덕을 연구하는 사람은 반드시 자발성과
35 비자발성을 구분해야 할 것이다. 상벌과 관련하여 입법자도 그러는 것이 유익하다.

1110a 강요당하거나 무지해서 하게 되는 행위는 비자발적인 것으로 간주된다. 그 원인이 외부에 있어, 행하는 자나 당하는 자의 의지와는 무관하게 행해지면 그런 행위는 강요당한 것이다. 예컨대 누군가 바람을 만나 어디론가 표류하거나 그를 지배하는 사람들에게 어디론가 연행되는 경우가 그렇다.

때로는 더 큰 불행을 두려워하거나 어떤 고매한 목적 때문에 행
5 동할 때도 있다. 예컨대 어떤 참주[1]가 누군가의 부모와 자식들을

붙잡아두고는 그에게 수치스러운 행위를 하도록 명령하며 시키는
대로 하면 부모와 자식들을 살려주고 시키는 대로 하지 않으면 죽
이겠다고 한다면, 이런 경우 행위가 비자발적인지 자발적인지는
논란거리이다. 그 점은 폭풍을 만나 짐을 배 밖으로 내던지는 경우
도 마찬가지이다. 어느 누구도 무조건 자발적으로 짐을 배 밖으로   10
내던지지는 않는다. 하지만 지각 있는 사람이라면 자신과 남들의
안전을 위해 그렇게 할 것이다.

　따라서 그런 행위는 복합적이지만 자발적 행위에 더 가까운 것
같다. 행위는 행해질 때 바람직하고, 행위의 목적은 상황에 따라
바뀌기 때문이다. 따라서 '자발적'이니 '비자발적'이니 하는 말은
행위가 행해지는 때와 관련하여 사용되어야 한다. 앞서 말한 경우
행위자는 자발적으로 행동한다. 그 경우 행위의 도구인 사지를 움   15
직이는 제1원리는 행위자 안에 있고, 제1원리가 행위자 안에 있으
면 행위를 할지 말지는 행위자에게 달려 있다. 따라서 그런 행위는
자발적이다. 그러나 아무런 조건이 없다면 그런 행위는 비자발적
이다. 그런 행위를 그 자체 때문에 선택할 사람은 아무도 없을 테
니까.

　위대하고 고매한 목적을 위해 치욕과 고통을 참고 견딜 때는 그   20
런 행위를 해도 때로는 칭찬받는다. 그러나 그와 반대로 행동하면

---

1 tyrannos. 군사쿠데타로 권력을 잡은 독재자.

비난받는다. 고매하지 못한 목적이나 하찮은 것을 위해 가장 심한 치욕도 참고 견디는 것이 나쁜 사람의 특징이기 때문이다.

어떤 경우에는 칭찬은 받지 못해도 용서는 받는다. 인간 본성으로는 도저히 감당할 수 없고, 어느 누구도 참고 견딜 수 없을 것들 때문에 해서는 안 될 짓을 한 경우가 그렇다. 그러나 아무리 강요당해도 해서는 안 되며, 아무리 무섭다 해도 감수한 뒤 죽음을 선택해야 할 것들도 더러 있을 것이다. 실제로 에우리피데스의 알크마이온[2]이 어머니를 죽이도록 강요한 이유들이란 우습게 보인다. 하지만 때로는 어떤 대가를 치르고 어떤 이익을 선택할지 또는 어떤 이익을 위해 어떤 운명을 감수할지 결정하기란 어려우며, 결정을 고수하기란 더욱 어렵다. 예상되는 결과는 대개 고통스러운 것이며 사람들이 강요당하는 것은 수치스러운 짓이기 때문이다. 그래서 행위자는 강요에 굴복했는지 굴복하지 않았는지에 따라 비난받거나 칭찬받는다.

1110b 그렇다면 어떤 행위를 강요당한 것으로 봐야 하는가? 그 원인이 외부에 있어 행위자의 의지와 무관한 행위는 무조건 강요당한 것이라고 해야 하지 않을까? 반면 그 자체는 비자발적이지만 주어진 시간에 이런저런 목적을 위해서는 바람직하며, 그 제1원리가 행위자 안에 있는 행위는 비록 그 자체는 비자발적이라 해도 주어진 시간에 이런저런 목적을 위해서는 자발적이다. 결국 그런 행위는 자발적 행위에 더 가깝다. 행위는 개별 상황에 따라 결정되는데, 개별 행위는 자발적인 것이기 때문이다. 그러나 무엇 대신 무엇을 선

택해야 하는지 설명하기란 쉽지 않다. 개별 상황에는 많은 차이가 있으니까.

즐겁고 고매한 것들에는 강요하는 힘이 있다고 주장하는 사람이 있다면(그런 것들은 외부로부터 우리에게 압력을 가하기 때문이다), 그에게는 모든 행위가 강요당한 것이 된다. 모든 행위자는 모든 행위를 즐겁고 고매한 것들을 위해 행하기 때문이다. 또한 강요당해 마지못해 행하는 것은 괴롭지만, 즐겁고 고매한 것을 위해 행하는 것은 즐겁다. 또한 행위자가 외부 요인의 쉬운 먹잇감이 되는 것을 외부 요인 탓으로 돌리고 자기 탓으로 돌리지 않고 자신의 고매한 행위는 자기 공(功)으로 돌리고 자신의 수치스러운 행위는 즐거운 것들 탓으로 돌리는 것은 우스운 일이다. 따라서 제1원리가 외부에 있어, 강요당한 사람의 의지와는 전적으로 무관한 행위만이 강요당한 행위로 봐야 한다.

무지로 인한 모든 행위는 자발적이지 않다. 그러나 그것이 비자발적이 되려면 고통과 뉘우침이 뒤따라야 한다. 무지로 인해 어떤

---

2 예언자 암피아라오스(Amphiaraos)는 테바이(Thebai)를 공격하는 일곱 장수 가운데 자신을 포함한 여섯 장수가 전사할 것임을 알고는 종군하기를 거부하지만, 테바이 왕자에게 매수된 아내 에리필레(Eriphyle)의 집요한 요구에 따라 마지못해 종군한다. 그러고는 출진을 앞두고 아들 알크마이온(Alkmaion)에게 자기가 죽은 뒤 어머니를 죽여 원수를 갚아달라고 유언한다. 에우리피데스(Euripides)는 그리스 3대 비극작가 중 한 명으로 『메데이아』(Medeia), 『트로이아 여인들』(Troiades), 『박코스의 여신도들』(Bakchai) 등 많은 작품이 남아 있다. 그러나 알크마이온을 주인공으로 하는 드라마는 남아 있지 않다.

행동을 하고 나서 자신의 행동이 조금도 마음에 걸리지 않는 사람
은 무엇을 하는지 모르고 했다는 점에서 자발적으로 행동한 것은
아니라 해도, 괴로워하지 않는다는 점에서 비자발적으로 행동한
것도 아니다. 따라서 무지해서 행동한 사람 가운데 자신의 행위를
뉘우치는 사람은 비자발적 행위자이지만, 자신의 그런 행위를 뉘
우치지 않는 사람은 경우가 다른 만큼 자발적이지 못한 행위자로
볼 수 있다. 그는 경우가 다른 만큼 고유한 이름을 갖는 것이 더 좋
겠다.

또한 무지로 인한 행위는 알지도 못하고 행하는 행위와도 다른
것 같다. 술 취하거나 화난 사람의 행위는 무지의 산물이 아니라
술 취하거나 화난 상태의 산물이다. 말하자면 그는 알고 그러는 것
이 아니라 알지도 못하면서 그러는 것이다. 실제로 모든 나쁜 사람
은 무엇을 해야 하며 무엇을 하지 말아야 하는지 알지 못한다. 그
리고 이런 종류의 과오 때문에 사람들이 불의해질뿐더러 일반적
으로 말해 사악해진다. 하지만 행위자가 자기에게 무엇이 유익한
지 모르는 경우 그의 행위를 비자발적인 것이라고 부르는 것은 적
절하지 못하다. 어떤 행위를 비자발적인 것으로 만드는 것은 합리
적 선택에서의 무지(그것은 사악함의 원인이다)도 아니고, 일반적
무지(이런 무지는 비난받는다)도 아니며, 개별적 무지 곧 행위의
상황과 대상에 무지한 것이기 때문이다. 그리고 이런 개별 상황과
대상에 근거하여 동정하기도 하고 용서하기도 한다. 어느 것이든
그런 개별 사정을 모르고 행동하는 사람은 비자발적 행위자이다.

그렇다면 그런 개별 사정의 성질과 수를 규정하는 것도 나쁘지 않을 것이다. 그것들은 행위자·행위·행위의 대상이고, 때로는 수단(예컨대 도구)·목적(예컨대 생명 구출)·방법(예컨대 부드럽게 할지 아니면 거칠게 할지)도 거기에 포함된다. 미친 사람이 아니고서는 이런 사정을 하나도 모르는 것은 있을 수 없다. 행위자를 모르는 것도 분명 말이 안 된다. 자신을 모르는 사람이 어디 있겠는가? 그러나 자기가 무엇을 하고 있는지 모르는 경우는 있다. 예컨대 사람들이 '말하는 도중에 무심코 입 밖에 내고 말았다'고 말하거나, (아이스퀼로스[3]가 비밀스러운 종교 의식에 관해 말했듯이) '나는 그것이 비밀인 줄 몰랐다'고 하거나, 석궁(石弓)을 가진 사람이 '어떻게 작동하는지 보여주려고 했는데 화살이 발사되었다'고 말하는 것처럼. 또한 누군가는 메로페[4]처럼 자기 아들을 적으로 여기거나, 날카로운 창을 끝이 뭉툭한 창으로 여기거나 여느 돌을

---

3 Aischylos. 그리스 3대 비극작가 중 한 명으로, 엘레우시스(Eleusis) 비의를 누설한 혐의로 고소당했다가 무죄방면되었다. 아이스퀼로스의 작품으로는 『아가멤논』(*Agamemnon*), 『제주(祭酒)를 바치는 여인들』(*Choephoroi*), 『자비로운 여신들』(*Eumenides*) 등 7편이 남아 있다.

4 Merope. 멧세네(Messene) 왕 크레스폰테스(Kresphontes)의 아내. 메로페는 남편과 두 아들이 역시 헤라클레스(Herakles)의 후손인 폴뤼폰테스(Polyphontes)에게 살해당하자 셋째 아들 아이퓌토스(Aipytos)를 나라 밖으로 빼돌린다. 그 뒤 메로페는 폴뤼폰테스와 마지못해 결혼하지만 장성한 아이퓌토스가 귀국하여 폴뤼폰테스를 살해하고 왕위에 오른다. 이 과정에서 메로페는 신분을 속이고 왕궁에 잠입한 아들 아이퓌토스를 적인 줄 알고 죽일 뻔했다.

속돌[5]로 여길 수도 있을 것이다. 또는 목숨을 구하려고 마시게 한 약이 목숨을 빼앗을 수도 있을 것이며, 권투 연습경기에서처럼 상대방을 살짝 건드리려고 했을 뿐인데 다치게 할 수도 있을 것이다. 행위자는 이 모든 개별 상황에 무지할 수 있으며, 그중 어떤 것도 모르는 사람은 비자발적 행위자로 간주된다. 그중 가장 중요한 것들을 모르는 경우가 특히 그러한데, 가장 중요한 것들이란 행위의 상황과 행위의 목적인 것 같다. 그리고 어떤 행위를 그런 의미에서 비자발적이라고 하려면 그 행위에는 반드시 고통과 뉘우침이 뒤따라야 한다.

따라서 비자발적 행위가 강요당하거나 무지해서 행한 것이라면, 자발적 행위는 그 제1원리가 행위자 자신 안에 있으며 행위자가 자기 행위의 개별 상황을 알고 있는 행위인 것 같다.

기개나 욕구로 인한 행위를 비자발적이라고 말하는 것은 옳지 못한 것 같다. 왜냐하면 그럴 경우 첫째, 다른 동물이나 아이는 자발적으로 행동할 수 없을 것이기 때문이다. 둘째, 이는 기개나 욕구로 인한 우리의 행위는 어느 것도 자발적이지 않다는 말인가? 아니면 우리의 고매한 행위는 자발적인 것이고, 수치스러운 행위는 비자발적인 것이란 말인가? 그것은 분명 불합리하다. 그렇다면 이들 행위의 원인은 한 가지[6]뿐일 테니 말이다. 또한 우리가 당연히 욕구해야 할 행위들을 비자발적인 것이라고 말하는 것도 불합리한 것 같다. 실제로 우리는 어떤 것들에 대해서는 당연히 분개하고, 어떤 것들 예컨대 건강이나 학습 같은 것은 당연히 욕구해야 하니까. 또한 비자발적인 것은 괴롭고 욕구에 맞는 것은 즐겁다고 생각된다. 그 밖에 비자발성과 관련하여 잘못된 추측에 따른 과오와 기개에 따른 과오 사이에 무슨 차이가 있겠는가? 둘 다 피해야 한다. 그리고 비이성적 감정도 합리적 판단 못지않게 인간적이 1111b라고 생각되며, 따라서 기개와 욕구로 인한 행위 역시 인간적이다. 그러므로 이런 행위들을 비자발적인 것으로 분류하는 것은 불합리하다.

제2장—합리적 선택은 자발성과 다르다. 어떤 대상을 선택할 때는 먼저 숙고해야 한다

자발적인 것과 비자발적인 것을 구분했으니 우리의 다음 과제는 5 합리적 선택에 관해 논하는 것이다. 합리적 선택은 미덕과 가장 밀접한 관계에 있으며, 사람들의 성격을 판단하는 데는 행위보다 더 훌륭한 길라잡이인 것 같기 때문이다.

합리적 선택은 분명 자발적인 것이지만, 이 둘이 같은 것은 아니다. 자발적인 것의 외연이 더 넓다. 아이와 동물도 자발적으로 행동하지만 합리적으로 선택하지는 못하기 때문이다. 또한 우리는 순간적 충동에서 비롯한 행위를 자발적인 행위라고는 불러도, 합리 10적 선택의 결과라고 말하지는 않는다.

---

5 속돌은 그것을 맞은 사람에게 치명상을 입히지 못한다.
6 욕구.

합리적 선택은 욕구·기개·소망 또는 일종의 의견[7]이라고 말하는 사람들이 있는데, 그들의 주장은 옳지 못한 것 같다. 욕구와 기개는 비이성적 동물에게도 공통되지만, 합리적 선택은 공통되지 않기 때문이다. 또한 자제력 없는 사람은 욕구에 따라 행위하고 합리적으로 선택해서 행위하지 않는 반면, 자제력 있는 사람은 합리적으로 선택해서 행위하고 욕구에 따라 행위하지 않는다. 또한 욕구는 합리적 선택과 대립하지만 다른 욕구와 대립하지는 않는다.[8] 또한 욕구는 즐거운 것과 괴로운 것에 관련하지만, 합리적 선택은 둘 가운데 어느 것에도 관련하지 않는다. 기개는 더더욱 합리적 선택과 거리가 멀다. 기개로 인한 행위는 어떤 다른 행위보다 합리적 선택에 따른 행위가 아니라고 생각되기 때문이다.

또한 합리적 선택은 소망과 밀접한 관계가 있어 보이지만 소망도 아니다. 불가능한 것을 합리적으로 선택할 수는 없고, 자기는 불가능한 것을 합리적으로 선택했다고 말하는 사람은 바보 취급받을 것이다. 그러나 불멸불사처럼 불가능한 일이라 해도 소망할 수는 있다. 또한 사람들은 특정 배우나 운동선수의 우승처럼 자신의 노력으로는 이루지 못하는 것들을 소망할 수도 있다. 그러나 이러한 것들을 합리적으로 선택하는 사람은 어디에도 없으며, 누구나 자신의 노력으로 이룰 수 있다고 생각되는 것들을 합리적으로 선택한다. 또한 소망은 목적에 더 관련되고, 선택은 수단에 관련된다. 이를테면 우리는 건강하기를 소망하지만, 건강하게 하는 행위는 합리적으로 선택한다. 또한 우리는 행복하기를 소망할뿐더러 소망한다고 말하지만, 행복하기를 합리적으로 선택한다고 말할 수는 없다. 합리적 선택은 대개 우리 힘이 미치는 것들에 관련되는 것 같 기 때문이다.

합리적 선택은 의견도 아니다. 의견은 모든 것에 관련되어 있어, 우리 힘이 미치는 것들 못지않게 영원한 것들[9]이나 불가능한 것들 에도 관련되기 때문이다. 또한 의견은 참과 거짓에 따라 구분되고 좋음과 나쁨에 따라 구분되지 않는 데 반해, 합리적 선택은 좋음 과 나쁨에 따라 구분된다. 합리적 선택이 의견 일반과 같다고 주장 할 사람은 아마 아무도 없을 것이다. 그러나 합리적 선택은 개별 의 견과도 다르다. 우리의 성격은 좋은 것이나 나쁜 것을 선택함으로 써 결정되고, 우리가 좋음과 나쁨을 놓고 어떤 의견을 품는지에 따 라 결정되지 않기 때문이다. 또한 우리는 좋은 것이나 나쁜 것을 취 하거나 피할지를 합리적으로 선택하고, 그것이 무엇이고 누구에게 유익하며 어떻게 유익한지를 놓고 의견을 품는다. 그것을 취하거 나 피할지를 놓고는 의견을 품지 않는다. 또한 합리적 선택이 칭찬 받는 것은 방법이 옳은지보다는 대상이 옳은지에 달려 있고, 의견 이 칭찬받는 것은 그것이 진실에 부합되는지에 달려 있다. 또한 우 리는 그것이 좋음임을 분명하게 아는 것들을 합리적으로 선택하

---

7 epithymia, thymos, boulesis, doxa.

8 같은 사람이 동시에 상반된 욕구를 느낄 수 없기 때문이다.

9 1112a21~26 참조.

고, 그것이 좋은 것인지 전혀 알지 못하는 것들에 대해서는 의견을 품는다. 또한 같은 사람들이 최선의 행위를 합리적으로 선택하고, 최선의 의견을 품는 데 똑같이 뛰어난 것 같지는 않다. 어떤 사람은 의견을 품는 데는 비교적 뛰어나지만 악덕 때문에 선택해서는 안 될 것을 선택하니 말이다. 의견이 합리적 선택에 앞서는지 아니면 뒤따르는지는 아무래도 좋다. 우리는 그것이 아니라 합리적 선택이 의견과 같은지를 고찰하니까.

합리적 선택이 우리가 앞서 말한 것 가운데 어느 것도 아니라면 합리적 선택은 대체 무엇이며 어떤 성질의 것인가? 합리적 선택은 분명 자발적인 것이지만, 자발적인 것이 모두 합리적 선택의 대상은 아니다. 그렇다면 합리적 선택은 미리 숙고된 것일까? 합리적 선택은 이성과 사고를 내포하기 때문이다. 또한 합리적 선택이라는 말도 다른 것보다 먼저 선택된 것을 의미하는 것 같으니 하는 말이다.[10]

제3장—숙고의 성질과 대상. 숙고는 수단에 관련하고 목적에 관련하지 않는다

사람들은 모든 것을 숙고하는가? 그래서 모든 것이 숙고[11]의 대상인가, 아니면 숙고할 수 없는 것도 있는가? 아마도 우리는 바보나 미치광이가 아니라 지각 있는 사람이 숙고할 법한 것을 숙고의 대상이라고 불러야 할 것이다. 우주의 질서라든가 사각형의 대각선이 대각선의 변으로 약분될 수 없는 것과 같은, 영원불변하는 사실들은 누구도 숙고하지 않는다. 또한 사람들은 동지나 하지나 해돋이와 같이 변화를 내포하지만 필연에 따라서든 본성에 따라서든 그 밖의 다른 원인에 따라서든 언제나 같은 방식으로 일어나는 일들도 숙고하지 않는다. 가뭄이나 폭우같이 변화무쌍한 사건도, 보물의 발견 같은 우발적 사건도 사람들은 숙고하지 않는다. 인간사라고 해서 모두 숙고의 대상은 아니다. 예컨대 스퀴타이족[12]을 위한 최선의 정체(政體)를 숙고할 라케다이몬인은 아무도 없을 것이다. 이런 것들은 어느 것도 우리 힘으로 이룰 수 없기 때문이다.

오히려 우리는 우리 힘이 미치는 것, 다시 말해 우리가 할 수 있는 것들을 숙고한다. 그것들은 우리가 앞서 언급한 것을 제외하고 남은 것들이다. 왜냐하면 본성과 필연과 우연이 원인인 것 같아도 지성과 모든 종류의 인간 활동도 원인일 수 있기 때문이다. 또한 인간은 누구나 자기가 할 수 있는 것들을 숙고한다.

세밀한 규칙이 있는 자족적 학문은 숙고할 필요가 없다. 이를테면 문자가 그렇다. 우리가 문자를 어떻게 써야 할지 의심을 품는 일은 없으니까. 오히려 우리는 우리 활동으로 이루어지되 언제나 같은 방법으로 이루어지지 않는 것들, 이를테면 의술이나 돈벌이에 대해 숙고한다. 그리고 우리는 체육보다 항해술을 더 숙고하는데,

25

30

1112b

5

---

10 prohairesis(합리적 선택), pro(먼저), haireton(선택된 것).

11 boule.

12 Skythai. 흑해 북쪽 기슭에서부터 남러시아에 걸쳐 살던 기마 유목민족.

이는 항해술이 체육만큼 체계적으로 발달하지 못했기 때문이다. 이 점은 다른 분야에서도 마찬가지이다. 그래서 우리는 학문보다는 기술을 더 많이 숙고하는데, 이는 우리가 기술에 대해 더 많은 의문을 품기 때문이다.

숙고란 대개 모종의 방법으로 일어나지만 결과를 예상할 수 없고, 정해지지 않은 요소를 내포하는 것들에 관련된다. 그래서 우리는 자신의 결정 능력을 믿지 못해 중대사는 남과 의논한다.

우리의 숙고 대상은 목적이 아니라 수단이다. 의사는 환자를 치료할지를 숙고하지 않고, 연설가는 청중을 설득할지를 숙고하지 않으며, 정치가는 법과 질서를 바로잡을지를 숙고하지 않는다. 그 밖의 어느 누구도 자신의 목적을 숙고하지 않는다. 오히려 그들은 먼저 목적을 설정한 뒤 어떻게, 어떤 수단으로 그 목적을 달성할지 생각한다. 그리고 목적이 여러 수단으로 달성될 것 같아 보이면, 어느 수단을 써야 목적을 가장 쉽고 가장 고매하게 달성할 수 있을지 생각한다. 반면 목적이 단 한 가지 수단으로 달성될 수 있다면, 목적이 그 수단으로 어떻게 달성될지, 또 그 수단은 어떤 다른 수단으로 획득될지 생각한다. 그리하여 그들은 결국 제1원리에 도달하지만 발견된 순서로 따지만 제1원리가 맨 마지막이다. 숙고하는 사람은 마치 기하학 문제를 풀듯 앞서 말한 방법대로 탐구하고 분석하는 것 같기에 하는 말이다. (탐구는 모두 숙고가 아니지만—이를테면 수학이 그렇다—숙고는 모두 탐구인 것 같다.) 그래서 분석에서의 마지막 단계가 과정에서는 첫 번째 단계가 되는 것 같다.

예컨대 사람들은 돈이 필요한데 구할 수 없는 경우처럼 불가능   25
한 일과 마주치면 단념한다. 그러나 가능해 보이면 시도할 것이다.
가능한 것이란 우리 자신의 노력으로 이루는 것인데, 친구들의 도
움으로 이루는 것도 어떤 의미에서는 우리 자신의 노력으로 이루
는 것이다. 그 제1원리가 우리에게 있기 때문이다. 우리는 때로는
어떤 도구를 사용해야 하는지 알아내려 하고, 때로는 그 도구들은
어떻게 사용하는지 알아내려 한다. 마찬가지로 다른 경우에도 우   30
리는 때로는 수단을, 때로는 수단의 사용 방법을, 때로는 수단의
획득 방법을 알아내려 한다.

따라서 앞서 말한 바와 같이[13] 행위의 제1원리는 인간인 것 같
다. 숙고의 영역은 인간이 혼자 힘으로 행하는 것들이며 누군가의
행위는 뭔가 다른 것을 위한 것이다. 숙고의 대상은 목적이 아니라
수단이기 때문이다. '이것은 빵인가?' 또는 '이 빵은 제대로 구워졌   1113a
는가?'와 같은 개별 사실도 숙고의 대상이 아니다. 그런 것들은 감
각의 대상이다. 매사를 숙고해야 한다면 한도 끝도 없을 것이다.

숙고의 대상과 합리적 선택의 대상은 합리적 선택의 대상이 이
미 정해져 있다는 점 말고는 동일하다. 왜냐하면 합리적 선택의 대
상은 숙고 끝에 결정되기 때문이다. 각자는 제1원리를 찾아 자기   5
자신까지, 곧 자신 안에서 명령하는 부분까지 거슬러 올라가자마

---

13 1112a30~34, b27~28 참조.

자 어떻게 행위할지 탐구하기를 멈춘다. 합리적으로 선택하는 것은 바로 이 부분이니까. 이 점은 호메로스가 묘사한 옛 정체를 봐도 알 수 있다. 거기에서 왕들은 자기들이 합리적으로 선택한 것을 백성에게 포고한다.

합리적 선택의 대상은 우리 힘이 미치며 숙고 끝에 우리가 욕구하는 것이므로, 합리적 선택은 우리 힘이 미치는 것들을 향한 숙고 끝의 욕구[14]라고 할 것이다. 우리가 숙고 끝에 결정했다면 그것은 숙고에 따라 욕구하기 때문이다.

이상으로 합리적 선택은 무엇이고, 합리적 선택의 대상은 어떻고, 합리적 선택은 목적을 이루기 위한 수단에 관련된다는 사실을 개략적으로 설명한 것으로 해두자.

제4장―소망의 대상은 좋음이거나 좋음으로 보이는 것이다

우리는 소망[15]이 목적에 관련된다고 이미 말한 바 있다.[16] 그러나 어떤 사람은 소망의 대상이 좋음이라고 생각하고, 또 어떤 사람은 좋음으로 보이는 것이라고 생각한다. 따라서 소망의 대상이 좋음이라고 생각하는 사람에게는 올바르게 선택하지 않는 사람이 소망하는 것은 소망의 대상이 아니라는 결론이 나온다. (그것이 소망의 대상이라면 좋음이어야 할 텐데, 아마도 나쁨인 것 같으니 말이다.) 반면 좋음으로 보이는 것이 소망의 대상이라고 주장하는 사람에게는 본성적으로 소망의 대상이 되는 것은 아무것도 없고 각자에게 좋음으로 보이는 것만이 소망의 대상이 된다는 결론이

나온다. 그리고 사람에 따라 좋음으로 보이는 것들이 다르기도 하고, 경우에 따라 상반하기도 한다.

　이런 결론들이 만족스럽지 못하다면 우리는 소망의 대상이 절　25
대적으로는 또 실제로는 좋음이지만 개인에게는 자신에게 좋음으
로 보이는 것이라고, 그래서 훌륭한 사람에게는 진실로 소망의 대
상이 될 만한 것이 소망의 대상이 되지만 보잘것없는 사람에게는
아무것이나 소망의 대상이 된다고 말해야 하지 않을까? 몸의 경
우 진실로 건강에 좋은 것은 건강한 몸에 좋지만 병든 몸에는 다
른 것들이 건강에 좋은 것과 같은 이치이다. 이 점은 쓴 것, 단것,
뜨거운 것, 기름진 것 등도 마찬가지이다. 훌륭한 사람은 그때그　30
때 올바르게 판단하며 그에게는 그때그때 진리가 보인다. 모든 마
음가짐은 무엇이 고매하고 즐거운지 나름대로 평가하기 때문이다.
훌륭한 사람은 그때그때 진리를 본다는 점에서 남들과 가장 다르
다. 그래서 그는 무엇이 고매하고 즐거운지를 가리키는 일종의 기
준이자 척도이다. 그러나 대중은 쾌락에 속는 것 같다. 쾌락은 좋
음이 아닐 때도 좋음으로 보이기 때문이다. 그래서 대중은 즐거운　1113b
것을 좋은 것인 줄 알고 선택하고 고통스러운 것을 나쁜 것인 줄 알
고 회피한다.

14 orexis.

15 boulesis.

16 1111b26 (3권 2장).

제5장—미덕과 악덕은 우리 자신에게 달려 있다

소망의 대상은 목적이고 숙고와 합리적 선택의 대상은 수단이므로, 수단에 관련된 행위는 합리적 선택에 따른 것이며 자발적인 것이다. 그런데 미덕의 활동은 수단에 관련된다. 따라서 미덕의 실행은 우리에게 달려 있고, 그 점은 악덕도 마찬가지이다. 행하는 것이 우리에게 달려 있는 곳에서는 행하지 않는 것도 우리에게 달려 있으며, 거부하는 것이 우리에게 달려 있는 곳에서는 받아들이는 것도 우리에게 달려 있기 때문이다. 따라서 고매한 행위를 하는 것이 우리에게 달려 있다면 수치스러운 행위를 하지 않는 것도 우리에게 달려 있을 것이며, 고매한 행위를 하지 않는 것이 우리에게 달려 있다면 수치스러운 행위를 하는 것도 우리에게 달려 있다고 하겠다. 고매한 행위나 수치스러운 행위를 하고 안 하고가 우리에게 달려 있다면, 그리고 우리가 보았듯이[17] 고매한 행위를 하는지 수치스러운 행위를 하는지가 좋음과 나쁨의 요체라면, 훌륭한 사람이 되는지 보잘것없는 사람이 되는지는 우리에게 달려 있다.

'세상에는 자발적으로 사악한 사람도 없고 비자발적으로 복 받는 사람도 없다'는 말은 일부는 틀리고 일부는 맞다. 복 받기를 원하지 않을 사람은 아무도 없지만, 사악함은 자발적이기 때문이다. 그렇지 않다면 우리는 방금 말한 것을 반박하며 인간이 자기 행위의 제1원리임을, 또는 자식을 낳듯 자기 행위를 낳는 자임을 부인해야 할 것이다. 그러나 사실이 분명 그렇고 우리가 우리 안에 있는 제1원리들을 넘어 다른 제1원리로 거슬러 올라갈 수 없다면, 제1

원리가 우리 안에 있는 행위들 역시 우리에게 달려 있으며 자발적인 것이다.

이런 견해는 우리의 개인적 관행이나 입법자들에 의해서도 뒷받침된다. 입법자들은 악행을 저지르는 자들을 그 행위가 강요당하거나 책임이 본인에게 없는 무지로 인한 경우를 제외하고는 처벌하고, 선행을 베푼 사람들을 포상하기 때문이다. 이는 그들의 목적 ²⁵이 후자는 격려하고 전자는 억제하는 것임을 말해준다. 그러나 우리에게 달려 있지 않고 자발적이지 않은 것을 행하도록 격려받는 사람은 아무도 없다. 사람들은 우리에게 더위를 타지 말라거나, 고통을 느끼지 말라거나, 배고프지 말라거나, 그 밖에도 이런 것들은 달리 설득해봤자 그것은 시간 낭비라고 생각한다. 아무리 그래도 우리는 그런 감정을 느낄 테니까.

실제로 입법자들은 무지에 대한 책임이 범죄자에게 있다고 생각 ³⁰되면 무지 자체 때문에 범죄자를 처벌한다. 이를테면 술 취한 범죄자에게는 가중처벌을 내린다. 술에 취하지 않을 수도 있었으므로 제1원리는 그에게 있고, 술에 취한 것이 그의 무지의 원인이기 때문이다. 또한 입법자들은 반드시 알고 있어야 하는 간단한 법규를 모르는 사람들도 처벌한다. 이 점은 사람들이 부주의한 탓에 무지 ᴵᴵᴵ⁴ᵃ하다고 생각되는 다른 경우에도 마찬가지이다. 그들에게는 조심할

17 1103a31~b2(2권 1장).

능력이 있기 때문이다.

본성적으로 조심하지 않는 사람도 있을 것이다. 그러나 사람들이 느슨한 생활 태도 탓에 그렇게 되는 것은 본인 책임이다. 예컨대 사람들은 나쁜 짓을 함으로써 불의해지고, 음주나 다른 탈선행위로 소일함으로써 방탕해진다. 모든 영역에서 사람들은 자기 행동에 맞는 성격을 계발하기 때문이다. 이 점은 사람들이 어떤 경기나 활동을 위해 훈련하는 것을 보면 알 수 있다. 그들은 연습에 전념하니 말이다. 따라서 모든 영역에서 마음가짐은 그에 상응하는 활동의 산물이라는 것을 모르는 사람은 매우 어리석다.

또한 불의한 행동을 하는 사람이 불의한 자가 되기를 원하지 않고, 무절제한 행동을 하는 사람이 무절제한 자가 되기를 원하지 않는다고 생각하는 것은 불합리하다. 자기를 불의한 자로 만들 짓을 그럴 줄 알면서 행하는 사람이 있다면, 그는 자발적으로 불의한 자이다. 그러나 이것은 그가 원하면 불의한 자이기를 그만두고 올바른 사람이 될 수 있다는 뜻은 아니다. 이는 일단 병에 걸린 사람이 건강을 회복하기 어려운 것과 같은 이치이다. 방탕한 생활을 하고 의사의 말을 듣지 않아서 병에 걸렸으니, 그가 비록 자발적으로 병에 걸렸다 해도 말이다. 그때는 그가 병에 걸리지 않을 수도 있었지만, 기회를 놓친 지금은 그럴 수 없다. 마찬가지로 일단 돌을 던진 사람은 돌을 되찾을 수 없다. 제1원리가 비록 그 자신 안에 있어서 돌을 던지는 것이 그에게 달려 있다고 해도 말이다. 불의한 자와 방탕한 자도 처음에는 그런 사람이 되지 않을 수 있었는데, 그들은 자발적으로 그런 사람이 되었다. 하지만 일단 그런 사람이 된 뒤에는 그들이 그런 사람이 되지 않기란 불가능하다.

혼의 악덕만이 자발적인 것은 아니다. 어떤 사람에게는 몸의 결함도 자발적인데, 우리는 그런 사람들을 비난한다. 본래부터 추한 사람은 누구도 비난하지 않지만, 우리는 운동을 하지 않거나 몸을 돌보지 않아서 추한 사람은 비난한다. 허약함과 신체장애의 경우도 마찬가지이다. 본래부터 눈이 멀었거나 병에 걸리거나 다쳐서 눈이 먼 사람을 비난하는 사람은 아무도 없을 것이다. 그런 사람을 우리는 오히려 동정할 것이다. 하지만 폭음이나 다른 방탕 때문에 눈이 먼 사람은 누구에게나 비난받을 것이다. 이처럼 우리에게 책임이 있는 몸의 결함은 비난받고 우리에게 책임이 없는 몸의 결함은 비난받지 않는다. 이치가 그렇다면 도덕적 결함 가운데 비난받는 것들도 우리에게 책임이 있는 것들이리라.

그런데 누군가 이렇게 말한다고 가정해보자. "각자는 자기에게 외견상 좋음으로 보이는 것을 추구하지만 우리에게는 이런 겉모양을 제어할 능력이 없는 만큼, 목적이 각자에게 어떻게 보이는지는 각자의 마음가짐에 달려 있소. 각자가 자신의 마음가짐에 대해 어느 정도 책임이 있다면, 그는 좋음이 어떻게 보이는지에 대해서도 어느 정도 책임이 있을 것이오. 그러나 각자에게 그런 책임이 없다면 자신의 악행을 책임지는 사람은 아무도 없을 것이오. 오히려 그는 목적에 무지한 탓에 그렇게 함으로써 자신에게 가장 좋다고 생각되는 것을 이룰 수 있다고 믿고는 악행을 저지를 것이오. 그럴 경우 각자가 목표를 추구하는 것은 자신의 선택 사항이 아니며 오히려 각자는 고매하게 판단하고 진실로 좋은 것을 선택할 수 있게 해주는 눈을 가지고 태어나야만 할 것이오. 그리고 이런 고매한 능력을 타고난 사람이 본성적으로 좋은 사람이오. 그런 능력은 가장 위대하고 가장 고매하며 남에게서 얻을 수도 배울 수도 없기 때문이오. 그리고 이런 능력을 고매하게 잘 타고나는 것이 완벽하고 참된 탁월함을 타고나는 것이오."

만약 이 말이 옳다면, 미덕이 어떻게 악덕보다 더 자발적이겠는가? 좋은 사람에게도 나쁜 사람에게도 목적은 타고난 재능에 따라서건 그 밖의 다른 것에 따라서건 똑같은 방법으로 나타나고 결정될 것이며, 그들이 무엇을 행하건 다른 것은 모두 이 목적에 맞춰 행할 테니 말이다.

그러면 목적에 대한 개인의 견해가 어떤 것이거나 그것이 자연에 따라 주어지지 않고 인간도 어떤 역할을 하기 때문이든, 아니면 목적이 자연에 따라 정해지지 않더라도 훌륭한 사람은 목적을 이루기 위한 행위를 자발적으로 행하기 때문이든 미덕이 자발적이라면, 악덕도 미덕 못지않게 자발적일 것이다. 악인에게도, 목적을 선택하는 데서는 자발적이지 않아도 행위에서는 상당한 재량권이 있기 때문이다.

따라서 앞서 말했듯이 미덕이 자발적이라면(우리는 어떤 의미에서 우리의 마음가짐에 대해 일부 책임이 있고, 우리가 이러저러한 것을 우리의 목적으로 설정하는 것은 우리가 이러저러한 종류의

사람들이기 때문이니까) 악덕도 자발적일 것이다. 양자에게 같은 25
원칙이 적용되기 때문이다.

미덕 일반에 관해 우리는 이로써 그것이 어떤 부류인지 대략적
으로 설명했다. 말하자면 미덕은 중용이며 마음가짐이다.[18] 또한
미덕은 유덕한 사람에게 그것에 따라 미덕이 생겨나는 것과 같은
행위를 하게 하며,[19] 우리 힘이 미치며, 자발적이며,[20] 올바른 이성
이 지시하는 대로 행한다.[21]

그러나 행위와 마음가짐은 같은 의미에서 자발적인 것은 아니 30
다. 행위는 우리가 그 개별 단계를 알고 있기에 처음부터 끝까지 통
제할 수 있다. 그러나 마음가짐은 비록 제1원리를 우리가 통제할 1115a
수 있다 해도, 질병처럼 그것이 진행되는 개별 단계들을 알 수 없
다. 그러나 우리가 이렇게 행동하는지 저렇게 행동하는지는 우리
에게 달려 있는 만큼 마음가짐은 자발적이다.

이번에는 몇몇 미덕을 예로 들어 그것이 각각 어떤 것이며, 어떤 5
것들에 관련되고, 어떻게 관련하는지 설명해보기로 하자. 그러면
얼마나 많은 미덕이 있는지도 밝혀질 것이다.

18 1105b19~1106a13(2권 5장).
19 1104a27~b3(2권 2장).
20 1113b13~1114b25(3권 5장).
21 1103b31~34(2권 2장).

제6장—용기. 우리가 두려워해야 할 것과 두려워하지 말아야 할 것

먼저 용기[22]에 관해 논해보자. 용기가 두려움과 자신감의 중용이라는 것은 앞서 이미[23] 밝힌 바 있다. 우리는 분명 두려운 것들을 두려워하고, 두려운 것들이란 대체로 나쁜 것들이다. 그래서 두려움을 나쁜 것을 미리 헤아리는 예측이라고 정의하는 사람들도 있다.

그런데 우리는 불명예·가난·질병·고독·죽음 같은 모든 나쁜 것을 두려워하지만, 이 모든 것이 용감한 사람의 관심사는 아닌 것같다. 왜냐하면 그중 어떤 것들, 이를테면 불명예는 두려워하는 것이 당연하면서도 고매한 일이며, 두려워하지 않는 것은 수치스럽기 때문이다. 불명예를 두려워하는 사람은 점잖고 겸손하지만, 불명예를 두려워하지 않는 사람은 파렴치하니까. 하지만 어떤 사람은 이런 사람까지 용감하다고 부르는데, 용감한 사람도 말하자면 두려움이 없는 사람이므로 이런 사람도 용감한 사람과 비슷한 데가 있기 때문이다.

아마도 우리는 가난이나 질병이나, 일반적으로 말해서 악덕과 우리 자신의 과오에서 비롯하지 않는 것들은 두려워해서는 안 될 것이다. 그러나 이런 것들을 두려워하지 않는 사람이라고 해서 용감한 것은 아니다. (그런 사람도 용감한 사람이라고 불리기는 하지만.) 전쟁의 위험 속에서는 비겁하던 사람들이 돈에는 통이 커서큰돈을 잃고 태연하기도 하니까. 또한 누군가 처자가 모욕당하거나 시기의 대상이 되거나 그와 비슷한 일을 당할까 두려워한다고해서 비겁한 것도 아니고, 매질을 당하게 생겼는데도 태연하다고 해서 용감한 것도 아니다.

그렇다면 두려운 것 가운데 어떤 것들이 용감한 사람의 관심사 25
인가? 분명 가장 두려운 것들이리라. 누구도 용감한 사람보다 두
려움을 더 잘 견뎌내지 못할 테니까. 그런데 가장 두려운 것은 죽
음이다. 죽음은 종말[24]이며 죽은 사람에게는 좋음도 나쁨도 더 이
상 존재하지 않는다고 생각되기 때문이다. 그러나 모든 종류의 죽
음이 용감한 사람의 관심사는 아닌 것 같다. 예컨대 바닷물에 빠
져 죽거나 병에 걸려 죽는 것이 그렇다. 그렇다면 어떤 종류의 죽음 30
이 용감한 사람의 관심사인가? 분명 가장 고매한 죽음일 것이다.
그런 죽음은 전쟁터에서의 죽음이다. 전쟁터에서는 가장 크고 가
장 고매한 위험 속에서 죽기 때문이다. 도시들과 독재자들의 궁전
에서 전사자에게 명예가 부여된다는 사실이 이를 뒷받침한다. 따
라서 엄밀한 의미에서 용감한 사람은 고매한 죽음 또는 즉사(卽
死)의 위험을 두려워하지 않는 사람이며, 그런 상황은 주로 전쟁터 35
에서 벌어진다.

물론 용감한 사람은 바다에서도, 병에 걸려도 두려워하지 않을 1115b
것이다. 그러나 그의 태도는 선원들과는 다르다. 용감한 사람들은
살아남기를 체념하고 그런 종류의 죽음을 경멸하겠지만 선원들은

22 andreia.
23 1107a33~b4(2권 7장).
24 peras.

경험이 많아 희망을 버리지 않을 테니 말이다. 또한 사람들은 완강하게 저항하거나 고매하게 죽을 수 있는 곳에서는 용감하게 행동하지만, 그런 종류의 죽음[25]은 둘 중 어느 것에도 해당하지 않는다.

제7장—용기의 동기는 고매함이다. 비겁함과 무모함의 특징

모든 사람이 같은 것을 두려워하지는 않는다. 그러나 우리는 인간 인내력의 한계를 초월하는 것들이 있다고 말하는데, 그런 것들은 지성이 있는 사람이라면 누구에게나 두렵다. 인간 인내력의 한계를 초월하지 않는 것들은 그것들이 불러일으키는 두려움의 크기와 강도에 차이가 있다. (이 점은 자신감을 불어넣는 것들도 마찬가지이다.)

그러나 용감한 사람은 인간으로서 가능한 범위 안에서 두려움이 없는 사람이다. 그래서 그는 인간 인내력의 한계를 초월하지 않는 것들을 두려워하더라도 고매한 것(이것이 미덕의 목적이니까)을 위해 그런 것들을 올바른 방법으로, 이성이 지시하는 대로 견딜 것이다. 하지만 그런 것들을 더 두려워할 수도 있고 덜 두려워할 수도 있으며, 두렵지 않은 것들을 두려운 양 두려워할 수도 있다. 우리가 저지를 수 있는 잘못 가운데 하나는 두려워해서는 안 되는 것을 두려워하는 것이고, 다른 하나는 그래서는 안 되는 방법으로 두려워하는 것이며, 또 다른 하나는 그래서는 안 될 때 두려워하는 것 등이다. (이 점은 자신감을 불어넣는 것들의 경우도 마찬가지이다.) 따라서 용감한 사람은 당연히 두려워해야 하는 것을, 당연한 이유에서, 당연한 방법으로, 당연할 때에 참고 견디며 두려워하는 (또는 그와 같이 자신감을 갖는) 사람이다. 왜냐하면 용감한 사람은 이성이 시키는 대로 순리대로 느끼고 행동하기 때문이다.

모든 행위의 목적은 그 행위에 상응하는 마음가짐과 일치한다. 용감한 사람에게는 용기가 고매하다. 따라서 용기의 목적 또한 고매하다. 무엇이든 그 목적에 따라 성격이 규정되니까. 그러니 용감한 사람은 고매한 목적 때문에 위험을 무릅쓰고 용기가 시키는 대로 행한다.

지나친 사람 가운데 지나치게 두려움이 없는 사람에게는 명칭이 없다. (우리는 많은 유형에 명칭이 없다고 말한 바 있다.)[26] 그러나 켈토이족[27]이 그렇다고 전해지는 것처럼 그가 지진이든 높은 파도든 아무것도 두려워하지 않는다면, 그는 미치광이거나 무감각한 사람일 것이다. 두려운 일에 자신감이 과한 사람은 무모하다. 그러나 무모한 사람은 허풍선이이자 용감한 체하는 사람이다. 아무튼 두려운 것과 관련하여 용감한 사람은 실제로 용감하지만, 무모한 사람은 용감한 사람처럼 보이기를 원한다. 그래서 무모한 사람은 가능하면 용감한 사람을 모방한다. 이런 이유로 그들은 대부분 무모한 겁쟁이들이다. 상황이 허락하면 자신감을 과시하지만

20

25

30

---

25 난파당하여 죽는 것.
26 1107b2(2권 7장).
27 Keltoi. 켈트족의 그리스어 이름.

두려운 것들을 견디지 못하기 때문이다.

두려움이 지나친 사람은 겁쟁이다. 그는 두려워해서는 안 될 것을, 그래서는 안 되는 방법으로 두려워하며, 그 밖에도 그와 비슷한 특징을 지니고 있기 때문이다. 또한 그는 자신감이 모자라기도 하지만, 고통에 지나치게 반응해서 더 쉽게 본색을 드러낸다. 따라서 겁쟁이는 비관적이다. 겁쟁이는 무엇이든 두려워한다. 그러나 용감한 사람은 그와 정반대이다. 자신감은 낙관인 사람의 특징이기 때문이다.

따라서 겁쟁이와 무모한 사람과 용감한 사람은 같은 대상들에 관련되지만, 그 대상들에 대한 마음가짐은 서로 다르다. 처음 두 사람은 지나치거나 모자라지만, 용감한 사람의 마음가짐은 올바르고 중용을 지킨다. 무모한 사람은 성급해서 위험이 닥치기 전에는 위험을 바라지만 막상 위험이 닥치면 뒤로 물러서는데, 용감한 사람은 행동할 때는 민첩하지만 그전에는 침착하다.

그렇다면 앞서 말했듯이[28] 용기는 앞서 언급한 상황에서[29] 자신감을 불어넣는 것들과 두려움을 불어넣는 것들 사이의 중간 상태이다. 그리고 용감한 사람이 그런 상태를 선택하고 견디는 것은 그러는 것이 고매하기 때문이거나, 그러지 않는 것이 수치스럽기 때문이다. 그러나 가난이나 사랑[30]이나 그 밖에 고통스러운 것을 회피하기 위해 자살하는 것은 용감한 사람의 특징이 아니라 오히려 겁쟁이의 특징이다. 힘든 일을 회피하는 것은 유약함이며, 그런 사람은 회피하는 것이 고매하기 때문이 아니라 고통을 회피하기 위해서 죽음을 받아들이기 때문이다.

제8장—용기와 비슷한 다섯 가지 마음가짐

용기란 그런 것이지만 다섯 가지 다른 마음가짐도 용기라 불린다.

첫째는 시민적 용기이다. 이것이 진정한 용기와 가장 비슷하다. 시민들[31]은 위험을 무릅쓰지 않으면 처벌받거나 불명예를 당하고 명예가 주어지기 때문에 위험을 무릅쓰는 것 같으니 말이다. 그래서 겁쟁이들이 불명예를 당하고 용감한 사람들에게 명예가 주어지는 나라에서는 그런 사람들이 가장 용감한 사람으로 간주된다. 호메로스가 그런 사람들을 그려 보여주고 있는데, 디오메데스와 헥토르[32]가 바로 그런 사람들이다. 다음은 헥토르가 한 말이다.

풀뤼다마스가 맨 먼저 나를 꾸짖겠지.[33]

---

28 1107a33~b4(2권 7장), 1115a6~7(3권 6장).

29 전쟁터에서의 상황을 말한다. 1115a29~35(3권 6장).

30 짝사랑을 말하는 듯하다.

31 시민군.

32 디오메데스(Diomedes)는 튀데우스(Tydeus)의 아들로, 트로이아 전쟁 때 그리스군 맹장 가운데 한 명이다. 헥토르(Hektor)는 트로이아의 마지막 왕 프리아모스의 아들로, 트로이아 전쟁 때 트로이아군의 으뜸가는 맹장이다.

33 『일리아스』 22권 100행. 아킬레우스(Achilleus)의 도전을 거절할 경우 어떤 일이 벌어질지 생각하며 헥토르가 자신을 향해 한 말이다. 풀뤼다마스(Poulydamas 또는 Polydamas)는 트로이아군의 지장(智將)이다.

다음은 디오메데스가 한 말이다.

25   헥토르는 언젠가 트로이아인들이 모인 앞에서 이렇게 말할 것
이오.

'튀데우스의 아들은 내 앞에서···' [34]

이런 용기는 앞서 말한 용기[35]와 가장 비슷하다. 왜냐하면 이런
용기는 미덕에서 나오기 때문이다. 다시 말해 이런 용기는 수치심
과, 고매한 것 즉 명예를 바라는 욕구와, 불명예의 일종인 비난을
30   회피하려는 마음에서 비롯하기 때문이다. 위험을 무릅쓰도록 상
관에게 강요당한 사람들도 같은 부류에 포함된다. 그러나 그들은
수치심 때문이 아니라 두려움 때문에 행동하고 불명예가 아니라
고통을 회피하는 만큼 열등하다. 그들의 상관들은 마치 헥토르가
강요하듯 그들에게 강요하기 때문이다.

누구든 싸움터를 이탈하다가 내 눈에 띄는 자는
35   개 떼의 밥이 됨을 면할 길이 없으리라.[36]

병사들을 자기 앞에 정렬시키고 후퇴하면 매질을 하는 자들도,
1116b   병사들을 해자(垓字)나 다른 장애물 앞에 배치하는 자들도 헥토
르와 똑같은 짓을 하는 것이다. 말하자면 그들은 모두 강요하고 있
다. 그러나 강요당한다는 이유로 용감해서는 안 된다. 용감하다는

것은 고매한 것이기 때문이다.

개별 사물들을 겪어본 경험도 용기로 간주된다. 그래서 소크라테스는 용기가 일종의 지식이라고 생각했다.[37] 이런 용기를 어떤 사람은 이런 상황에서, 어떤 사람은 저런 상황에서 과시하지만 싸움터에서는 대체로 직업군인들[38]이 과시한다. 싸움터에는 근거 없는 두려움이 만연하곤 하는데, 그들은 그런 상황에 익숙하다. 그래서 다른 사람들은 그런 두려움의 실상을 모르기에 직업군인들이 용감해 보이는 것이다. 또한 그들은 경험이 많아서 피해를 입지 않고도 적군을 효과적으로 공격할 수 있는데, 효과적으로 무기를 사용할 줄 알며 공격과 방어에 가장 효과적인 전투 장비를 갖추고 있기 때문이다. 그래서 그들이 싸우는 것은 마치 무장한 사람들이 무장하지 않은 사람들과 싸우고, 단련된 운동선수가 일반인과 싸우는 것과 같다. 이런 경기에서 가장 잘 싸우는 사람은 가장 용감한 사람이 아니라 가장 힘이 세고 몸 상태가 가장 좋은 사람이기 때문이다.

34 『일리아스』 8권 148~149행. '함선들 쪽으로 달아났지'가 생략되어 있다. 디오메데스가 퇴각하고 싶지 않아서 다른 장군에게 한 말이다.

35 1115a6~b24(3권 6~7장).

36 『일리아스』 2권 391~393행, 15권 348~351행을 짜깁기한 것이다.

37 플라톤 대화편 『라케스』(*Laches*) 199a~d, 『프로타고라스』(*Protagoras*) 360d, 『메논』(*Menon*) 88c~d.

38 시민군이 아닌 용병들.

그러나 직업군인들은 위험이 너무 크고 인원과 장비에서 열세일 때는 겁쟁이가 된다. 시민군 부대는 제자리를 지키며 결사항전을 하지만 직업군인들은 먼저 도주한다. 헤르메스 신전에서의 전투 때[39] 실제로 그런 일이 일어났다. 시민군 부대에게는 도주가 불명예스럽고, 그렇게 목숨을 구하기보다는 죽음이 더 바람직하기 때문이다. 그러나 직업군인들은 처음에는 자기들이 더 강한 줄 알고 위험을 무릅쓰다가, 실제 상황을 알게 되자 불명예보다는 죽음이 더 두려워서 달아난다. 하지만 용감한 사람은 그러지 않는다.

기개(氣槪)[40] 역시 용기로 간주된다. 자기에게 부상을 입힌 자들을 공격하는 야수들처럼 기개로 인해 행동하는 사람들 역시 용감해 보인다. 용감한 사람들도 기개가 높기 때문이다. 기개는 위험을 무릅쓸 각오가 가장 잘되어 있으니까. 그래서 '그는 기개에 힘을 불어넣었다' '그는 힘과 기개를 북돋았다' '그는 가슴이 찡하고 코허리가 저리고 시었다' 같은 호메로스의 시구들이 생겨났다.[41] 이런 시구들은 기개가 깨어나 날뛰는 것을 나타내는 것 같다.

용감한 사람은 고매한 것을 위해 행동하는데, 기개는 그의 보조원이다. 그러나 야수들은 고통 때문에 행동한다. 야수들은 부상당하거나 겁이 나야 공격하기 때문이다. 야수들은 숲속에 있을 때는[42] 우리에게 다가오지 않는다. 따라서 야수들은 용감하지 않다. 야수들은 어떤 고통을 당하게 될지 생각해보지도 않고 고통과 기개에 쫓겨 위험에 뛰어든다. 그것이 용감한 것이라면 굶주린 당나귀들도 용감할 것이다. 당나귀들은 매를 맞아도 밭에서 자라는 곡

식을 먹어치우기를 멈추지 않을 테니 말이다.[43] (욕구에 이끌려 무
모한 짓을 많이 하기는 샛서방도 마찬가지이다.)

따라서 기개에서 비롯한 유사(類似) 용기는 가장 자연스러우
며, 거기에 합리적 선택과 목적이 포함되면 진정한 용기인 것처럼
보인다. 인간도 화가 나면 괴롭고 복수하면 통쾌하다. 그러나 그런
이유에서 싸우는 사람들은 설령 잘 싸운다 해도 용감하지는 않
다. 그들은 고매한 동기에서 원칙에 따라 싸우지 않고 감정 때문에
싸우기 때문이다. 하지만 그들은 용감한 사람들과 아주 비슷하다.

낙관적인 사람들도 용감하지 않다. 그들은 여러 차례 다수의 적
을 물리친 경험이 있기에 위험에 자신감을 갖는 것이니까. 그러나
그들은 용감한 사람들과 비슷하다. 양쪽 다 자신감이 있다. 하지
만 용감한 사람들은 앞서 말한 이유에서[44] 자신감이 있는 데 반해,
낙관적인 사람들은 자기들은 가장 강한 만큼 어떤 해도 입지 않을

39 기원전 353년 보이오티아(Boiotia) 지방의 코로네이아(Koroneia) 시가 공격
당했을 때 동맹군이 탈주하자 시민들은 농성에 들어가 결사항전한다. 헤르메스
(Hermes)는 신들의 사자(使者)로, 올륌포스(Olympos)의 12신 중 한 명이다.
40 thymos.
41 『일리아스』 9권 11행, 14권 152행, 16권 529행, 5권 470행, 15권 232·594행,
『오뒷세이아』 24권 318~319행. 도서출판 숲에서 나온 졸역에서는 '기개'를 대개
'마음' '용기' 등으로 옮겼음을 밝혀둔다.
42 그래서 도망칠 수 있을 때는.
43 『일리아스』 11권 557~562행 참조.
44 1115b10~24(3권 7장).

것이라고 생각하기 때문에 자신감이 있다. (그래서 술 취한 사람들

15　은 그렇게 행동한다. 술에 취하면 낙관적이 되니까.) 그러나 예상
하지 못한 결과가 나오면 그들은 도주한다. 그러나 앞서 말한 바와
같이[45] 용감한 사람은 인간에게 두렵거나 두려워 보이는 것을 참고
견디는 특징이 있다. 그러는 것이 고매하고, 그러지 않는 것은 수치
스럽기 때문이다.

　　따라서 예견된 위급상황에서보다는 돌발적인 위급상황에서 두
려워하지 않고 동요하지 않는 것이 더 용감한 사람의 특징인 것 같

20　다. 그런 행위는 준비된 것이라기보다는 오히려 마음가짐에서 비롯
하기 때문이다.

　　무지해서 행동하는 사람들도 용감해 보인다. 그들은 낙관적인
사람들과 매우 비슷하다. 그러나 낙관적인 사람들은 자신감이 있
는데, 그들은 자신감이 없다는 점에서 낙관적인 사람들만 못하다.

25　따라서 낙관적인 사람들은 한동안 견디겠지만, 사태를 잘못 파악
한 사람들은 상황이 예상과 다르다는 것을 알게 되거나 의심스러
워지면 곧장 도주한다. 아르고스인들이 라케다이몬인들을 시퀴온
인들인 줄 알고 공격했을 때 실제로 그런 일이 일어났다.[46] 이로써
우리는 참된 용기와 유사 용기가 어떤 것인지 논했다.

제9장—용기는 고통과 쾌락에 관련된다

용기는 자신감과 두려움에 관련되지만 양쪽에 같은 정도로 관련

30　되지 않고 두려운 것들에 더 많이 관련한다. 두려운 것들에 동요

하지 않고 올바르게 대처하는 사람이, 고무적인 상황에서 그렇게 처신하는 사람보다 더 용감하기 때문이다. 앞서 말했듯이[47] 고통 스러운 것을 참고 견디기에 용감한 사람이라고 불린다. 따라서 용기는 고통을 내포한다. 그리고 즐거운 것을 멀리하는 것보다 고통 스러운 것을 참고 견디는 것이 더 어려우므로 용기가 칭찬받는 것은 당연하다. 용기가 추구하는 목적은 물론 즐거운 것이지만 이런 사실은 부수적 상황 때문에 가려지는 것 같다. 그런 일은 이를 테면 운동경기에서 일어난다. 권투선수들이 추구하는 목적인 영관과 명예는 즐겁지만 그들도 살과 피로 이루어진 사람이기에 얻어맞는 것은 힘들고 고통스럽다. 그 점은 그들의 훈련 과정 전체가 마찬가지이다. 그래서 이처럼 고통스러운 일은 많은데 그들이 추구하는 것은 적으므로 거기에는 즐거운 것이 아무것도 없어 보인다. 용기의 경우도 이와 마찬가지라면, 죽음과 부상은 용감한 사람에게도 고통스러울 것이다. 그러니 그는 자발적으로 죽음과 부상을 참고 견디는 것이 아니라, 그러는 것이 고매하거나 아니면 그러지 않는 것이 수치스럽기 때문에 죽음과 부상을 참고 견딜

45 1115b10~24.

46 기원전 392년 코린토스(Korinthos)의 '장성'(長城)에서 벌어진 전투 때를 말한다. 아르고스(Argos)는 펠로폰네소스(Peloponnesos)반도 중동부에 있고, 시퀴온(Sikyon)은 북동부 코린토스 서쪽에 있는 도시이다. 라케다이몬은 여기서 스파르테를 달리 부르는 이름이다.

47 1115a17~24(3권 6장), b7~13(3권 7장), 1116a1(3권 7장).

것이다.

10   그런 사람은 유덕할수록 또 행복할수록 죽는다는 생각으로 고통스러울 것이다. 그런 사람에게는 삶이 더없이 소중하기에 가장 큰 축복을 알면서도 잃는 것은 괴롭기 때문이다. 하지만 그렇다고 해서 덜 용감해지지는 않을 것이다. 그는 전쟁터에서 이런 축복 대

15   신 장렬한 최후를 선택하기에 더 용감해질 것이다. 따라서 목적을 달성한 경우 말고는 미덕을 실천하는 것이 언제나 즐겁지는 않다.

그러나 가장 훌륭한 직업군인들은 아마도 이런 사람들이 아니라 오히려 덜 용감하지만 아무것도 잃을 것이 없는 사람들일 것이다. 그런 사람들은 위험을 무릅쓸 각오가 되어 있고 헐값에 자신의 목숨을 팔아버리기 때문이다.

20   용기에 관해서는 이쯤 해두자. 지금까지 논의한 것에서 용기가 무엇인지 대략적으로 파악하기는 어렵지 않을 것이다.

제10장—절제. 절제에 관련된 쾌락들

용기 다음으로 절제[48]를 논하기로 하자. 이 두 미덕은 혼의 비이성

25   적 부분에 속하는 것으로 생각되니까. 앞서 말했듯이[49] 절제는 쾌락에 관련된 중용이다. (절제는 고통에는 덜 관련하며 관련하는 방법도 다르기 때문이다.)[50] 방종[51]도 같은 영역에서 모습을 드러낸다. 그러면 이번에는 절제와 방종이 어떤 종류의 쾌락에 관련되는지 규정하기로 하자.

우리는 혼의 쾌락과 몸의 쾌락을 구별해야 한다. 명예를 좋아하

는 것, 배우기를 좋아하는 것 등이 혼의 쾌락에 속한다. 둘 중 어 30
느 것이든 자기가 좋아하는 것을 하는 사람은 즐겁지만, 그 영향
은 몸이 아니라 마음이 받는다. 그리고 이런 종류의 쾌락에 관여
하는 사람들은 절제 있는 사람이라고도 방종한 사람이라고도 불
리지 않는다. 이 점은 그 밖의 다른 비육체적 쾌락에 관여하는 사
람들의 경우에도 마찬가지이다. 이야기 듣기를 좋아하거나 이야기
하기를 좋아하거나 잡담으로 소일하는 사람들을 우리는 수다쟁이 35
라고는 불러도 방종한 사람이라고는 부르지 않는다. 우리는 돈이 1118a
나 친구를 잃고 괴로워하는 사람들도 방종한 사람이라고 부르지
않는다.

그렇다면 절제는 몸의 쾌락에 관련된다. 그렇다고 모든 몸의 쾌
락에 관련되는 것은 아니다. 색채·형태·그림 같은 시각의 대상들
을 보고 좋아하는 사람들은 절제 있는 사람이라고도 방종한 사람
이라고도 불리지 않기 때문이다. 그러나 이런 것들을 보고 좋아하 5
는 데도 적당한 정도와 지나침과 모자람이 있을 것이다. 그 점은
청각의 대상들도 마찬가지이다. 어느 누구도 음악이나 배우의 목
소리를 듣고 지나치게 좋아하는 사람들을 방종한 사람이라고 부

48 sophrosyne.
49 1107b4~6(2권 7장).
50 1118b28~33(3권 11장).
51 akolasia.

르지 않으며, 적당하게 좋아하는 사람들을 절제 있는 사람이라고 부르지 않는다. 또한 우리는 냄새를 맡고 좋아하는 사람들도 그렇게 부르지 않는다. 연상작용으로 좋아하는 경우를 제외하고는 말이다. 우리는 사과나 장미나 향 냄새를 맡고 좋아하는 사람들을 방종한 사람이라고 부르지 않고 향수나 맛있는 요리 냄새를 맡고 좋아하는 사람들을 그렇게 부른다. 방종한 사람들은 이로써 자신들의 욕구 대상을 연상하기 때문에 이런 것들을 즐긴다. 우리는 다른 사람들도 배가 고프면 음식 냄새를 맡고 좋아하는 것을 볼 수 있다. 그러나 그런 것들을 좋아하는 것[52]은 방종한 사람의 특징이다. 그런 것들은 그의 욕구 대상이기 때문이다.

동물도 그런 감각들을 통해 쾌감을 느끼지 않는다. 연상(聯想)으로 쾌감을 느끼는 경우를 제외하고는 말이다. 사냥개는 결코 산토끼의 냄새를 좋아하지 않으며, 산토끼를 잡아먹는 것을 좋아한다. 산토끼 냄새는 산토끼가 근처에 있다는 것을 알려줄 뿐이다. 사자도 황소의 울부짖는 소리가 아니라 황소를 잡아먹는 것을 좋아한다. 사자가 황소의 울부짖는 소리를 좋아하는 것처럼 보이는 것은 그 소리를 듣고 가까이에 황소가 있음을 알아차리기 때문이다. 마찬가지로 사자는 '사슴이나 야생 염소'[53]를 보는 것이 아니라 먹을거리가 생긴다는 사실을 좋아한다.

이처럼 절제와 방종은 다른 동물도 관여할 수 있는 쾌락들에 관련된다. 그래서 그런 쾌락들은 노예적이고 야수적인 것으로 보이는데 촉각과 미각이 그러하다. 그러나 그런 쾌락들에는 미각도 별로 또는 전혀 사용되지 않는 것 같다. 미각의 기능은 포도주 감별사나 음식에 양념을 치는 요리사처럼 향미(香味)를 구별하는 것인데, 사실 사람들은 이런 일을 좋아하지 않기 때문이다. 적어도 방종한 사람들은 좋아하지 않는다. 그들이 좋아하는 것은 먹을거리든 마실 거리든 아니면 이른바 성교든 전적으로 촉각으로 유발되는 쾌감이다. 그래서 어떤 미식가[54]는 자기 목구멍이 황새의 목구멍보다 더 길어지게 해달라고 기도하기도 했다. 이는 그에게 쾌감을 주는 것이 촉감이라는 뜻이다.

따라서 방종이 관여하는 감각은 가장 광범위하게 공유된다. 그리고 방종은 우리가 인간으로서가 아니라 동물로서 갖는 속성이기에 비난받아 마땅해 보인다. 그러므로 그런 것들을 좋아하고 무엇보다도 그런 것들을 사랑하는 것은 동물적이다. 그러나 촉감이 주는 가장 자유민다운 쾌감, 이를테면 체육관에서 마찰을 하여 몸이 더워질 때 느끼는 쾌감은 여기에 포함되지 않는다. 방종한 사람에게는 촉감이 몸 전체가 아니라 몸의 특정 부위에 관련하기 때문이다.

30

1118b

5

---

52 배가 고프지 않아도 시도 때도 없이 음식 냄새를 맡고 좋아하는 것.

53 『일리아스』 3권 24행.

54 아테나이오스(Athenaios 기원후 200년경에 활동한 그리스 저술가)에 따르면 필록세노스(Philoxenos)라는 사람이 그렇게 기도했다고 한다. 『만찬을 즐길 줄 아는 사람들』(Deipnosophistai) 12권 8장 참조.

제11장―절제와 방종의 특징. 무감각

욕구 가운데 어떤 것은 공통적이고, 어떤 것은 개별적이며 후천적인 것 같다. 예컨대 음식을 바라는 욕구는 본성적이다. 음식이 없으면 누구나 먹을거리 또는 마실 거리 또는 두 가지 모두를 욕구한다. 한창때의 젊은이라면 호메로스의 말처럼[55] 성교의 경우에도 마찬가지이다. 그러나 누구나 이런저런 특정 음식이나 성교를 욕구하는 것도 아니고, 언제나 같은 종류를 욕구하는 것도 아니다. 따라서 그것은 개인적 취향의 문제인 것 같다. 하지만 거기에는 본성적 요소도 있는 것 같다. 어떤 사람에게는 이것이 즐겁고 또 어떤 사람에게는 저것이 즐거우며, 모든 사람에게 어떤 것이 다른 것보다 더 즐겁기 때문이다.

본성적 욕구의 경우 정도에서 벗어나는 사람들은 소수인데, 그들은 지나침이라는 한쪽 방향으로만 벗어난다. 배가 터지도록 닥치는 대로 먹고 마시는 것은 자신이 타고난 적정량을 초과하는 것이다. 본성적 욕구란 모자라는 것을 메우는 것이다. 그래서 그런 사람들은 폭식가로 불리는데, 적정량 이상으로 배를 채우기에 그렇다. 그렇게 된 사람들은 사실 노예나 다름없다.

그러나 개인적 쾌락의 경우 많은 사람이 여러 방법으로 정도에서 벗어난다. 사람들이 이러저러한 것들의 애호가라고 불리는 것은 좋아해서는 안 되는 것들을 좋아하거나, 정상 수준 이상으로 좋아하거나, 그래서는 안 되는 방법으로 좋아하기 때문이다. 그리고 방종한 사람들이란 세 가지 모두에서 과한 사람들이다. 그들은 혐오스럽기에 좋아해서는 안 되는 것들을 좋아하거나, 좋아해도 되는 것들을 좋아하는 경우에는 적정선 이상으로 또는 정상 수준 이상으로 좋아한다.

따라서 쾌락과 관련해서는 지나침은 분명 방종이며 비난받아 마땅하다. 그러나 고통과 관련해서는 용기의 경우와는 다르다. 말하자면 누군가 고통을 참고 견딘다고 해서 절제 있는 사람으로 불리지 않고, 고통을 참고 견디지 못한다고 해서 방종한 사람으로 불리지 않는다. 오히려 방종한 사람은 즐거운 것들을 얻는 데 실패할 때 (그에게 고통을 주는 것은 쾌락인데도) 지나치게 괴로워하기 때문에 방종하며, 반면에 절제하는 사람은 즐거운 것들이 없거나 쾌락을 멀리해도 괴로워하지 않기 때문에 절제 있다. 30

따라서 방종한 사람은 즐거운 모든 것 또는 가장 즐거운 것을 욕구하며 이런 욕구에 이끌려 다른 것들보다 먼저 그런 것들을 선택한다. 그래서 그는 그런 것들을 얻는 데 실패할 때도, 그런 것들을 욕구할 때도 괴로워한다. 욕구는 고통을 수반하니까. 그러나 욕구 때문에 괴로워하는 것은 불합리해 보인다. 1119a

쾌락과 관련하여 모자라는 사람들, 다시 말해 즐거운 것들을 지나치게 적게 즐기는 사람들은 거의 없다. 그런 무감각은 인간의 특성이 아니기 때문이다. 다른 동물도 먹을거리를 가려 어떤 것은 5

---

55 『일리아스』 24권 130행.

먹고 어떤 것은 먹지 않는다. 그러니 누군가에게 아무것도 즐거운 것이 없고 모든 것이 아무 차이가 없다면, 그는 사람인 것과는 거리가 멀 것이다. 그리고 그런 사람은 드물기에 명칭을 부여하지 않았다.

절제하는 사람은 쾌락과 관련하여 중용을 지킨다. 그는 방종한 사람이 흔히 즐기는 것들을 즐기기는커녕 오히려 싫어하며, 일반적으로 말해 좋아해서는 안 되는 것을 좋아하지도 않는다. 또한 그는 어떤 쾌락도 지나치게 즐기지 않으며, 즐거운 것들이 없어도 괴로워하거나 욕구하지 않는다. 아니면 욕구하더라도 적당하게 욕구할 것이다. 또한 그는 과하게 욕구하지도 않고, 그래서는 안 될 때 욕구하지도 않을 것이다. 일반적으로 말해 그는 그런 조건이 맞지 않으면 욕구하지 않을 것이다. 오히려 그는 즐거우면서도 건강과 몸에 좋은 것들을 올바른 방법으로 적당하게 욕구할 것이다. 그리고 다른 쾌락들도 건강과 몸에 해롭지 않거나 고매한 것에 배치되지 않을 때, 자신의 재산이 허용하는 범위 안에서 욕구할 것이다. 이런 제약들을 무시하는 사람은 그런 쾌락들을 지나치게 높이 평가하지만, 절제하는 사람은 그러지 않고 그런 쾌락들을 올바른 원칙에 따라 즐긴다.

제12장—방종이 비겁함보다 더 자발적이다. 방종한 사람과 응석둥이의 비교

방종은 비겁함보다 더 자발적인 것 같다. 방종은 쾌락으로 유발되고 비겁함은 고통으로 유발되는데, 방종은 선택 대상이고 비겁함은 회피 대상이기 때문이다. 그리고 고통은 그것을 느끼는 사람의 본성을 흐트러뜨리고 파괴하는 데 반해, 쾌락은 전혀 그러지 않는다. 따라서 방종이 더 자발적이다. 그래서 방종이 더욱 비난받아 마땅하다. 쾌락에 반항하는 습관을 들이는 편이 더 쉽기 때문이다. 살아가는 동안 그럴 기회는 많이 있고 습관화되는 과정은 위험을 내포하지 않지만 두려운 것들은 그 반대이니까. 25

하지만 비겁함은 비겁한 개별 행위들과 같은 방법으로 자발적인 것 같지는 않다. 비겁함 자체는 고통이 없지만, 비겁한 개별 행위들은 사람들이 자기 무기를 내던지거나 그 밖의 다른 창피스러운 짓을 할 만큼 고통으로 마음을 흐트러뜨리기 때문이다. 그래서 비겁한 개별 행위들은 강요당한 것처럼 보인다. 반대로 방종한 사람에게 개별 행위들은 자발적이다. 그는 욕구하고 욕망하면서 행동하기 때문이다. 그러나 방종 자체는 덜 자발적인데, 방종하기를 욕구하는 사람은 아무도 없기 때문이다. 30

우리는 아이들의 잘못에도 방종이라는 말을 쓰는데, 이 둘은 비슷한 데가 있기 때문이다. 어느 쪽이 어느 쪽에서 유래했는지 지금 우리 주제에서 중요하지 않다. 다만 후자가 전자에서 유래한 것 같다. 이런 명칭을 돌려서 쓰는 것은 제법 괜찮아 보인다. 수치스러운 것들을 욕구하며 빨리 자라는 것은 억제되어야 하기 때문이다. 특히 욕구와 아이들이 이 범주에 속한다 아이들은 욕구에 따라 살고 즐거운 것을 바라는 욕구는 아이들 속에서 가장 강하기 때문이다. 1119b

5

그러니 그런 욕구는 권위에 고분고분 복종하지 않게 될 때에는 크게 자랄 것이다. 즐거운 것을 바라는 지각 없는 존재의 욕구는 충족되지 않고 무차별적이며, 욕구 행위는 그의 타고난 성향을 강화해주니까. 그리고 욕구가 강하고 지나치면 실제로 이성을 내쫓는다. 따라서 그런 욕구들은 온건해야 하고 그 수가 적어야 하며 어떤 경우에도 이성에 반항해서는 안 된다. '고분고분 복종한다'는 것은 바로 그런 것을 의미한다. 또한 아이가 가정교사[56]의 지시에 따라 살아가야 하듯 우리 안의 욕구적 부분도 이성에 따라 살아가야 한다.

따라서 절제하는 사람의 욕구적 부분은 이성과 조화를 이루어야 한다. 이 둘이 추구하는 목표는 똑같이 고매하기 때문이다. 또한 절제하는 사람은 당연히 욕구해야 하는 것을, 당연히 그래야 하는 방법으로, 당연히 그래야 할 때에 욕구하는데 이것은 이성이 요구하는 바이기도 하다.

절제에 관한 설명은 이쯤 해두자.

---

56 paidagogos. 아이의 교육을 책임지는 유식한 노예.

제 4 권

다른 미덕들

제1장—돈에 대한 올바른 마음가짐. 후함

20 다음에는 후함[1]에 관해 논해보자. 후함은 재물에 관련된 중용인 것 같다. 후한 사람이 칭찬받는 것은 전쟁의 영역이나, 절제가 관련된 영역이나, 판결의 영역에서가 아니라 돈거래 특히 돈을 주는 일과 관련해서이기 때문이다. 여기서 재물이란 그 가치를 돈으로 환산할 수 있는 모든 것을 의미한다.

낭비[2]와 인색[3] 또한 재물에 관련된 지나침과 모자람이다. 재물

25 을 지나치게 중시하는 사람들은 언제나 인색하다고 불리지만, '낭비'라는 말은 때로는 보다 넓은 의미로 사용된다. 우리는 자제력이 없어 무절제하게 돈을 쓰는 사람을 낭비하는 사람이라고 부르니

30 까. 그러니 이들 자제력 없는 사람이 가장 보잘것없는 사람인 것 같다. 그들은 동시에 여러 악덕을 갖고 있기 때문이다. 따라서 그들을 낭비하는 사람으로 부르는 것은 적절하지 않다. 낭비하는 사람

이란 재물의 낭비라는 한 가지 악덕을 가진 사람을 의미하기 때문이다. 낭비하는 사람은 자멸하는 사람인데, 재산은 생계수단인 만큼 재산을 낭비하는 것은 일종의 자멸 행위가 아닐 수 없다. 그래서 우리는 낭비라는 말을 그런 의미로 이해한다. 1120a

쓰임새가 있는 물건들은 잘 쓰일 수도 있고 잘못 쓰일 수도 있는데, 재물은 쓰임새가 있는 것에 속한다. 어떤 물건을 가장 잘 쓰는 사람은 그것에 관련된 미덕을 가진 사람이다. 따라서 재물에 관련된 미덕을 가진 사람이 재물을 가장 잘 쓸 것이다. 재물의 사용은 주고받는 데 있는 것 같다. 반면 재물을 받아서 간수하는 일은 소유의 영역에 속한다. 따라서 당연히 받아야 할 사람한테서 받고 받아서는 안 될 사람한테서 받지 않는 것보다는, 당연히 주어야 할 사람에게 주는 것이 후한 사람의 특징이다. 미덕은 남이 나에게 베푸는 것보다는 내가 남에게 베푸는 데 있고, 수치스러운 행위를 하지 않는 것보다는 고매한 행위를 하는 데 있기 때문이다. 그런데 주는 것은 내가 남에게 베풀고 고매한 행위를 하는 것을 의미하지만, 받는 것은 남이 나에게 베풀거나 내가 수치스러운 행위를 하지 않는 것을 의미한다는 것은 삼척동자라도 알 것이다.

또한 고마움은 받기를 거절하는 사람이 아니라 주는 사람에게

---

1 eleutheriotes.

2 asotia.

3 aneleutheria.

느끼는 법이며 칭찬의 경우는 더욱 그렇다. 또한 주기보다는 받기가 더 쉽다. 사람들은 남의 것을 받으려 하지 않기보다는 자기 것을 내주려 하지 않는 성향이 더 강하기 때문이다. 또한 주는 사람은 후한 사람이라고 불리지만, 받지 않는 사람은 올바르다고 칭찬
20 받기는 해도 후하다는 칭찬을 받지는 못한다. 그리고 받는 사람은 전혀 칭찬받지 못한다. 유덕한 사람 중에 후한 사람들이 가장 사랑받는 것 같다. 그것은 그들이 도움을 주기 때문인데, 그들의 도움은 주는 데 있다.

유덕한 행위들은 고매하며, 고매하기에 행해진다. 따라서 후한
25 사람도 그러는 것이 고매하기에 올바른 방법으로 줄 것이다. 왜냐하면 그는 당연히 주어야 할 사람에게 당연히 주어야 할 만큼 당연히 주어야 할 때 줄 것이고, 그 밖에도 올바로 주는 것에 필요한 다른 조건을 충족할 것이기 때문이다. 그리고 그는 그런 일을 하며 즐거워하거나 적어도 괴로워하지는 않을 것이다. 유덕한 행위는 즐겁거나 고통이 수반되지 않기에 괴롭지 않을 것이 확실하기 때문이다. 그러나 주지 말아야 할 사람에게 주거나 그러는 것이 고매해서가 아니라 다른 이유에서 주는 사람은 후한 사람으로 불리지 않고
30 다른 이름으로 불릴 것이다. 주면서 괴로워하는 사람도 후한 사람으로 불리지 않을 것이다. 그는 고매한 행위보다는 재물을 선택할텐데, 이는 후한 사람의 특징이 아니기 때문이다.

또한 후한 사람은 받지 말아야 할 데서 받지 않을 것이다. 그렇게 받는 것은 재물을 대수롭지 않게 여기는 사람의 특징이 아니기

때문이다. 또한 후한 사람은 재물을 요구하지도 않을 것이다. 기꺼이 남의 덕을 보는 것은 남에게 베푸는 사람의 특징이 아니니까. 그러나 그는 마땅히 받아야 할 곳에서는, 이를테면 자기 재산에서 나온 것은 받을 것이다. 그러는 것이 고매해서가 아니라 주기 위해 무엇인가를 가지려면 그럴 필요가 있기 때문이다. 또한 그는 자기 재산을 소홀히 하지 않을 것인데, 자기 재산으로 남을 돕기 때문이다. 또한 후한 사람은 아무에게나 주지 않을 것인데, 이는 그가 마땅히 주어야 할 사람에게 마땅히 주어야 할 때, 그리고 고매한 목적을 위해 줄 수 있게 하기 위해서이다. 자기한테는 너무 조금 남을 정도로 과하게 주는 것이 후한 사람의 두드러진 특징인데, 후한 사람은 으레 자신을 돌보지 않기 때문이다.

후함은 주는 사람의 재산에 따라 상대적이다. 후함은 주어진 것들의 양이 아니라 주는 사람의 마음가짐에 달려 있다. 마음가짐은 주는 사람의 재산에 따라 상대적이기 때문이다. 따라서 가진 재산이 적은 사람은 남보다 적게 주어도 더 후할 수 있다.

자수성가한 사람보다 재산을 물려받은 사람이 더 후한 것 같다. 재산을 물려받은 사람은 궁핍했던 경험이 없고, 부모와 시인이 그러하듯 사람은 누구나 자기가 이룩한 것에 더 애착을 느끼기 때문이다.

후한 사람이 부자가 되기는 쉽지 않다. 그는 재물을 모으거나 지키는 것이 아니라 나누어주는 편이며, 재물을 그 자체 때문이 아니라 주는 수단으로서만 소중히 여기기 때문이다. (그래서 재산을

1120b

5

10

15

누릴 자격이 가장 많은 사람들이 재산이 가장 적다고 운[4]을 탓하기도 한다. 그러나 그것은 당연한 일이다. 만사가 다 그렇지만, 재물도 그것을 가지려고 수고하지 않고는 가질 수 없기 때문이다.) 그러나 후한 사람은 주어서는 안 될 사람에게 주어서는 안 될 때에, 그리고 그 밖의 다른 조건이 맞지 않을 때는 주지 않을 것이다. 그런 경우 주는 것은 후하게 행동하는 것도 아니고, 또 써서는 안 될 일에 재물을 쓰고 나면 써야 할 일에 쓸 재물이 남지 않을 테니까. 앞서도 말했듯이[5] 후한 사람은 가진 재산에 맞춰, 써야 할 일에 재물을 쓰는 사람이고, 지나치게 재물을 쓰는 사람은 낭비하는 사람이다. 그래서 우리는 참주들을 낭비하는 사람이라고 말하지 않는데, 그것은 그들이 주는 것과 쓰는 것이 그들이 가진 재산을 초과하기가 쉽지 않을 것으로 여겨지기 때문이다.

이처럼 후함은 재물을 주는 것과 쓰는 것에 관련된 중용이므로, 후한 사람은 대소사에 관계없이 마땅히 그래야 할 대상에게 적당량을 주거나 쓰되 기꺼이 그럴 것이다. 또한 후한 사람은 당연히 받아야 할 데서 적당량을 받을 것이다. 그의 미덕은 주는 것과 받는 것 모두에 관련된 중용인 만큼 둘 다 올바른 방법으로 행할 것인데, 올바로 받는 것은 올바로 주는 것과 함께하지만 잘못 받는 것은 올바로 주는 것과 양립할 수 없으니까. 따라서 함께하는 행위들은 같은 사람 안에서 동시에 일어날 수 있지만, 서로 양립할 수 없는 행위들은 그럴 수 없음이 분명하다.

그러나 후한 사람이 어쩌다가 적당량과 고매함이라는 원칙에 어긋나게 재물을 쓰게 되면 괴로워하겠지만 적정선을 넘지는 않을 것이다. 당연히 그래야 하는 일에 당연히 그래야 하는 방법으로 즐거워하거나 괴로워하는 것이 미덕의 특징이니까.

또한 후한 사람과는 돈거래가 쉽다. 그는 재물을 대수롭지 않게 5 여기므로 속아넘어가기 쉽고, 쓰지 말아야 할 곳에 쓴 것을 괴로워하기보다는 써야 할 만큼 쓰지 못한 것을 더 아쉬워하기 때문이다. 그 점에서 그는 시모니데스[6]의 말에 동의하지 않는다. 그러나 낭비하는 사람은 이와 관련해서도 정도에서 벗어난다. 그는 당연히 그래야 하는 일에 당연히 그래야 할 만큼 즐거워하지도 않고 괴로워하지도 않으니까. 이 점은 우리 논의가 진행되면 더욱 분명해질 것이다.

우리는 낭비와 인색이, 주는 것과 받는 것이라는 두 가지 관점에 10 서(쓰는 것은 주는 것에 포함되니까) 지나침과 모자람이라고 이미 말한 바 있다.[7] 낭비는 받는 것이 아니라 주는 것에서는 지나치되 받는 것에서는 모자란다. 반면에 인색은 주는 것에서는 모자라고

---

4 tyche.

5 1120a9~11, 1120b7~9.

6 Simonides(기원전 556~468년). 앗티케(Attike) 지방 앞바다에 있는 케오스(Keos)섬 출신의 서정시인. 아마도 아리스토텔레스의 『수사학』(Techne rhetorike) 1391a8~12에 나오는 일화를 암시하는 것으로 보인다. 부자와 현자 중 어느 쪽이 더 훌륭하냐는 질문을 받자 시모니데스는 "부자지요. 현자는 부잣집 문간에서 어슬렁거리니까"라고 대답했다고 한다.

7 1119b27~28.

받는 것에서는 지나치되 사소한 일에서만 그렇다.[8] 따라서 낭비의

두 가지 특징이 함께하는 경우는 드물다. 누구에게도 받지 않는다

면 아무에게나 주기가 쉽지 않을 것이기 때문이다. 사인(私人)의

재물은 금세 탕진되고 말 테니까. 그리고 그런 사람이 낭비하는 사

람이라고 불린다. 하지만 그런 사람이 인색한 사람보다 훨씬 나아

보인다. 그런 사람은 나이와 가난으로 쉽게 치유되어 중용에 다가

갈 수 있을 테니 말이다. 그는 주기는 하되 받지는 않는 후한 사람

의 특징을 갖고 있다. 다만 그 정도와 방법이 옳지 못할 뿐이다. 만

약 그가 습관화나 그 밖의 다른 방법으로 이 점에서 변한다면 후해

질 것이다. 그는 주어야 할 사람에게 주고, 받지 말아야 할 사람에

게서 받지 않을 테니까. 그래서 그는 성격이 나쁜 사람으로 간주되

지 않을 것이다. 받는 것에서가 아니라 주는 것에서 지나친 것은 나

쁜 사람이나 비열한 사람의 특징이 아니라 어리석은 사람의 특징

이니까. 그래도 이런 식으로 낭비하는 사람은 인색한 사람보다는

훨씬 더 나아 보인다. 앞서 말한 이유에서도 그렇지만 그는 많은 사

람에게 도움이 되는 데 반해 인색한 사람은 어느 누구에게도, 아

니 자기 자신에게도 도움이 되지 않기 때문이다.

그러나 앞서 말한 바와 같이[9] 낭비적인 사람들은 대개 받아서

는 안 될 데서도 받으며 그런 점에서 비열하다. 그들은 쓰고 싶어서

받으려 하지만 쉽게 쓸 수가 없다. 그들의 재물이 금세 탕진되기 때

문이다. 그래서 그들은 다른 데서 재물을 조달할 수밖에 없다. 동

시에 그들은 고매한 것을 대수롭지 않게 여기는 까닭에 아무데서

나 무책임하게 재물을 받는다. 주고 싶어 하면서도, 어디서 어떻게 재물을 구하는지는 그들에게 중요하지 않기 때문이다. 따라서 그들이 주는 것은 후한 것이 아니다. 그것은 고매하지 않고, 고매한 동기에서 주어진 것이 아니며, 올바른 방법으로 주어진 것도 아니기 때문이다. 그들은 때로는 가난해야 할 사람들을 부자로 만들어 준다. 그리고 그들은 존경스러운 성격의 소유자들에게는 아무것도 주지 않는 반면 아첨꾼들이나 다른 쾌락을 제공하는 자들에게는 많은 선물을 줄 수도 있다. 그래서 낭비하는 사람들은 대개 방종하다. 그들은 재물을 쉽게 쓰기에 낭비적인 일에도 돈을 펑펑 쓴다. 그리고 그들은 고매한 것을 눈여겨보며 살아가지 않기에 쾌락에 쉽게 빠져든다.

따라서 낭비하는 사람을 가르치지 않고 내버려두면 그런 사람이 되고 말겠지만, 잘 보살피면 중용 곧 올바른 위치에 도달할 것이다. 한편 인색은 치유될 수 없을뿐더러(노년과 온갖 무능 탓에 인색해지는 것 같으니 말이다) 낭비보다도 더 깊이 인간 본성에 뿌리박고 있다. 대중은 재물을 주기보다는 받기를 더 좋아하니까. 또한 인색은 그 영역이 광범위하고 그 형태가 다양한데, 인색에는 여러 종류가 있기 때문이다. 인색은 주는 것에서 모자람과 받는 것에서 지나침이라는 두 가지 결함으로 이루어져 있는데, 매번 하나의 전

8 큰일에서 그런 사람은 인색한 사람이 아니라 불의한 인간일 것이다.
9 1121a25.

체로서 생겨나는 것이 아니라 때로는 나뉘어 어떤 사람들은 받는
20 것에서 지나치고 어떤 사람들은 주는 것에서 모자라기 때문이다.

'노랑이' '깍쟁이' '구두쇠'라 불리는 사람들은 모두 주는 것에서
모자라지만, 남의 재물을 탐하거나 갖고 싶어 하지는 않는다. 어떤
사람은 체면이 깎이지 않고 수치스러운 일을 피하기 위해 그렇게
한다. 언젠가 수치스러운 일을 강요당하지 않기 위해 재산을 돌보
는 것으로 간주되거나, 적어도 그렇다고 주장하는 사람들이 더러
25 있기에 하는 말이다. 수전노뿐 아니라(그가 그렇게 불리는 것은 무
엇이든 남에게 나누어주기를 지독히 싫어하기 때문이다) 수전노
같은 사람은 모두 이 부류에 속한다. 한편 다른 사람들은 두려움
에서 남의 재물에 손대지 않는다. 남은 내 재물을 갖지 않는데 내
가 남의 재물을 갖기란 쉽지 않을 것이라고 생각하기 때문이다. 그
래서 그들은 받지도 주지도 않는 것으로 만족한다.

30 또 다른 사람들[10]은 아무데서나 아무것이나 받음으로써 받는
것에서 지나치다. 예컨대 뚜쟁이라든가 높은 이자를 받고 적은 돈
을 빌려주는 자들처럼 추잡한 일에 종사하는 자들이 여기에 속한
1122a 다. 그들은 모두 받아서는 안 될 데서 적당량 이상을 받아낸다. 그
들의 공통점은 분명 치사스러운 탐욕이다. 그들은 모두 이익, 그것
도 적은 이익을 위해 비난을 감수하기 때문이다. 우리는 도시를 약
탈하고 신전을 터는 참주들처럼 받아서는 안 될 데서, 받아서는 안
5 될 것을 대량으로 가져가는 자들을 인색하다고 하지 않고 오히려
사악하고 불경하고 불의하다고 한다. 그러나 사기도박꾼이나 옷

도둑은 인색한 사람의 범주에 속한다. 그들은 치사스럽게 이익을 탐하기 때문이다. 두 부류 모두 이익을 위해 행동하고 나쁜 평판을 감수하는데, 도둑은 이익 때문에 가장 큰 위험을 무릅쓰고, 사기 도박꾼은 마땅히 제 것을 주어야 할 친구들에게서 오히려 이익을 취한다. 따라서 둘 다 받아서는 안 될 데서 이익을 취하려 하는 만큼 치사스럽게 이익을 탐한다. 그리고 그런 방법으로 이익을 취하는 것은 모두 비열하다.

인색이 후함의 반대라고 말하는 것은 당연하다. 인색은 낭비보다 더 큰 악일 뿐 아니라, 더러 우리가 앞서 말했듯이[11] 사람들이 낭비보다는 그쪽 방면으로 정도에서 벗어나는 경우가 더 많기 때문이다.

후함과 그에 상반되는 악덕들에 관해서는 이쯤 해두자.

제2장—통 큰

우리가 다음에 논할 주제는 통 큰[12]이다. 통 큰 역시 재물에 관련된 미덕으로 간주되기 때문이다. 하지만 통 큰은 후함과는 달리 재물에 관련된 모든 행위가 아니라, 지출을 포함하는 행위에만 적용된다. 지출을 포함하는 행위에서는 통 큰이 규모 면에서 후함을 능

10 1121b20~21.
11 1119b34~1120a3, 1121a8~b12.
12 megaloprepeia(통 큰).

가한다. 왜냐하면 통 큼은 그 이름이 말해주듯 규모가 큰 적절한 지출이기 때문이다. 그러나 규모는 상대적이다. 삼단노선[13]을 의장(艤裝)하는 데 드는 비용과 축제 사절단을 파견하는 데 드는 비용은 같지 않다. 그렇다면 적절함은 행위자, 환경, 지출 대상에 따라 상대적이다. '나는 부랑자에게도 종종 베풀곤 했소'[14]라는 시행에서 볼 수 있듯이, 작은 일이나 중간 규모의 일에 적당히 지출하는 사람은 통 큰 사람이라고 불리지 않고, 큰 규모로 지출하는 사람만이 그렇게 불린다. 통 큰 사람은 후해도 후한 사람이 반드시 통 큰 것은 아니니까.

이런 마음가짐에서의 모자람은 좀스러움이고, 지나침은 속물근성·무미건조 등으로 불린다. 이런 것들이 지나친 것은 적절한 대상에 거액을 지출해서가 아니라, 그래서는 안 되는 환경에서 그래서는 안 되는 방법으로 과시적 소비를 해서이다. 이런 악덕들에 관해서는 나중에[15] 논할 것이다.

통 큰 사람은 일종의 전문가이다. 그는 무엇이 적절한지 볼 줄 알고 거액을 적절히 지출할 줄 알기 때문이다. 우리가 첫머리에서 말했듯이[16] 마음가짐은 행위와 대상에 따라 결정된다. 따라서 통 큰 사람의 지출은 규모가 크고 적절할 것이다. 그렇다면 성과 역시 그러할 것이다. 그래야만 지출 규모가 커져 성과에 걸맞을 테니까. 따라서 성과는 비용에 걸맞아야 하고 비용은 성과에 걸맞거나 성과를 넘어서야 한다.

통 큰 사람은 고매한 목적을 위해 그런 지출을 감당할 것이다.

그러는 것이 미덕의 공통점이니까. 또한 그는 기꺼이 아낌없이 그럴 것이다. 비용을 꼼꼼히 따지는 것은 좀스럽기 때문이다. 또한 그는 소기의 성과를 올리려면 비용이 얼마쯤 들고 어떻게 해야 가장 싼값에 성과를 올릴지보다는, 오히려 어떻게 해야 가장 고매하고 가장 적절한 성과를 올릴지 생각할 것이다.

따라서 통 큰 사람은 반드시 후하기도 해야 한다. 후한 사람도 10 적당한 금액을 적당한 방법으로 지출하기 때문이다. 그리고 통 큰 사람의 '큼' 또는 '위대함'은 후함에도 관련되는 이런 조건들을 충족하는 데서 드러난다. 그러면 그는 같은 비용으로도 더 통 큰 성과를 올릴 것이다. 성과의 미덕과 재산의 미덕은 같지 않다. 가장 명예로운 재산은 황금처럼 가장 값나가는 재물이지만 가장 명예 15 로운 성과는 위대하고 고매한 것이다. (그런 것은 보기만 해도 감탄을 자아내는데, 통 큼은 감탄의 대상이기 때문이다.) 그러니 대규모 성과의 미덕이야말로 통 큼이다.

통 큼은 우리가 명예롭다고 말하는 지출에서 발견되는데, 이를 20 테면 봉헌물·신전 건립·희생제처럼 신에 관련된 지출과 종교 일반

13 trieres. 당시 가장 빠른 전함으로, 노꾼 170명을 포함하여 모두 200명이 승선했다.
14 『오뒷세이아』 17권 420행.
15 1123a19~33.
16 1104a27~33(2권 2장).

에 관련되는 지출이 거기에 속한다. 또한 사람들이 보란 듯이 코로스[17] 경비를 부담하거나 삼단노선을 의장하거나[18] 도시 전체에 잔치를 제공하기로 결심할 때처럼, 공공심(公共心)의 경쟁 대상이 되는 것들도 거기에 속한다.

25   하지만 어떤 경우든 우리가 앞서 말했듯이[19] 사람들은 행위자의 지위와 재산을 고려해야 한다. 지출은 이런 것들에 걸맞아야 하며 결과뿐 아니라 행위자에게도 어울려야 하기 때문이다. 따라서 가난한 사람은 통이 클 수 없다. 그는 큰 지출을 보란 듯이 감당할 재산이 없으니까. 그럴려는 사람은 어리석은 사람이다. 바른 지출은 미덕에 걸맞은 것인 데 반해 통 큰 사람은 적당량 이상을 지출하니까.

30   큰 지출은 자수성가를 했거나 조상이나 친인척에게 재산을 물려받았거나 명문 집안 출신이거나 그만한 재산이 있는 사람에게 어울린다. 그런 것들은 모두 위대함과 신망의 원천이기 때문이다. 통 큰 사람은 무엇보다도 그런 사람이고, 통 큼은 앞서 말했듯이[20]

35 그런 종류의 지출에서 나타난다. 그런 종류의 지출이야말로 가장 위대하고 가장 명예로우니까.

1123a   사적인 지출 중에서는 결혼식처럼 일생에 한 번뿐인 지출이 여기에 속한다. 공동체 전체 또는 지체 높은 사람들의 관심을 유발하는 일, 외국 손님을 영접하거나 환송하는 일, 선물을 교환하는 일에 드는 지출도 여기에 속한다. 통 큰 사람은 자신을 위해서가 아

5 니라 공동체를 위해 지출하며, 그의 선물은 봉헌물의 성격을 띠기

때문이다. 또한 통 큰 사람은 자기 집을 자기 재산에 걸맞게 꾸밀 것이며(집도 공공 장식물의 일종이니까), 오래 존속될 성과물들에 (이런 것들이 가장 고매하니까) 더 많이 지출할 것이며, 매사에 적절하게 지출할 것이다. 신에게 걸맞은 것 다르고 인간에게 걸맞은 것 다르며, 신전에 걸맞은 것 다르고 무덤에 걸맞은 것이 다르니까.   10

어떤 지출의 크기는 그 목적의 종류에 달려 있다. 무조건 통 큰 지출은 큰 목적을 위한 통 큰 지출인 반면, 특정 영역에서의 통 큰 지출은 그 영역에서의 통 큰 지출이다. 그래서 성과의 크기는 비용의 크기와 다르다. (왜냐하면 예쁜 공이나 향유 병은 아이를 위한   15
선물로는 통이 크지만, 그 값은 적고 몇 푼 안 되기 때문이다.) 따라서 무엇을 만들건 통 크게 만드는 것이(그래야만 쉽게 능가당하지 않을 테니까), 그리고 지출한 값어치를 하도록 만드는 것이 통 큰 사람의 특징이다.

통 큰 사람은 그런 사람이다. 그러나 지나침으로 흘러 속물이 되   20
는 사람은 앞서 우리가 말했듯이,[21] 적당량 이상을 지출함으로써

---

17 choros. 비극과 희극 등에 등장하는 합창가무단.
18 고대 아테나이에서 코로스의 의상과 훈련에 드는 비용과 삼단노선의 의장에 드는 비용 등은 국가에서 지정하는 부유한 시민이 부담했는데, 정치적 야심이 강한 자들은 자기를 알리기 위해 자진하여 그런 막대한 비용을 떠맡았다.
19 1122a24.
20 1122b19~23.
21 1122a31.

과하다. 그는 사소한 일에 거액을 지출하며 어울리지 않게 자기과시를 한다. 이를테면 그는 동아리 회원들을 마치 결혼식 하객인 양 접대하거나, 희극 코로스의 경비를 부담할 때는 메가라[22]에서 그러듯 코로스 단원들이 자줏빛 도포를 입고 무대에 등장하게 한다.

그는 그렇게 하면 남이 감탄할 줄 알고, 고매한 목적을 위해서가 아니라 자기 부를 과시하기 위해 이 모든 짓을 할 것이다. 그는 많이 써야 할 일에는 적게 쓰고 적게 써야 할 일에는 많이 쓴다.

그러나 좀스러운 사람은 모든 점에서 모자랄 것이며 거액을 쓰고 나서 푼돈을 아끼려다 고매한 것을 훼손할 것이다. 그는 무엇을 하건 주저하며 어떻게 하면 되도록 경비를 낮출 수 있을까 궁리하고, 그것도 못마땅해서 자기는 매사를 필요 이상 대규모로 하고 있다고 생각한다.

이런 마음가짐들은 악덕이지만 비난받지는 않는다. 이웃에 해를 끼치지도 않고 그다지 꼴사납지도 않기 때문이다.

제3장—명예에 관련된 미덕들

자부심은 그 이름이 암시하듯 큰 것[23]들에 관련되어 있다. 그렇다면 먼저 그 큰 것들이 어떤 것인지부터 파악해보자. 우리의 고찰 대상이 그에 상응하는 마음가짐인지 아니면 사람인지는 중요하지 않다.

자부심이 강한 사람이란 자기는 큰일을 할 만하다고 생각할뿐더러 실제로 큰일을 할 만한 사람인 것 같다. 자기 가치를 과대평가하는 사람은 어리석고, 유덕한 행위를 하는 사람은 어느 누구도 어리석거나 지각없지 않기 때문이다. 그렇다면 자부심이 강한 사람이란 우리가 설명한 바와 같은 사람이다. 작은 일을 할 만하고, 자기를 그렇다고 생각하는 사람은 절제 있는 사람이지만 자부심이 강한 사람은 아니다. 자부심에는 크기가 필요한데, 아름다움에는 잘 발달된 몸집이 필요한 것과 같은 이치이다. 다시 말해 몸집이 작은 사람들은 아담하고 균형은 잘 잡혔지만 아름답지는 않다.

자기는 큰일을 할 만하다고 생각하지만 사실은 그렇지 못한 사람은 허영심이 강한 사람이다. 그러나 자기 가치를 과대평가하는 사람이라고 해서 모두 허영심이 강한 사람은 아니다. 한편 자기 가치를 과소평가하는 사람은 소심하다. 그가 자기 가치를 과소평가한다면, 그의 가치가 실제로는 크든 보통이든 작든 문제되지 않는다. 실제로 가치가 큰 사람이 가장 소심한 사람이라고 할 수 있다. 그도 그럴 것이 그의 가치가 그만큼 크지 않았더라면 그는 어떻게 행동했겠는가? 그렇다면 자부심이 강한 사람은 요구의 크기에서는 극단에 있지만 요구의 정당성에서는 중용을 지킨다. 왜냐하면 그는 자기 가치에 걸맞은 것을 요구하지만 다른 사람들은 지나치거나 모자라기 때문이다.

자부심이 강한 사람이 자기는 큰일을, 그것도 가장 큰일을 할 만

---

22 Megara. 아테나이와 코린토스 사이에 있는 도시.

23 자부심(megalopsychia)은 그대로 옮기면 '혼이 큰 것'이라는 뜻이다.

한 가치가 있다고 생각하고 또 실제로 그렇다면, 그는 특히 한 가지 일에 관심을 가질 것이다. 여기서 가치란 외적인 좋음에 관련된다. 그리고 외적인 좋음 가운데 가장 큰 것은 우리가 신들에게 돌리며, 저명인사들이 가장 바라며, 가장 고매한 행위에 주는 포상이라고 생각되는 좋음인데, 그것은 바로 명예이다. 왜냐하면 명예야말로 가장 큰 외적인 좋음이기 때문이다. 따라서 자부심이 강한 사람은 명예와 불명예를 놓고 올바른 태도를 취한다.

　자부심이 강한 사람들이 명예에 관심을 갖는 것은 설명하지 않더라도 명백하다. 그들이 주로 요구하는 것은 명예이며, 그런 요구를 하는 것은 당연하니까. 한편 소심한 사람은 자기 가치에 비해서도, 자부심이 강한 사람의 요구에 비해서도 모자라는 반면, 허영심이 강한 사람은 자기 가치에 비해서는 지나치지만 자부심이 강한 사람의 요구에 비해서는 지나치지 않다. 자부심이 강한 사람은 가장 큰일을 할 만하므로 가장 좋은 사람일 것이다. 사람은 좋을수록 더 큰일을 할 만하기에 가장 좋은 사람이 가장 큰일을 할 만할 것이다. 따라서 진실로 자부심이 강한 사람이라면 당연히 좋은 사람이다.

　또한 모든 미덕에서의 위대함이 자부심이 강한 사람의 특징인 것 같다. 무기를 던져버리고 도주하거나 불의를 저지르는 것은 자부심이 강한 사람과는 전혀 걸맞지 않다. 그도 그럴 것이 대단할 것이 아무것도 없는 사람이 무엇을 바라고 수치스러운 짓을 하겠는가? 우리가 꼼꼼히 따져보면 좋지 않고도 자부심 강한 사람이라는 생각은 그야말로 자기모순임이 분명하다. 또한 그가 보잘것없다면 명예를 누릴 자격이 없을 것이다. 명예는 미덕에 주는 포상으로 좋은 사람들에게 주어지기 때문이다. 따라서 자부심은 미덕들에 주어지는 일종의 영관(榮冠)인 듯하다. 자부심은 미덕들을 더 위대하게 만들어주며, 미덕들과 떨어져서는 발견되지 않기 때문이다. 그래서 참으로 자부심이 강한 사람이 되기란 어렵다. 그것은 진정한 훌륭함[24] 없이는 불가능하니까.

따라서 자부심이 강한 사람의 주된 관심사는 명예와 불명예이다. 그는 훌륭한 사람들이 주는 큰 명예를 적당히 즐길 것이다. 자기는 당연히 받아야 할 만큼 받는다고, 또는 완전한 미덕에 걸맞은 명예란 존재할 수 없으므로 당연히 받아야 할 것보다 덜 받는다고 생각하면서 말이다. 그래도 그는 그런 명예를 받아들일 것이다. 그들에게는 그에게 줄 수 있는 더 큰 것이 아무것도 없으니까. 그러나 그는 사소한 일로 아무에게나 주는 명예는 거들떠보지도 않을 것이다. 그런 것은 그의 가치를 떨어뜨리기 때문이다. 이는 불명예의 경우도 마찬가지이다. 자신에게 불명예가 주어진다는 것을 그는 결코 받아들일 수 없기 때문이다.

따라서 앞서 말했듯이 자부심이 강한 사람의 주된 관심사는 명예이다. 하지만 그는 부와 권력과 자기에게 닥치는 온갖 행운과 불

35
1124a

5

10

---

24 kalokagathia(진정한 훌륭함). 그대로 옮기면 '고상함과 좋음'. 신체적 탁월함과 정신적 탁월함의 겸비.

운에 온건하게 대처할 것이다. 말하자면 그는 행운에 너무 즐거워하지도 않고 불운에 너무 괴로워하지도 않을 것이다. 그는 명예조차도 대단한 것으로 여기지 않기 때문이다. 권력과 부는 그것들이 가져다주는 명예 때문에 바람직하다. 아무튼 권력과 부를 가진 사람들은 그것들로 말미암아 존경받기를 원한다. 그러니 명예조차 하찮게 여기는 사람은 다른 것들도 하찮게 여길 것이다. 그래서 자부심이 강한 사람은 거만해 보인다.

행운의 이점들은 자부심을 갖게 하는 데에도 도움이 되는 것으로 보인다. 명문가 출신과 권력자와 부자에게는 당연히 명예가 주어져야 한다고 생각되기 때문이다. 그들은 우월한 지위에 있고 어떤 좋은 일에서 우월한 것은 무엇이든 더 존경받으니 말이다. 따라서 이런 이점들도 그것들을 가진 사람들이 더 자부심을 갖도록 만든다. 그들을 존경하는 사람들도 더러 있기 때문이다. 그러나 사실은 좋은 사람만이 존경받아 마땅하다. 하지만 이 둘[25]을 겸비한 사람이 더 존경받을 만하다고 여겨진다.

앞서 말한 이점은 있지만 미덕이 없는 사람들은 스스로 큰일을 할 만하다고 생각할 자격이 없으며, 그들이 자부심이 강한 사람들이라고 불리는 것도 옳지 못하다. 그러기 위해서는 완전한 미덕이 꼭 필요하니까. 앞서 말한 이점을 가진 사람들은 또한 거만하고 불손해지는데, 미덕 없이는 그런 이점을 적절히 살릴 수 없기 때문이다. 그들은 그럴 수 없는 데다 자기가 남보다 우월하다고 생각하기에 남을 무시하며 제멋대로 행동한다. 그들은 자부심이 강한 사람들과 같지 않은데도 자부심이 강한 사람들을 흉내낸다. 그래서 그들은 유덕한 행위는 하지 않고 남을 무시한다. 자부심이 강한 사람 5 이 남을 무시하는 것은 정당화될 수 있다. 그의 평가는 옳기 때문이다. 그러나 대중은 기분 내키는 대로 남을 무시한다.

　자부심이 강한 사람은 자신이 높이 평가하는 일이 많지 않기에 하찮은 일에는 위험을 무릅쓰지 않고 위험을 무릅쓰는 것을 좋아하지도 않지만, 큰일을 위해서는 위험을 무릅쓴다. 그리고 그가 위험을 무릅쓸 때는 목숨조차 아끼지 않는데, 무슨 수를 써서라도 자기 목숨을 구하는 것을 가치 있는 일로 여기지 않기 때문이다. 그는 시혜자(施惠者)가 되기를 좋아하고 수혜자(受惠者)가 되기를 부끄럽게 여긴다. 시혜는 우월한 자의 특징이고, 수혜는 열등 10 한 자의 특징이기 때문이다. 자부심이 강한 사람은 자기가 받은 은혜를 이자를 붙여 되갚을 것이다. 그러면 그에게 먼저 은혜를 베푼 사람이 오히려 채무자가 되고 수혜자가 될 것이니까. 또한 자부심이 강한 사람들은 자기들이 베푼 은혜는 기억해도 받은 은혜는 기억하지 못하고(수혜자는 시혜자보다 열등하고, 그들은 우월하기를 원하므로), 자기들이 베푼 은혜는 듣기 좋아해도 자기들이 받은 은혜는 듣기 싫어하는 것 같다. 그래서 테티스[26]는 자기가 베푼 15

25 좋음과 이점.
26 Thetis. 바다의 여신으로 영웅 아킬레우스의 어머니.

은혜를 제우스에게 말하지 않았고,[27] 라케다이몬인들은 자기들이 아테나이인들에게 베푼 은혜는 말하지 않고 자기들이 받은 은혜만 말했던 것이다.[28]

자부심이 강한 사람의 또 다른 특징은 아무것도 또는 거의 아무것도 요청하지 않고 기꺼이 남을 도와주며, 영향력 있고 잘나가는 사람에게는 거만하지만 보통 사람에게는 겸손하다는 것이다. 전자를 능가하는 것은 어렵고 인상적이지만, 후자를 능가하는 것은 쉽다. 그리고 전자에게 거만한 것은 비열하지 않지만 미천한 사람에게 거만한 것은 약자에게 힘을 과시하는 것처럼 야비하다. 또한 흔히 명예로운 것으로 여겨지거나 다른 사람들이 더 탁월한 것들은 목표로 삼지 않는 것도 자부심 강한 사람의 특징이다. 그는 큰 명예나 큰 성과가 걸려 있는 곳이 아니면 머뭇거리며 동작이 느리다. 그가 하고 싶어 하는 일은 많지 않지만 크고 중요하다. 또한 자부심이 강한 사람은 공공연하게 싫어하고 공공연하게 좋아해야 하며(숨기는 것은, 말하자면 사람들의 의견보다 진리를 홀대하는 것으로 겁쟁이의 특징이니까) 공공연하게 말하고 행동해야 한다. 그는 사람들을 경멸하기에 거침없이 말하며 대중에게 반어적으로 말할 때를 제외하고는 솔직하게 말한다. 또한 그는 친구 외에 다른 사람에게 의존해서 살 수 없다. 그런 태도는 노예에게나 어울리니까. 그래서 모든 아첨꾼에게는 노예 근성이 있고 자부심이 없는 사람은 모두 아첨꾼이다. 또한 자부심이 강한 사람은 감탄하지 않는다. 그에게는 위대한 것이 아무것도 없기 때문이다. 또한 그는 원한을 품지 않는다. 특히 나쁜 일을 마음에 담아두는 것은 자부심 강한 사람에게 걸맞지 않고 오히려 못 본 체하는 것이 그다운 태도이기 때문이다. 또한 그는 남에 관해 잡담을 늘어놓지 않는다. 그는 5 자기가 칭찬받거나 남이 비난받는 것에 무관심한지라 자신에 관해서도 남에 관해서도 말하지 않을 것이기 때문이다. 그는 또한 좀처럼 남을 칭찬하지도 않는다. 같은 이유에서 그는 적이라도 남을 나쁘게 말하지 않는다. 모욕하기 위해서라면 몰라도.

그는 피할 수 없거나 사소한 어려움들에 부딪치면 절대로 불평 10 하거나 남에게 도움을 청하지 않는다. 그런 태도는 그런 것들을 심각하게 받아들이는 사람의 특징이다. 자부심이 강한 사람은 유익하고 쓸모 있는 재산보다는 고매하지만 유익하지 않은 재산을 선호할 사람이다. 그것이 자족에 더 어울리기 때문이다. 따라서 자부심이 강한 사람은 걸음걸이는 느리고 목소리는 깊고 말투는 찬찬할 것이다. 관심사가 적은 사람은 서두르지 않을 것이므로. 그리 15 고 그는 어떤 것도 중요하다고 생각하지 않기에 긴장하는 일도 없는데, 새된 목소리와 성급한 동작은 서두름과 긴장의 산물이기 때문이다.

바로 이런 사람이 자부심이 강한 사람이다. 반면 모자란 사람은

---

27 『일리아스』 1권 394~412, 503~510행.
28 기원전 369년에 테바이(Thebai)인들이 스파르테를 공격했을 때의 일을 말한다.

소심한 사람이고 지나친 사람은 허영심이 많은 사람이다. 이들도
(나쁜 짓을 저지르지 않는 만큼) 나쁜 사람은 아니지만 정도(正道)
20 에서는 벗어난 것 같다. 소심한 사람은 훌륭한 일을 할 만하지만 자
기 가치를 과소평가하며 그렇게 자기 가치를 주장하지 않음으로써
무슨 결함이 있는 듯한, 아니 자기 가치를 전혀 모르는 듯한 인상
을 준다. 그렇지 않다면 그는 자기 가치에 걸맞은 것들을 추구했을
것이다. 그것들은 훌륭한 것이니까. 하지만 그런 사람들은 어리석
기보다는 우유부단한 사람으로 간주된다. 그런 종류의 자기평가
25 는 그들을 더 나쁘게 만든다. 왜냐하면 사람은 누구나 자기 가치에
걸맞은 것을 추구하기 마련인데, 이들은 자신들이 그럴 가치가 없
다고 여기고는 고매한 행위와 사업은 물론이요 외적인 좋음도 삼
가기 때문이다.

한편 허영심이 많은 사람은 어리석고 제 분수를 모르는 사람인
데, 드러내놓고 그러는 사람이다. 그들은 과분한 명예를 추구하다
30 가 부적격자로 드러난다. 또한 그들은 치장을 하고 뽐내며, 자신의
성공을 자랑하고 싶어 존경받을 줄 알고 자신의 성공을 떠벌리고
다닌다. 그러나 소심함이 허영심보다 자부심과 더 배치되는데, 소
심함이 더 흔하고 더 나쁘기 때문이다.[29]

35 따라서 자부심은 앞서 말했듯이[30] 큰 명예에 관련된다.

제4장—작은 명예에 관련된 미덕들

1125b 명예의 영역에도 우리가 첫머리에서 말했듯이[31] 후함이 통 큼에 관

련되는 것처럼 자부심에 관련되는 미덕이 있는 것 같다. 후함과 이 미덕은 둘 다 규모가 큰 것과는 무관하지만, 중간 정도 규모이거나 작은 것들에 우리가 적절하게 대처하게 해주기 때문이다. 또한 돈 5 을 주고받는 데도 중용과 지나침과 모자람이 있듯, 명예를 원하는 데도 적당량 이상과 이하가 있고 적당한 출처와 적당한 방법이 있다. 우리는 야심가[32]를 적당한 정도 이상의 명예를 적당하지 못한 데서 추구한다고 비난하고, 명예에 무관심한 사람을 그것이 고 10 매한 행위 때문이라 해도 합리적으로 존경받기를 선택하지 않는다고 비난하기 때문이다. 그러나 우리는 (앞서 말했듯이)[33] 때로는 야심가를 남자답고 고매한 것을 사랑한다고 칭찬하는가 하면, 명예에 관심이 없는 사람을 온건하고 절제 있다고 칭찬하기도 한다.

그런데 '이러저러한 것을 사랑하는 사람'이라는 말은 여러 의미 15 로 사용되므로 우리가 분명 '야심'이라는 말로 언제나 같은 자질을 가리키는 것은 아니다. 오히려 우리는 이 말을 대중보다 더 명예를 사랑하는 사람을 칭찬하기 위해 쓰는가 하면, 적당한 정도 이상으로 명예를 사랑하는 사람을 비난하기 위해 쓰곤 한다. 그리고 중용은 명칭이 없기에 양극단이 그 자리를 임자 없는 땅인 양 서로

---

29 소심하면 출세하기가 더 어렵다는 뜻인 듯하다.

30 1107b26(2권 7장), 1123a34~35, b13~24, 1124a4~13.

31 1107b24~31(2권 7장).

32 philotimos. 그대로 옮기면 '명예를 사랑하는 사람'.

33 1107b24~31(2권 7장).

차지하려고 경쟁하는 것 같다.

20   그러나 지나침과 모자람이 있는 곳에는 중용도 있다. 그리고 사람들은 명예를 적당한 정도 이상으로도 이하로도 원할 수 있는 만큼, 적당한 정도만큼 원할 수도 있다. 따라서 비록 이름은 없지만 이런 마음가짐이야말로 명예에 관련된 중용이므로 칭찬받을 만하다. 이런 마음가짐은 야심에 견주면 명예에 무관심한 것처럼 보이고, 명예에 무관심함에 견주면 야심 같아 보이며, 둘 다와 비교하면 어떤 의미에서 둘 다와 같아 보인다. 이 점은 다른 미덕들도 마

25   찬가지이다. 그러나 이 경우에는 중용에 명칭이 없기 때문에 양극단이 자기들끼리 서로 대립하는 것처럼 보인다.

제5장—분노에 관련된 미덕들

온유[34]는 분노와 관련된 중용이다. 이 중용에는 명칭이 없고 양극단 역시 명칭이 없다시피 한 만큼 우리는 이러한 중용에다 온유라는 이름을 붙이기로 한다. 온유는 역시 명칭이 없는 모자람과 가깝기는 하지만 말이다. 분노가 지나침은 성마름이라고 부를 수 있

30   다. 그 원인은 많고 다양하지만 여기서 느끼는 감정은 분노이니까.

당연히 화낼 일로, 당연히 화내야 할 사람들에게, 적당한 방법으로, 적당한 만큼, 적당할 때에, 적당한 기간 동안 분노하는 사람은 칭찬받는다. 그런 사람은 온유한 사람일 것이다. 칭찬받는 것은 그의 온유이기 때문이다. 온유한 사람은 대개 침착하여 감정에 휘

35   둘리지 않고 이성의 지시에 따라 당연히 화내야 할 일에, 적당한 방

법으로, 적당한 기간 동안만 분노하니 말이다. 또한 온유한 사람
은 정도에서 벗어나 모자람 쪽으로 더 가 있는 것 같다. 온유한 사
람은 복수하기보다는 오히려 용서해주는 경향이 있으니까.

　이 방면에서의 모자람은 일종의 성깔 없음이든 다른 무엇이든
비난받는다. 당연히 화내야 할 일들에 화내지 않는 사람은 바보 취
급을 당하기 때문이다. 그 점은 적당한 방법으로, 적당할 때에, 당 　5
연히 화를 내야 할 사람에게 분노하지 않는 사람도 마찬가지이다.
그런 사람은 감수성이 없어 고통을 느끼지 못하는 것처럼 보이며
화내지 않는 까닭에 자신을 지킬 능력이 없어 보인다. 하지만 자기
가 모욕당해도 참고 견디고, 친구들이 모욕당해도 이를 보고만 있
는 것은 노예다운 태도이다.

　지나침은 앞서 말한 모든 관점에서 나타나기도 한다. 즉 우리는 　10
화내서는 안 될 사람들에게, 화내서는 안 될 일로, 적당한 정도 이
상으로, 너무 빨리, 너무 오래 화낼 수 있다. 그러나 이 모든 것이
같은 사람에게서 한꺼번에 일어나지는 않는다. 그것은 불가능할
것이다. 나쁨은 자신도 파괴하며, 만약 나쁨이 완전하다면 도저히
견디지 못할 테니 말이다.

　반면에 성마른 사람들은 너무 빨리 화를 낸다. 그것도 화를 내
서는 안 될 사람들에게, 화를 내서는 안 될 일로, 과하게 화를 내지 　15

34 praotes.

만 그 화가 빨리 풀리기도 한다. 바로 이것이 그들의 가장 좋은 점이다. 그 이유는 그들이 화를 억누르지 않고, 성미가 급해서 드러내놓고 분풀이를 하고 난 뒤에는 화내기를 그만두기 때문이다.

성깔 사나운 사람[35]들은 지나치게 성말라 무슨 일에나 툭하면 화를 내는데, 그들의 명칭은 거기서 유래했다. 뚱한 사람[36]들은 화가 잘 풀리지 않아 오랫동안 화를 내는데, 그들은 분기를 눌러 참기 때문이다. 그러나 분풀이를 하고 나면 화가 가라앉는데, 복수가 고통을 쾌감으로 대체함으로써 그들을 분노에서 구해주기 때문이다. 그러지 않으면 그들은 여전히 분노의 무게에 짓눌릴 것이다. 분노가 감추어져 있는 탓에 아무도 그들에게 조언을 해줄 수 없고 자신 안에서 분노를 삭이자면 시간이 걸린다. 그런 사람들은 자신에게도 가까운 친구에게도 가장 부담스러운 존재이다.

우리는 화를 내서는 안 될 일에, 너무 지나치게, 너무 오래 화를 내며 복수하거나 응징하기 전에는 분이 풀리지 않는 사람을 괴팍스러운 사람[37]이라고 부른다. 그리고 우리는 그 지나침이 온유에 더 대립되는 것으로 여긴다. 지나침이 더 흔하고(용서보다 복수가 더 인간적이니까) 괴팍스러운 사람들이 더불어 살기 더 힘들기 때문이다.

이러한 고찰로 미루어 우리가 앞서 말한 것[38]이 사실임을 알 수 있다. 말하자면 어떻게 누구에게 무엇 때문에 얼마나 오래 화를 내야 하는지, 또는 어디까지가 올바로 행동하는 것이고 어디서부터가 정도에서 벗어나는 것인지 특정하기란 쉽지 않다. 지나침 쪽으로든 모자람 쪽으로든 정도에서 약간 벗어나는 사람은 비난받지 않기 때문이다. 사실 우리는 중용에 미치지 못하는 사람들을 때로 는 온유한 사람이라고 칭찬하는가 하면, 괴팍스러운 사람들을 지 도자다운 데가 있다거나 남자답다고도 한다.

따라서 정도에서 얼마나 어떻게 벗어나야 비난받는지 규정하기 란 쉽지 않다. 그런 것은 그때그때의 상황에 달려 있고 그 판단은 우리의 지각에 좌우되기 때문이다. 하지만 적어도 다음은 분명하 다. 우리가 당연히 화내야 할 사람들에게, 당연히 화낼 일로, 올바 른 방법 등으로 화내게 해주는 중용은 칭찬받을 만하지만, 지나침 과 모자람은 비난받아 마땅하다. 또한 과오의 정도에 따라 조금 비 난받거나 심하게 비난받거나 아주 심하게 비난받아 마땅하다. 따 라서 우리는 분명 중용을 지켜야 한다.

분노에 관련된 마음가짐들에 관해서는 이쯤 해두자.

제6장―사교에 관련된 미덕들

사회생활을 할 때, 말하자면 남과 더불어 살며 서로 토론하거나 거 래할 때 어떤 사람들은 남의 비위를 맞추기도 한다. 그들은 남을

---

35 akrocholos(성깔 사나운 사람).
36 pikros(뚱한 사람).
37 chalepos(괴팍스러운 사람).
38 1109b14~26(2권 9장).

기쁘게 해주려고 무엇이든 칭찬만 하고 반대는 결코 하지 않는데, 자기들이 만나는 사람들의 감정을 해치는 일은 피해야 한다고 생

15 각하기 때문이다. 이들과 정반대로 사사건건 반대하며 남의 감정을 해치는 것쯤은 아무렇지 않게 여기는 사람들은 심술쟁이 또는 시비꾼이라고 불린다.

방금 말한 마음가짐들은 비난받아 마땅하고 그 중간 상태가 칭찬받아 마땅하다는 것은 자명하다. 그 중간 상태는 우리가 당연히 받아들여야 할 것을, 당연히 그래야 하는 방법으로 받아들이게 해주고, 당연히 거부해야 할 것은 당연히 그래야 하는 방법으로 거부하게 해준다. 이 중간 상태는 따로 명칭이 없지만 우애[39]와 가장 비

20 슷한 것 같다. 이 중간 상태에 상응하는 사람이란 우리가 '친한 친구'라고 말할 때 떠올리는 그런 사람이다. 이 말에는 애정의 뜻도 내포되어 있기는 하지만 말이다. 그러나 문제의 이 중간 상태의 마음가짐은 사귀는 사람들을 향한 감정과 애정을 내포하지 않는다는 점에서 우애와는 다르다. 그는 사랑하거나 미워해서가 아니라 그의 마음가짐이 그렇기 때문에 모든 것을 올바로 받아들인다. 그

25 는 아는 사람이나 모르는 사람이나 친한 사람이나 친하지 않은 사람이나 마찬가지로 똑같이 대할 테니까. 그중 어느 경우든 그때그때 상황에 맞게 처신할 것이라는 것 말고는 말이다. 친한 사람과 모르는 사람을 똑같이 배려하는 것은, 또는 똑같이 배려하지 않는 것은 적절하지 못하니까.

앞서 말한 바와 같이 그런 사람은 일반적으로 마땅한 방법으로

남과 사귈 것이며, 고매한 것과 유익한 것을 기준 삼아 남에게 고통을 주지 않으려 하거나 남을 즐겁게 해주려 할 것이다. 그는 교제 ³⁰에서 생기는 즐거움과 고통에 관심이 있는 것 같으니 말이다. 그리고 남의 즐거움을 더해주는 것이 그에게 고매하지 못하거나 해로우면 그러기를 거부하고 고통을 주기를 선택할 것이다. 또한 남을 즐겁게 해주는 것은 그에게 큰 치욕을 안겨주거나 해를 끼치는 데 반해 남의 청을 거절하는 것이 작은 괴로움을 안겨줄 뿐이라면, 그 ³⁵는 남의 청을 들어주지 않고 거절할 것이다.

그는 탁월한 사람과 보통 사람을, 더 친한 사람과 덜 친한 사람을 다르게 대할 것이다. 그리고 사람들 간의 다른 차이점들에도 그 1127a와 비슷하게 대처하며 각자에게 적절히 대할 것이다.

그는 다른 속셈 없이 남을 즐겁게 해주고 고통을 주지 않기를 선택하겠지만, 그 결과가 명예나 이익처럼 중요한 것이라면 결과도 무시하지 않을 것이다. 또한 그는 미래의 큰 즐거움을 위해서라면 ⁵작은 고통을 줄 것이다.

따라서 중용을 지키는 사람은 우리가 말한 그대로이지만 그에게는 명칭이 없다. 남을 즐겁게 해주는 사람 가운데 다른 속셈 없이 사근사근한 사람은 남의 비위를 맞추는 사람이고, 돈이나 돈으로 구매할 수 있는 것과 관련하여 이득을 볼 속셈으로 사근사근한

---

39 philia.

사람은 아첨꾼이다. 우리는 사사건건 반대하며 남의 감정을 해치는 것쯤은 아무렇지도 않게 여기는 사람은 심술쟁이 또는 시비꾼이라고 말한 바 있다.⁴⁰ 양극단이 자기들끼리 서로 대립하는 것처럼 보이는 것은 중용을 일컫는 명칭이 없기 때문이다.⁴¹

제7장—진실성

허풍에 대립되는 중용도 거의 같은 영역⁴²에서 발견되는데, 역시 명칭이 없다. 이처럼 명칭이 없는 마음가짐들을 고찰하는 것도 나쁘지 않을 것이다. 우리가 성격의 여러 측면을 개별적으로 논의하면 그런 측면들을 더 많이 알게 될 것이며, 모든 경우가 다 그렇다는 것을 알게 되면 미덕은 중간 상태라고 확신할 테니 말이다.

우리는 사회생활과 관련하여 남에게 즐거움이나 고통을 주는 사람들을 이미 논한 바 있다. 그러니 이번에는 말과 행동에서, 특히 요구에서 진실이나 거짓을 추구하는 사람들을, 유사한 방법으로 논해보자.

허풍선이란 자신이 전혀 갖고 있지 않거나 자신이 주장하는 것보다 덜 갖고 있으면서 탁월한 자질들을 갖고 있다고 주장하는 사람인 것 같다. 반면 자기를 비하하는 사람은 자기가 갖고 있는 자질들을 갖고 있지 않다고 부인하거나 과소평가하는 것 같다. 그러나 중용을 지키는 사람은 솔직하고 말과 행동이 진실하며 자기가 가진 자질들을 인정하고 과장하지도 비하하지도 않는다.

이런 일들은 각각 다른 속셈 없이, 또는 다른 속셈에서 행해질 수 있다. 그리고 각자는 다른 속셈이 없을 경우 자기 성격에 따라 말하고 행동하며 살아간다. 허위는 그 자체가 나쁘고 비난받아 마땅하며, 진리는 고매하고 칭찬받아 마땅하다. 따라서 중용을 지키 30 는 진실한 사람은 칭찬받아 마땅하지만 남을 속이는 사람은 두 가지 부류 모두 비난받아 마땅한데 허풍선이가 특히 그렇다.

우리는 양극단을 다 논하되 먼저 진실한 사람을 논하도록 하자. 여기서 우리의 관심 대상은 협정을 맺는 일이나 정의나 불의에 관련된 일에서 진실을 말하는 사람이 아니라(그런 일은 다른 미덕[43] 의 영역에 속하므로) 굳이 그럴 필요가 없는데도 타고난 마음가짐 1127b 이 그렇기에 말과 생활방식에서 진실한 사람이다. 그런 사람은 훌륭한 사람인 것 같다. 진실을 사랑하며 거기에 아무것도 걸려 있지 않을 때도 진실한 사람이라면, 거기에 무언가가 걸려 있을 때는 더욱 진실할 것이기 때문이다. 그는 이미 허위 자체를 피했던 만큼 허 5 위를 수치스러운 것으로 여기고 피할 테니 말이다. 그런 사람은 칭찬받을 만하다. 그는 실제보다 부풀려서 말하기보다는 줄여서 말하는 경향이 있다. 과장은 역겹기에 그러는 것이 더 세련돼 보이기 때문이다.

40 1126b14~16.
41 1125b24~25(4권 4장).
42 사회생활.
43 정의. 5권 참조.

실제보다 더 훌륭한 자질을 가진 체하는 사람은 다른 속셈이 없
을 경우 나쁜 인상을 준다. (훌륭한 사람이라면 거짓말하기를 좋
아할 리 없으니까.) 그러나 그는 사악하기보다는 어리석어 보인다.
그가 명성이나 명예 같은 것을 위해 그렇게 한다면 심하게 비난받
을 것이 못 되지만, 돈이나 돈으로 살 수 있는 것 때문에 그렇게 한
다면 더 추악해 보인다. (사람은 능력에 따라서가 아니라 선택에
따라 허풍선이가 된다. 허풍선이인 사람이 있다면, 그것은 그의 마
음가짐 탓이며 그가 그런 유형의 사람이기 때문이다.) 이는 거짓
말쟁이가 거짓말 자체를 좋아하는 사람이거나, 아니면 명예나 이
익을 바라고 거짓말을 하는 사람인 것과 같은 이치이다. 명성을 위
해 허풍 떠는 사람들은 칭찬받거나 축복받을 만한 자질들이 자기
에게 있는 체하고, 이익을 위해 허풍 떠는 사람들은 이웃에게 쓸모
있지만 자신에게는 없는 것이 여간해서는 드러나지 않는 자질들이
있는 체한다. 예언술, 철학적 통찰력, 의술이 여기에 속한다. 그래
서 대부분의 사람은 자기들에게 그런 자질들이 있는 것처럼 허풍
을 떠는데, 그것은 그런 자질들에는 앞서 말한 특성들이 있기 때문
이다.

자기를 비하하는 사람들은 자신의 자질들을 줄여 말하기에 더
매력적인 성격의 소유자로 보인다. 왜냐하면 그들은 이익을 위해
서가 아니라 자기과시를 피하기 위해 그러는 것처럼 보이기 때문이
다. 소크라테스가 그랬듯이[44] 그들은 특히 세상 사람들이 존중하
는 자질들이 자기들에게는 없다고 부인한다.

사소하고 일상적인 자질들이 없다고 부인하는 사람들은 협잡꾼이라고 불리고 더 멸시받아 마땅하다. 그들의 태도는 때로는 라케다이몬의 의복[45]처럼 허풍 떠는 것처럼 보인다. 지나침 못지않게 극단적인 모자람 또한 허풍에 속하는 것이니까. 그러나 적당히 자기를 비하하며 너무 예사롭지 않고 너무 뻔하지 않은 자신의 자질들을 낮추어 말하는 사람들은 호감을 준다. 그러므로 진실한 사람과 대립되는 것은 허풍선이인 것 같다. 허풍선이는 자기를 비하하는 사람보다 더 나쁘기 때문이다.

제8장—재치

인생에는 활동뿐 아니라 휴식이 필요하고 휴식에는 여가와 유흥이 포함되는 만큼 거기에도 적절한 자세가 필요하다. 마땅히 말해야 할 것들과 마땅히 들어야 할 것들의 내용과 방법과 관련해서 말이다. 또한 우리가 말을 건네거나 귀를 기울이는 사람들도 서로 다를 수 있다. 이 분야에도 분명 중용에 대한 지나침과 모자람이 있을 것이다.

지나치게 농담을 하는 사람은 웃길 수만 있다면 무슨 짓이든 하며, 농담의 대상이 되는 사람들의 감정을 해치지 않으려고 점잖게

44 플라톤, 『소크라테스의 변론』(*Apologia Sokratous*) 20b~25d.
45 스파르테인들의 의복은 검소하여, 다른 나라 사람들이 입으면 검소함을 과시하기 위한 것으로 간주되었다.

말하기보다는 웃기고자 하는 데 관심이 더 많은 저속한 익살꾼으로 간주된다. 한편 자신은 농담을 하지 않을뿐더러 남이 농담을 하는 것도 거부하는 사람은 촌스럽고 딱딱해 보인다.

농담을 적절하게 하는 사람은 두뇌의 회전이 빠른 양 재치 있는

10 사람으로 불린다. 그런 농담은 성격의 운동으로 간주되는데, 몸이 그 운동에 따라 구별되듯 성격도 그 운동에 따라 구별되기 때문이다. 그러나 농담거리는 늘 가까이 있고, 대부분의 사람은 우스개와 농담을 적당한 정도 이상으로 즐긴다. 그래서 익살꾼조차도 재

15 미있다고 여겨지기에 재치 있다고 불린다. 그러나 익살꾼이 재치 있는 사람과 적잖이 다르다는 것은 우리가 앞서 말한 것으로 미루어 분명하다.

중용에는 기지도 있다. 훌륭하고 점잖은 사람에게 적절한 것을 말하고 듣는 것이 기지 있는 사람의 특징이다. 그런 사람이 재미삼아 말하고 듣기에 적절한 것들이 따로 있는데, 점잖은 사람이 재

20 미있어하는 것은 노예적 인간이 재미있어하는 것과 다르며, 교육받은 사람이 재미있어하는 것은 교육받지 못한 사람이 재미있어하는 것과 다르기 때문이다. 이 점은 고(古)희극과 신(新)희극을 비교해봐도 알 수 있다.[46] 초기 작가들은 농담을 위해 상스러운 말투를 썼지만, 후기 작가들은 훨씬 더 점잖은 풍자를 선호했으니까.

25 그렇다면 우리는 제대로 농담할 줄 아는 사람을 점잖은 사람에게 어울리는 말투를 사용할 줄 아는 사람이라고 정의할 것인가, 아니면 듣는 사람에게 고통을 주지 않거나 즐거움을 주는 사람이라고

정의할 것인가? 아니면 후자의 정의는 여전히 막연한가? 사람에 따라 좋아하고 싫어하는 것이 서로 다르니 하는 말이다. 그런 사람은 또한 같은 종류의 농담에 귀를 기울일 것이다. 그는 자신이 할 법한 농담을 들으면 참고 견딜 테니까. 그럼에도 그는 아무 농담이나 다 하지는 않을 것이다. 왜냐하면 사람을 놀리는 것은 일종의 욕설인데, 어떤 종류의 욕설은 법으로 금지되어 있기 때문이다. 사람을 놀리는 것도 아마 거기에 포함되어야 할 것이다. 따라서 교양 있고 점잖은 사람은 말하자면 법 없이도 살 사람이다. 30

중용을 지키는 사람이란 재치 있는 사람으로 불리든 임기응변에 능한 사람으로 불리든 그런 사람이다. 익살꾼은 농담을 하지 않고는 배길 수가 없어 사람들을 웃길 수만 있다면 자신도 남도 배려하지 않고 점잖은 사람이라면 입에 담지도 않을 말을 더러 하는데, 그중 어떤 것에는 그 자신도 귀 기울이지 않을 것이다. 촌스러운 사람은 그런 사교에서는 쓸모가 없다. 휴식과 유흥은 살아가는 데 필요하다고 보이는데도 그는 아무것도 기여하지 않고 사사건건 이의를 제기하니까. 35

1128b

우리가 논한 바와 같이 사회생활을 하는 데는 세 가지 중용이

---

46 고대 아테나이 희극은 고희극, 중기 희극, 신희극으로 나뉜다. 아리스토파네스(Aristophanes 기원전 445년경~385년경)로 대표되는 고희극은 현재 11편이 남아 있고, 메난드로스(Menandros 기원전 342~293년경)로 대표되는 신희극은 온전하지는 않지만 보존 상태가 양호한 약간의 단편들이 남아 있다.

있는데, 모두 이런저런 대화나 행위에 참여하는 것에 관련된다. 그러나 그중 한 가지는 진실에, 다른 두 가지는 즐거움에 관련된다는 점에서 서로 다르다. 즐거움에 관련되는 것 중 한 가지는 유흥에서 발견되고, 다른 한 가지는 다른 종류의 교제에서 발견된다.

제9장—수치심

수치심[47]을 미덕이라고 부르는 것은 옳지 못하다. 수치심은 마음가짐보다는 감정과 더 비슷하기 때문이다. 아무튼 수치심은 불명예를 꺼려 하는 일종의 두려움으로 정의되며, 그 효력은 위험을 꺼려 하는 두려움으로 유발되는 것과 흡사하다. 말하자면 수치심을 느끼는 사람들은 얼굴이 붉어지고, 죽음을 두려워하는 사람들은 얼굴이 창백해진다. 따라서 둘 다 어떤 의미에서 몸과 관련되는데, 이것은 마음가짐보다는 감정의 특징이라고 생각된다.

이런 감정은 모든 연령층에 어울리지 않고 청년층에 어울린다. 우리는 젊은이들이 수치심을 느낄 줄 알아야 한다고 생각하는데, 젊은이들은 감정에 따라 살기에 실수를 자주 하지만 수치심으로 제어되기 때문이다. 그래서 우리는 수치심을 느낄 줄 아는 젊은이들을 칭찬한다. 그러나 어느 누구도 나이 지긋한 사람이 수치심을 느낄 줄 안다고 칭찬을 하지는 않을 것이다. 우리는 나이 지긋한 사람은 수치심을 느낄 만한 짓을 해서는 안 된다고 생각하기 때문이다. 사실 수치심을 느끼는 것은 훌륭한 사람의 특징은 아니다. 나쁜 짓을 했을 때 느끼는 것이 수치심이라면 그전에 나쁜 짓이라면 하지 말았어야 한다. 어떤 행위가 실제로 수치스러운지, 아니면 그렇다고 간주될 뿐인지는 중요하지 않다. 수치심을 느끼지 않으려면 어떤 경우든 수치스러운 짓은 하지 말아야 하니까. 수치심을 느끼는 것은 하찮은 사람의 특징이다. 하찮은 사람은 수치스러운 짓을 할 만한 사람이기 때문이다. 수치스러운 짓을 하는 것에 수치심을 느끼는 마음가짐이라고 해서 스스로 훌륭하다고 생각하는 것은 자기모순이다. 수치심은 자발적 행위를 할 때 느끼는데, 훌륭한 사람은 결코 자발적으로는 나쁜 짓을 하지 않을 것이기 때문이다. 수치심은 특정 조건에서만 좋은 것일 수 있다. 말하자면 훌륭한 사람이 나쁜 짓을 해야 수치심을 느낄 것이다. 하지만 그것은 미덕에는 해당되지 않는다. 그리고 설령 수치스러운 짓을 하고도 수치심을 느끼지 않는 뻔뻔스러움은 나쁜 것이라 해도, 수치스러운 짓을 하고 나서 수치심을 느끼는 것을 좋은 것이라고는 할 수 없다.

자제력[48] 또한 미덕이 아니라 미덕과 다른 것의 혼합물이다. 이에 관해서는 나중에[49] 설명할 것이다. 이번에는 정의에 관해 논하도록 하자.

25

30

35

---

47 aidos.

48 enkrateia.

49 7권에서.

제 5 권

정의

제1장—정의는 무엇이며 불의는 무엇인가

1129a 우리는 정의[1]와 불의[2]가 어떤 행위들에 관련되며, 정의(正義)는

5 어떤 종류의 중용이며 정의로운 것은 어떤 양극단 사이의 중간인

지 고찰해야 한다. 이전과 같은 방법으로[3] 탐구해보도록 하자. 우

리가 보기에 모든 사람이 말하는 정의란 같은 마음가짐을, 곧 그

들이 옳은 일을 행하게 하고 올바르게 행하게 하며 옳은 것을 원하

게 하는 마음가짐을 의미하는 것 같다. 마찬가지로 그들이 말하는

10 불의란 그들이 불의하게 행하게 하고 불의한 것을 원하게 하는 마

음가짐을 의미한다. 그러니 우리도 이런 주장을 우리 논의의 대체

적인 기조로 삼기로 하자.

　마음가짐은 지식이나 능력과는 다르다. 상반하는 것들은 둘 다

같은 능력이나 지식의 관심사가 될 수 있지만, 마음가짐은 자기와

15 상반하는 결과를 산출하지 않는 것 같기 때문이다. 이를테면 건강

은 건강에 좋은 행위만 행하게 하고 건강에 반하는 행위는 유발하지 않는다. 누군가 건강한 사람이 걸을 법하게 걸어야 우리는 그가 건강하게 걷는다고 말한다.

우리는 종종 특정 상태의 성질을 그와 상반하는 상태를 통해 알 수 있는가 하면, 그것이 속하는 주체를 통해 상태를 알 수 있다. 우리는 좋은 몸 상태가 무엇인지 알면 나쁜 몸 상태가 무엇인지 알게 된다. 그리고 상태가 좋은 몸을 알면 좋은 몸 상태를 알게 되며, 좋은 몸 상태를 알면 상태가 좋은 몸을 알게 된다. 예컨대 좋은 몸 상태가 살의 단단함이라면 나쁜 몸 상태는 필연적으로 살의 무름일 것이며, 몸에 좋은 것은 반드시 살을 단단하게 해줄 것이다. 따라서 상반하는 것 가운데 어느 한쪽이 모호하면 대개 다른 쪽도 모호하기 마련이다. 예컨대 정의가 모호하면 불의도 모호할 것이다. 아닌 게 아니라 정의와 불의는 모호한 것 같다. 하지만 그것들의 여러 의미가 서로 가까운 까닭에 모호성이 눈에 잘 띄지 않으며, 그 의미들이 서로 멀리 떨어져 있을 때만큼 상대적으로 명백하지도 않다. 서로 멀리 떨어져 있을 경우에는 그 차이가 확연히 드러나기 때문이다. 예컨대 클레이스⁴라는 말은 동물의 쇄골(鎖骨)이라는

20

25

---

1 dikaiosyne.

2 adikia.

3 세상 사람들의 여러 견해를 고찰함으로써.

4 kleis.

뜻으로 쓰이기도 하고, 그와 전혀 다르게 문을 잠글 때 쓰는 열쇠라는 뜻으로 쓰이기도 한다.

그러면 먼저 '불의한 사람'의 여러 의미를 파악해보도록 하자. 법을 지키지 않는 사람과 남의 재물을 탐하는 불공정한 사람은 둘 다 불의한 것 같다. 그렇다면 법을 지키는 사람과 공정한 사람은 둘 다 분명 올바를 것이다. 따라서 정의는 합법과 공정을, 불의는 불법과 불공정을 의미한다.

불의한 사람은 탐욕스럽기에 여러 좋음에 관심을 두지만, 모든 좋음이 아니라 행운과 불운이 관여하는 그런 좋음들에 관심을 둘 것이다. 그런 좋음들은 그 자체로는 언제나 좋은 것이지만, 특정 개인에게는 언제나 그렇지만은 않다.[5] (사람들은 그런 좋음들을 기구하고 추구하지만 그래서는 안 된다. 오히려 그 자체로 좋은 것들이 그들에게도 좋은 것이 될 수 있도록 해달라고 기원하며 그들에게 좋은 것들을 선택해야 한다.)

불의한 사람이라고 해서 언제나 더 큰 몫을 선택하는 것은 아니며, 그 자체로 나쁜 것들의 경우 오히려 더 작은 몫을 선택한다. 그러나 더 적은 나쁨은 어떤 의미에서는 좋음으로 보이고, 그의 탐욕은 좋음을 지향하므로[6] 그는 탐욕스러워 보인다. 우리는 그를 불공정한 사람이라고 부르기로 하자. 불공정은 탐욕과 불의를 모두 포괄하는 낱말이기 때문이다.

우리가 보았듯이[7] 법을 지키지 않는 사람은 불의하고 법을 지키는 사람은 공정한 만큼 분명 합법적인 것은 무엇이든 어떤 의미에서는 옳다. 입법 행위에 따라 제정된 것은 합법적이고, 우리는 그런 법규 하나하나를 옳다고 여긴다. 그런데 법은 삶의 모든 영역을 규정하면서 시민 전체 또는 최선자(最善者)들 또는 집권자들 또는 그런 종류의 다른 집단의 공동 이익을 추구한다. 그래서 어떤 의미에서 우리는 국가공동체의 행복 또는 행복의 구성 요소를 산출하거나 보전하는 것들을 옳은 것이라고 부른다.

또한 법은 우리에게 용감하게 행동할 것(예컨대 전투 대열의 원래 위치를 이탈하거나 도주하거나 무기를 버리지 말 것)과 절제 있게 행동할 것(예컨대 간음하거나 오만하게 굴지 말 것)과 온유하게 행동할 것(예컨대 남을 구타하거나 욕하지 말 것)을 요구한다. 마찬가지로 법은 다른 행위도 미덕에 부합하는 것은 요구하고 악덕에 부합하는 것은 금지하는데, 법이 올바르게 제정되었을 때는 올바르게 요구하거나 금지하고 급조되었을 때는 제대로 요구하거나 금지하지 못한다.

따라서 그런 의미의 정의는 완전한 미덕이다. 하지만 무조건 그런 것은 아니고 대인관계에서만 그렇다. 그래서 정의는 종종 최고의 미덕으로 간주되며 '금성(金星)도 샛별도 정의만큼 감탄을 자

---

5 탕아에게는 재물이 좋은 것이 아니듯이.
6 그럴 자격이 없는데도 지향한다는 말이다.
7 1129a32~b1.

아내지 못하는 것으로 여겨진다.'[8] 우리는 이를 '정의에는 모든 미덕이 다 들어 있다'[9]는 속담으로 표현한다.

30 또한 정의는 완전한 미덕의 활용이므로 가장 진정한 의미에서 완전한 미덕이다. 정의가 완전한 까닭은 그것을 가진 사람이 자신만을 위해서가 아니라 대인관계에서도 자신의 미덕을 활용할 수 1130a 있기 때문이다. 따라서 '관직이 사람의 됨됨이를 드러낼 것이다' 라는 비아스[10]의 말은 옳은 것 같다. 관직에 있는 사람은 필연적으로 남과 접하고 어울리기 마련이니까. 같은 이유에서 정의는 타인을 5 위한 좋음으로 간주되는 유일한 미덕이다. 정의는 대인관계에서 행해지기 때문이다. 말하자면 정의는 상대가 관직에 있는 사람이든 동료 시민이든 남의 이익을 보장해준다.[11]

따라서 가장 나쁜 사람은 자신의 사악함을 자신뿐 아니라 친구에게도 행사하는 사람이고, 가장 훌륭한 사람은 자신의 미덕을 자신에게가 아니라 남에게 행사하는 사람이다. 그것은 어려운 일이니까. 따라서 그런 의미의 정의는 미덕의 일부가 아니라 미덕의 전 10 부이며, 이에 상반된 불의는 악덕의 일부가 아니라 악덕의 전부이다. 미덕과 그런 의미의 정의 사이에 어떤 차이가 있는지는 우리가 앞서 분명하게 밝혔다. 이 둘은 같지만 그 본질은 같지 않다. 대인관계에서 정의인 것이 무조건적인 마음가짐으로는 미덕이다.

제2장—분배적 정의와 조정적 정의

그러나 지금 탐구하고 있는 것은 미덕의 한 부분으로서의 정의이

다. 우리 주장에 따르면 그런 종류의 정의가 있기 때문이다. 마찬가 15
지로 불의의 경우에도 우리는 악덕의 한 부분으로서의 불의를 탐
구한다.

그런 정의와 불의가 있다는 증거가 있다. 다른 악덕의 경우, 불의
를 행하는 사람은 자신의 비행(非行)에서 이득을 취하지 않는다.
예컨대 비겁해서 방패를 내던지거나 성질이 고약해서 욕설을 하거
나 인색해서 금전적 도움을 주지 않는 사람이 그렇다. 그러나 누군
가 자기 몫보다 더 많이 가지려 한다면 그의 행위는 종종 이런 악덕 20
들의 전부는 물론이고 그중 어느 하나를 드러내지 않는다 해도 (우
리가 그를 비난하는 만큼) 분명 어떤 종류의 악덕, 곧 불의를 드러
낸다. 따라서 보편적 불의의 한 부분으로 존재하는 다른 종류의 불
의가 있는데, 여기서 불의한 것이란 법에 위배된다는 의미에서 불
의한 것 전체의 일부로 볼 수 있다.

또한 누군가는 이익을 위해 간음하고 돈을 버는 데 반해 누군가 25
는 돈을 내고 손해를 보면서도 욕망 때문에 간음한다면, 후자는
탐욕스럽다기보다는 방종하다고 여겨질 것이고 전자는 방종하다
기보다는 불의하다고 여겨질 것이다. 전자는 분명 그가 이익을 위

8 에우리피데스, 『현명한 멜라닙페』(*Melanippe he sophe*) 단편 486 (Nauck).
9 테오그니스, 147행. 테오그니스에 관해서는 1권 주 46 참조.
10 Bias. 일곱 현인 중 한 명.
11 플라톤, 『국가』(*Politeia*) 343c.

해 행동하기 때문에 불의하다.

또한 다른 불의한 행위는 모두 언제나 특정 사악 탓으로 돌려진
다. 예컨대 간음은 방종 탓으로, 전쟁터에서 전우를 버리는 것은
비겁함 탓으로, 폭행은 분노 탓으로 돌려진다. 그러나 이익을 취하
는 사람이 있으면 그의 행위는 불의 말고 어떤 다른 사악 탓으로도
돌려지지 않는다.

따라서 보편적 불의[12] 외에 다른 종류의 불의, 곧 특수한 불의
가 있음이 명백하다. 이 둘은 이름과 성질이 같고 둘 다 대인관계에
서 효력을 발휘하는데, 그 정의(定義)가 같은 유개념에 속하기 때
문이다. 하지만 특수한 불의는 명예나 돈이나 안전이나 이 모두를
포괄하는 이름이 있다면 이 모두를 포괄하는 것에 관심이 있으며,
그 동기는 이익에서 비롯되는 즐거움이다. 반면 보편적 불의[13]는
훌륭한 사람과 관계가 있는 모든 것에 관련한다.

따라서 정의는 그 종류가 분명 한 가지 이상이다. 다시 말해 미
덕 전체와 구별되는 정의가 있음이 분명하다. 우리는 그것이 무엇
이며 어떤 종류의 것인지 파악해야 한다.

우리는 불의를 불법과 불공정으로 나누고, 정의를 합법과 공정
으로 나눈 바 있다. 앞서 말한 의미의 불의는 불법에 해당한다. 그
러나 불공정한 것은 불법적인 것과 같지 않고 마치 부분이 전체와
관련되듯 불법적인 것과 관련된다. 불법적인 것은 모두 불공정하
지만 불공정한 것이 모두 불법적인 것은 아니니까. 불공정하다는
의미에서 불의한 것과 불의도 불법적이라는 의미에서 불공정한 것

과 불의와 같은 것이 아니라 부분으로서 전체에 관련되기에 서로 다르다. 불공정하다는 의미의 불의는 불의 전체의 일부이고, 마찬 15 가지로 공정하다는 의미의 정의는 정의 전체의 일부이기 때문이다. 따라서 우리는 특수한 의미의 정의와 불의도 논해야 하며, 마찬가지로 특수한 의미에서 옳은 것과 불의한 것도 논해야 할 것이다. 그러니 미덕 전체에 상응하는 정의와 불의는 제쳐두도록 하자. 둘 중 하나는 대인관계에서 미덕 전체를 실행에 옮기는 것이고, 다 20 른 하나는 대인관계에서 악덕 전체를 실행에 옮기는 것이기 때문이다.

또한 이것들에 상응하는 올바른 것과 불의한 것이 어떻게 구분되어야 하는지도 분명하다. 대부분의 법령은 미덕 전체의 관점에서 제정되었다고 할 수 있기 때문이다. 법은 우리가 각각의 미덕에 따라 살 것을 요구하고, 각각의 악덕에 따라 사는 것을 금하기에 하는 말이다. 또한 미덕 전체는 법령 중에서도 공동선을 위한 교육 25 을 염두에 두고 제정된 것들이 만들어낸다. 그러나 개인을 무조건 훌륭한 사람으로 만드는 개인 교육이 정치학의 한 분야인지 아니면 다른 학문의 한 분야인지는 나중에[14] 결정해야 할 것이다. 훌륭한 사람과 훌륭한 시민은 언제나 같은 것이 아닐 테니까.[15]

12, 13의 '보편적 불의'를 '보편적 정의'로 읽는 이들도 있다.
14 1179b20~1181b12(10권 9장). 『정치학』(*Politika*) 3권.
15 이를테면 부패한 정권에서는 그렇다는 말이다.

30 특수한 정의와 같은 의미에서 올바른 것의 한 종류는 명예나 금전이나 기타 정치공동체의(여기서는 한 사람이 다른 사람과 동등한 몫이나 동등하지 않은 몫을 가질 수 있기에) 구성원들 사이에서 분배될 수 있는 것들을 배분하는 데서 발견된다.

1131a 다른 종류는 사람과 사람 사이의 거래에서 조정하는 역할을 한다. 이 종류는 둘로 나뉘는데, 어떤 거래는 자발적이고 어떤 거래는 비자발적이기 때문이다.[16] 자발적 거래란 판매·구매·대부(貸付)·저당·무이자 대여·공탁·임대 같은 것들이다. 이것들이 자발적인 것으로 불리는 까닭은, 이것들의 발단이 자발적이기 때문이

5 다. 한편 비자발적 거래는 도둑질·간음·독살·뚜쟁이질·노예 빼내가기·모살(謀殺)·위증처럼 은밀하거나 습격·감금·살인·강도·불구자 만들기·명예훼손·공개적 모욕처럼 폭력적이다.

제3장—기하학적 비례에 따른 분배적 정의

10 불의한 사람과 불의한 행위는 둘 다 불공정하거나 불균등하다. 그리고 어떤 경우의 불균등이든 거기에는 분명 어떤 중간의 것, 곧 균등한 것이 있다. 어떤 종류의 행위든 많고 적음이 있으면 균등한 것도 있기 때문이다. 따라서 불의한 것이 불균등하다면 올바른 것은 균등하다. 이는 굳이 설명하지 않더라도 누구나 다 인정하는 사실이다.

15 균등한 것은 중간이므로 올바른 것도 일종의 중간일 것이다. 그러나 균등은 적어도 두 가지 사물을 내포한다. 따라서 올바른 것

은 중간이요 균등하며 (어떤 사람에게는) 상대적일 수밖에 없다. 그리고 올바른 것은 중간으로서는 어떤 극단들(지나침과 모자람) 사이에 존재하며, 균등한 것으로서는 두 가지 사물을 내포하고, 올바른 것으로서는 어떤 사람에게 영향을 미친다. 그러므로 올바른 행위에는 적어도 4개 항(項)이 필요하다. 거기에 관여하는 사람 20 도 둘이고, 그것이 올바르다는 것을 보여주는 몫도 둘이기 때문이다. 또한 사람들 사이에는 몫들 사이에서와 같은 수준의 균등함이 존재할 것이다. 몫들은 사람들에 비례할 테니까. 왜냐하면 사람들이 동등하지 않으면 동등한 몫을 받지 못할 것이기 때문이다. 실제로 동등한 사람들이 동등하지 못한 몫을 할당받거나 동등하지 못한 사람들이 동등한 몫을 받으면 이는 분쟁과 불평의 씨앗이 된다.

이 점은 가치[17]에 따른 분배라는 원칙의 관점에서 보아도 분명하다. 분배에서의 정의는 어떤 가치 기준에 따라야 한다는 데는 누구 25 나 동의한다. 그러나 누구나 다 같은 종류의 가치를 염두에 두지는 않는다. 민주정체 지지자들은 자유민으로 태어난 것이, 과두정체 지지자들은 부나 좋은 가문이, 귀족정체 지지자들은 미덕이 가치 판단의 기준이라고 본다.

따라서 정의는 일종의 비례이다. (비례는 추상적인 수뿐 아니라 30 수 일반에 속하는 것이기 때문이다.) 비례는 비율의 동등성이며,

16 한쪽이 동의하지 않은 거래는 비자발적이다.

17 axia.

적어도 4개 항을 포함한다. 불연속적 비례는 분명 4개 항을 포함한다. 그러나 연속적 비례도 그 점은 마찬가지이다. 연속적 비례는 하나의 항을 두 번 언급함으로써 2개로 다루기 때문이다. 예컨대 선분 A가 선분 B와 맺는 관계가 선분 B가 선분 C와 맺는 관계와 같다고 할 때, B는 두 번 언급되었다. 이처럼 B가 두 번 언급되었으니 비례항은 4개일 것이다.

정의 역시 적어도 4개 항을 포함하며 그 비율은 같다. 사람들도 몫도 같은 비율로 나누어지니까. 그러면 A가 B와 맺는 관계는 C가 D와 맺는 관계와 같을 것이며, 이를 치환하면 A가 C와 맺는 관계는 B가 D와 맺는 관계와 같을 것이다. 그래서 A와 C의 합은 B와 D의 합과 같을 것이다. 분배는 이런 조합을 통해 이루어질 것이며, 만약 항들이 이렇게 조합되면 올바르게 이루어질 것이다.

그러므로 분배의 정의는 A와 C의 결합과 B와 D의 결합에 있다. 그런 의미에서 올바른 것은 중간이고, 불의한 것은 비례에서 어긋난다. 비례적인 것은 중간이고, 올바른 것은 비례적이니까. (수학자들은 이런 종류의 비례를 기하학적 비례[18]라고 부른다. 왜냐하면 기하학적 비례에서는 전체가 전체와 맺는 관계가 각 부분이 각 부분과 맺는 관계와 같기 때문이다.) 그러나 이 비례는 연속적이지는 않다. 이 비례에서는 사람과 몫에 다 적용되는 단일 항을 구할 수 없으니까.

따라서 그런 의미에서 올바른 것은 비례적이고, 불의한 것은 비례에 어긋난다. 그러면 한쪽 몫은 너무 커지고 다른 쪽 몫은 너무 작아진다. 실제로 그런 일이 일어난다. 불의를 행하는 사람은 좋음을 너무 많이 가지고, 불의를 당하는 사람은 좋음을 너무 적게 갖는다. 나쁨의 경우는 그와 정반대이다. 더 작은 나쁨은 더 큰 나쁨에 비해 좋음으로 여겨지기 때문이다. 더 작은 나쁨은 더 큰 나쁨보다 더 바람직하고, 바람직한 것은 좋으며, 더 바람직한 것은 더 큰 좋음이기에 하는 말이다.

이상이 정의의 한 종류이다.

제4장―산술적 비례에 따른 조정적 정의

나머지 한 종류는 조정적 정의인데, 이것은 자발적 거래와 비자발적 거래 모두에서 발견된다. 이 정의는 앞서 언급한 분배적 정의와는 종류가 다르다. 공공재산을 올바르게 분배하려면 언제나 앞서 말한 비례에 따라야 하기 때문이다. (공공재산은 각자의 기여도에 비례해서 분배될 테니까.) 그리고 이런 유형의 정의에 상반하는 불의란 비례에 어긋나는 것이다.

하지만 각종 거래에서의 정의는 일종의 균등함이고 불의는 불균등함이지만, 그런 종류의 비례[19]에 따르지 않고 산술적 비례에 따른다. 훌륭한 사람이 보잘것없는 사람을 사취하든 보잘것없는 사람이 훌륭한 사람을 사취하든 사취하기는 마찬가지이고, 훌륭

---

18 analogia geometrike(기하학적 비례), '측지술'.
19 기하학적 비례.

한 사람이 간음하든 보잘것없는 사람이 간음하든 간음하기는 마
찬가지이기 때문이다. 그래서 법은 위법행위의 변별적 성격에만
주목하고 당사자들을 동등한 자로 취급하며 한쪽은 불의를 행하
고 다른 쪽은 불의를 당했는지, 다시 말해 한쪽은 해를 끼치고 다
른 쪽은 해를 입었는지 물을 뿐이다. 그래서 이런 종류의 불의는
불균등하기에 재판관은 이를 균등하게 만들려고 노력한다. 한쪽
은 때리고 다른 쪽은 맞은 경우 또는 한쪽이 살해하고 다른 쪽이
살해당한 경우, 그 능동적 측면과 피동적 측면은 사건이 불균등하
게 배분되어 있음을 말해준다. 그러나 재판관은 가해자 쪽의 이익
을 삭감함으로써 처벌을 통해 그런 측면들을 균등하게 만들려고
노력한다. 그런 경우에는 대개 '이익'이라는 용어가 사용되니 말이
다. 그러나 그것은 어떤 경우에는, 이를테면 상해를 입힌 자에게는
적절한 말이 아니다. 그 점은 피해자가 입은 '손해'의 경우에도 마
찬가지이다. 아무튼 손해를 산정할 때 한쪽은 손해라 불리고 다른
쪽은 이익이라 불린다.

따라서 균등함은 더 많음과 더 적음의 중간이며, 이익과 손해는
상반된 의미에서 더 많음과 더 적음이다. 말하자면 더 많은 좋음과
더 적은 나쁨을 포함하는 것이 이익이고 그 반대가 손해이다. 앞서
말했듯이[20] 이것들 사이의 중간이 균등함인데, 우리는 그것을 올
바른 것이라고 말한다. 따라서 조정한다는 의미에서 올바른 것은
손해와 이익 사이의 중간일 것이다.

그런 까닭에 시비가 붙으면 사람들은 재판관에게 의지한다. 재

판관에게 호소하는 것은 정의에 호소하는 것을 의미한다. 재판관은 일종의 정의의 화신으로 여겨지기 때문이다. 또한 사람들은 재판관을 중간적 존재로서 찾으며, 어떤 사람들은 재판관을 중재자라고 부르기도 하는데 자신들이 중간 것을 얻으면 올바른 것을 얻는다고 믿기 때문이다. 따라서 재판관이 그런 만큼 정의는 일종의 중용이다.

재판관은 균등함을 회복하는 일을 한다. 그 방법은 마치 한 선분이 동등하지 않은 두 부분으로 나뉘었을 때, 더 긴 선분에서 절반 이상에 해당하는 부분을 떼어내 더 작은 선분에 덧붙이는 것과도 같다. 그리하여 전체가 동등한 반쪽으로 나뉘어 양쪽이 동등한 몫을 가질 때 사람들은 자기들이 제 몫을 가진다고 말한다. 그런 까닭에 균등한 것은 올바른 것(dikaion)이라고 불린다. 균등한 것이란 마치 동등하게 두 쪽으로 나뉜 것(dichaion)이라고 불려야 하는 것처럼 동등한 두 쪽(dichaia)으로 나누는 것이기 때문이다. 그리고 재판관(dikastes)은 둘로 나누는 사람(dichastes)이다.

산술적 비례에 따르면 균등함은 더 많음과 더 적음의 중간이다.[21] 동등한 두 부분 중 하나에서 일정량을 떼어내 다른 쪽에 보태면, 그쪽은 앞엣것보다 그 일정량의 두 배만큼 커진다. 만약 일정

---

20 1131b33.

21 이 문장은 텍스트에서는 앞의 '그런 까닭에…'로 시작되는 문장 앞에 있는 것을 톰슨(A. K. Thomson)과 크리스프(R. Crisp)에 따라 뒤로 이동시켜 번역했다.

량을 떼어냈지만 다른 쪽에 보태지 않았다면, 그쪽은 앞엣것보다 그 일정량의 한 배만큼만 커졌을 것이기 때문이다. 따라서 더 큰 것은 중간 것보다 그 일정량의 한 배만큼 더 크고, 중간 것은 일정량을 떼어낸 첫 번째 부분보다 그 일정량의 한 배만큼 더 크다.

우리는 이런 방법으로 더 많이 가진 쪽에서 얼마만큼을 떼어내 더 적게 가진 쪽에 보태야 하는지 알 수 있다. 더 적게 가진 쪽에 중간 것이 그가 가진 것을 초과하는 만큼 보태주어야 하고, 가장 큰 것에서는 중간 것을 초과하는 만큼 떼어내야 한다. 선분 AA′와 선분 BB′와 선분 CC′가 같다고 하자. 선분 AA′에서 AE를 떼어내고 선분 CC′에 CD를 보탠다면, 선분 DCC′는 선분 EA′보다 CD와 CF를 합한 것만큼 더 길다. 따라서 선분 DCC′는 선분 BB′보다 CD만큼 더 길다.[22]

'이익'이니 '손해'니 하는 용어는 사실은 자발적 거래 과정에서 생겨났다. 그 과정에서 자기 몫보다 더 많이 갖는 것을 이익 본다고 하고, 처음 가졌던 것보다 더 적게 갖는 것은 손해 본다고 한다. 이를테면 매매 행위와 그 밖에 법이 재량권 행사를 허용하는 사람들 사이의 모든 거래에서 말이다. 그러나 어느 쪽도 너무 많이 얻거나 너무 적게 얻지 않고 양쪽 다 정확히 자기가 준 것을 받는다면, 그들은 자기 몫을 가졌을 뿐 얻은 것도 없고 잃은 것도 없다고 말한다.

따라서 자발적 거래에서 올바른 것이란 일종의 이익과 손해의 중간인데, 그것은 거래 전과 거래 후에 동일한 양을 갖는 것이다.

제5장—교환에서의 정의. 응보

어떤 사람들은 정의는 단순한 응보(應報)[23]라고 생각한다. 이것은 퓌타고라스[24]학파의 주장이다. 그들은 정의를 단순히 당한 대로 되갚는 것이라고 정의했으니까.

그러나 응보는 분배적 정의에도 조정적 정의에도 맞지 않는다. 사람들은 라다만튀스[25]가 말하는 정의조차도 조정적 정의를 의미하는 것으로 이해하려 하지만 말이다. 25

누군가 행한 대로 당하면 정의가 제대로 이루어지리라.[26]

많은 경우 응보는 조정적 정의와 상충되기 때문이다. 예컨대 관직에 있는 사람이 누군가를 쳤다고 해서 그 이유로 그가 얻어맞는 것은 부당하지만, 누군가 관직에 있는 사람을 치면 그는 당연히 얻어맞을뿐더러 처벌도 받는다. 또한 자발적 행위와 비자발적 행위 30

22

```
     A       E            A′
     ├───────┼────────────┤
     B                    B′
     ├────────────────────┤
 D   C       F            C′
 ├┄┄┄┄┼───────┼────────────┤
```

23 to antipeponthos.
24 1권 주 30 참조.
25 Rhadamanthys. 제우스와 에우로페(Europe)의 전설적인 아들로, 사후에 저승에서 사자(死者)들의 심판관 중 한 명이 되었다.
26 헤시오도스, 단편 174 (MW).

사이에는 큰 차이가 있다.

하지만 사람들이 교환을 목적으로 서로 교류할 때 사람들을 연결해주는 것은 이런 종류의 정의, 곧 균등함이 아니라 비례에 따른 응보이다. 국가는 비례적 응보에 따라 유지되니 말이다. 왜냐하면 사람들은 나쁨은 나쁨으로 갚고—그러지 않으면 자신들이 노예라고 생각될 것이다 — 좋음은 좋음으로 갚으려 하기 때문이다. 그러지 않으면 교환이 불가능할 것인데, 사람들을 결합시키는 것은 교환이다. 그래서 사람들은 시혜의 응보가 이루어지게 해달라는 취지에서 카리스[27] 여신들의 신전을 눈에 잘 띄는 곳에다 세운다. 시혜의 응보가 이루어지게 하는 것은 감사하는 마음의 특징이다. 시혜자에게 은혜를 갚고 다음번에는 자신이 먼저 은혜를 베푸는 것이 옳기 때문이다.

비례적 응보는 대각선상으로 연결됨으로써 이루어진다. 집 짓는 사람은 A, 제화공은 B, 집은 C, 구두는 D라고 하자. 집 짓는 사람은 제화공에게서 그의 제작물을 얻고, 그 보답으로 자신의 제작물을 주어야 한다. 만약 먼저 비례적 균등[28]이 정해지고 이어서 응보가 행해지면 우리가 언급한 비례에 따른 거래가 있을 것이다. 그러지 못하면 균등하지 못해 거래가 성립되지 않을 것이다. 한쪽의 제작물이 다른 쪽의 제작물보다 더 값나가는 것을 막을 길이 아무것도 없기 때문이다. 그래서 양쪽 제작물은 균등화되어야 한다.

이 점은 다른 기술도 마찬가지이다. 피동자 쪽에서 받는 것이 능동자 쪽에서 생산한 것과 양과 질에서 균등하지 않다면,[29] 기술이란 것이 존속하지 못했을 것이기 때문이다. 교환을 위한 공동체는 두 명의 의사가 아니라, 한 명의 의사와 한 명의 농부로, 또는 일반적으로 말해 상이하고 동등하지 않은 사람들로 이루어진다. 그러나 이들은 균등화되어야 한다. 따라서 교환되는 것은 무엇이건 어떻게든 비교될 수 있어야 한다. 그래서 돈(to nomisma)이 도입되어 일종의 중용 역할을 하는 것이다. 돈은 지나침과 모자람을 포함하여 모든 것을 측정하기 때문이다. 이를테면 돈은 몇 켤레의 구두가 집 한 채 또는 일정량의 음식과 맞먹는지 우리에게 말해줄 수 있다. 그럴 경우 구두 켤레 수가 집과 맺는 관계는 집 짓는 사람이 제화공과 맺는 관계와 같아야 한다. 이 공식을 떠나서는 거래도 공동체도 성립할 수 없다. 그리고 이 공식은 제작물들이 균등화되지 않으면 적용될 수 없다. 따라서 앞서 말했듯이[30] 모든 재화는 한 가지 기준에 따라 측정되어야 한다. 이 기준은 바로 모든 것을 연결시켜 주는 수요이다. 만약 사람들에게 필요한 것이 아무것도 없거나 지금과 다른 정도로 필요하다면, 교환은 아예 없거나 지금과 같은 것이 아닐 테니까. 그러나 사회적 관습에 따라 돈이 수요의 대표자 노릇을 하게 되었다. 그래서 돈이 '노미스마'(nomisma)라고 불리

27 Charis 복수형 Charites. 우미(優美)의 여신으로, 보통명사로 '은혜' '감사하는 마음'이라는 뜻도 있다.
28 '비례식 균등'이란 집과 구두의 상대적 가치를 말한다.
29 거래 쌍방은 동등한 제작물이나 용역을 주고받아야 한다는 뜻인 듯하다.
30 1133a19~31.

게 된 것이다. 돈은 자연적으로 존재하지 않고 관습(nomos)에 따라 존재하니 말이다. 그래서 돈의 가치를 바꾸거나 돈을 무가치하게 만드는 것은 우리에게 달려 있다.

따라서 제화공의 제작물이 농부의 제작물과 맺는 관계가 제화공이 농부와 맺는 관계와 같도록 균등화된 뒤에야 응보가 이루어질 것이다. 그러나 우리는 그들이 재화를 교환한 뒤가 아니라 아직도 자신의 재화를 갖고 있을 때 비례의 공식에 유의해야 한다. 그러지 않으면 한쪽의 초과분이 갑절이 될 것이다.[31] 그런 조건 아래서는 그들은 동등하여 공동체의 구성원이 될 수 있다. 그들의 경우에는 그런 종류의 균등함이 이루어질 수 있기 때문이다. 농부는 A, 먹을거리는 C, 제화공은 B, C에 맞먹는 제화공의 제작물은 D라고 하자. 이런 종류의 응보가 불가능하다면 그들 사이에 공동체란 없을 것이다.

수요가 말하자면 하나의 기준으로서 그런 공동체를 가능하게 한다는 것은, 어느 쪽도 다른 쪽을 필요로 하지 않거나 한쪽만 다른 쪽을 필요로 할 때는 교환이 성립하지 않는다는 사실에서도 알 수 있다. 이를테면 갑(甲)이 포도주를 받는 조건으로 곡물을 수출하려는데 갑이 원하는 것을 상대방이 구하지 못했을 경우가 그렇다. 따라서 이런 수요의 불균등은 반드시 균등화되어야 한다.

돈이 우리에게 하는 일은 미래의 교환을 담보하는 것이다. 어떤 것이 지금은 필요 없지만 언젠가 필요해지면 우리는 그것을 가질 수 있기 때문이다. 돈만 있으면 원하는 것을 구할 수 있으니 말이다. 물론 돈도 그 가치가 늘 변한다는 점에서 다른 재화와 마찬가지이다. 하지만 돈은 더 안정적인 경향이 있다. 따라서 모든 것은 돈으로 값이 매겨져야 한다. 그래야만 언제나 교환이 가능하고, 교환이 가능해야 공동체가 가능하기 때문이다.

따라서 돈은 척도 노릇을 하며 물건들을 계량화할 수 있게 함으로써 균등화한다. 왜냐하면 교환 없이는 사람들 사이에 공동체는 없고, 균등화 없이는 교환이 없으며, 계량화 없이는 균등화도 없기 때문이다. 엄밀히 말해 그토록 서로 다른 물건들은 계량화될 수 없지만 수요와 관련해서는 충분히 계량화될 수 있다. 그래서 어떤 기준이 있어야만 하고 그것은 합의에 근거하는 것이어야 한다. (돈이 노미스마라고 불리게 된 것도 그 때문이다.) 돈은 모든 것을 계량화할 수 있게 해준다. 모든 것은 돈으로 계량화되기 때문이다. 집은 A, 10므나[32]는 B, 침대는 C라고 하자. 집이 5므나 또는 그에 맞먹는 값어치가 있다면 A는 B의 절반이다. 그리고 C, 곧 침대는 B의 10분의 1의 값어치가 있다고 하자. 그럴 경우 얼마나 많은 침대가 집 1채와 맞먹는지 쉽게 알 수 있다. 말하자면 침대 5개가 집 1채와 맞먹는다. 돈이 생기기 전에는 분명 그런 방법으로 교환이 이루어졌을 것이다. 집 1채를 위해 침대 5개를 지불하든 침대 5개

---

31 많이 갖고 적게 줄 테니까.
32 므나(mna)는 고대 그리스의 화폐단위로, 1므나는 100드라크메(drachme)이고 1드라크메는 6오볼로스(obolos)이며 1탈란톤(talanton)은 60므나이다.

의 값을 지불하든 아무런 차이가 없기 때문이다.

30   이상으로 우리는 정의와 불의의 본성이 무엇인지 정의했다. 이렇게 구분해놓고 보니 우리는 올바른 행위란 불의를 행하는 것과 불의를 당하는 것의 중간이라는 것을 알 수 있다. 한쪽은 자기 몫보다 더 많이 갖고, 다른 쪽은 자기 몫보다 더 적게 가지니까.

정의는 일종의 중용이다. 그러나 다른 미덕들과 같은 방법으로 그런 것은 아니다. 하지만 불의가 양극단에 관련되는 데 반해 정의는 중간에 관련된다. 정의란 그것에 힘입어 올바른 사람이 합리적 선택에 따라 올바른 행위를 할 수 있으며, 자신과 남 사이이든 아니면 남과 남 사이이든 좋은 것을 분배할 때 바람직한 것은 자신에게 더 많이 할당하고 이웃에게 더 적게 할당하며 해로운 것은 그 반대로 할당하는 것이 아니라, 각자에게 비례적으로 균등한 것을 할당하는 마음가짐이다. 남과 남 사이에서 분배할 때도 이 점은 마찬가지이다.

반대로 불의란 불의한 것, 곧 유익한 것과 해로운 것의 비례에 어긋나는 지나침 또는 모자람을 선택하는 것이다. 따라서 불의는 지나침과 모자람을 낳는다는 의미에서 지나침과 모자람이다. 그것은 자신에게는 본성적으로 유익한 것의 지나침이며 해로운 것의 모자람이고, 남들의 경우에도 전체적인 결과는 마찬가지이지만 어느 쪽으로 비례가 무너질지는 운수에 달려 있다. 불의한 행위에서 너무 적게 갖는 것은 불의를 당하는 것이고, 너무 많이 갖는 것은 불의를 행하는 것이다.

정의와 불의의 본성에 관해서는, 마찬가지로 올바른 것과 불의
한 것 일반의 본성에 관해서는 이쯤 설명해두자.

제6장—정치적 정의

불의한 자가 아니더라도 불의를 행할 수 있는 만큼 어떤 종류의 불
의를 행해야 그 행위자가 저마다의 악행에서 불의한 자가 되는지,
이를테면 도둑이나 간통한 남자나 강도가 되는지 물어야 할 것이
다. 아니면 그런 유형에 차이가 있는 것은 아닐까? 남자는 누군지 20
잘 아는 여자와 동침할 수 있지만 그의 행위는 숙고를 거친 합리적
선택이 아니라 욕정으로 유발될 수 있기 때문이다. 그렇다면 그의
행위는 불의해도 그는 불의한 사람이 아니다. 말하자면 도둑질을
한다고 해서 도둑이 아니며 간통을 한다고 해서 간통한 남자가 아
니라는 뜻이다. 이 점은 그 밖의 다른 경우에도 마찬가지이다.

응보가 정의와 맺는 관계는 앞서 이미 논의한 바 있다.[33] 그러나 25
우리는 우리 탐구의 주제가 정의 일반만이 아니라 정치적 정의[34]라
는 것을 간과해서는 안 된다. 정치적 정의는 필요를 충족하기 위해
공동체를 이루고 사는 사람들, 그러니까 자유롭고 비례적으로도
산술적으로도 동등한 사람들 사이에서 발견된다. 따라서 이런 조
건을 충족하지 못하는 사람들 사이에서는 정치적 정의는 없고 유

33 1132b21~1133b28(5권 5장).
34 to politikon dikaion(정치적 정의).

사 정의가 있을 뿐이다. 정의는 사람과 사람의 관계가 법의 지배를 받는 곳에 존재하고, 법은 사람들이 서로 불의를 행할 수 있는 곳에 존재하기 때문이다. 법적 정의란 옳은 것과 옳지 못한 것을 판결하는 데 있으니 말이다. 그런데 불의는 불의한 행위를 내포한다. 그러나 불의한 행위가 언제나 불의를 내포하는 것은 아니다.[35] 그리고 불의한 행위란 그 자체로 좋은 것은 자기에게 너무 많이 배분하고 그 자체로 나쁜 것은 자기에게 너무 적게 배분하는 것이다.

그래서 우리는 사람이 아니라 법[36]이 지배하게 한다. 사람은 제 이익을 위해 통치하며 참주가 되기 때문이다. 그러나 통치자는 정의의 수호자이며 정의의 수호자라면 또한 평등의 수호자이다. 만약 통치자가 올바르다면 자기 몫 이상을 갖지 않을 것이다. 그는 자기 공적에 비례하지 않는 한 그 자체로 좋은 것의 더 큰 몫을 자기에게 배분하지 않는다. 그래서 그는 남을 위해 애쓸 것이며, 그래서 사람들이 앞서 말했듯이[37] 정의는 타인을 위한 좋음이라고 말하는 것이다. 따라서 통치자에게는 어떤 보답이, 말하자면 명예와 특권이 주어져야 한다. 참주가 되는 자들은 이런 보답에 만족하지 못하는 자들이다.

주인이나 아버지의 정의는 시민의 정의와 같은 것이 아니다. 서로 닮은 점이 있기는 하지만 말이다. 자기 것들을 향해서는 무조건적인 불의란 존재하지 않기 때문이다. 자기 재산[38]이나 일정한 나이가 되어 독립하기 전까지의 자식은 말하자면 자기의 일부인 만큼 합리적 선택에 따라 자기를 해칠 사람은 아무도 없으며, 그렇기 때문에 자기를 향한 불의란 없다. 따라서 여기서는 정치적 정의나 불의 같은 것은 전혀 없다. 왜냐하면 우리가 보았듯이[39] 정치적 정의나 불의는 법을 전제로 하며 자연스럽게 법을 받아들이는 공동체, 곧 그 구성원들이 통치와 피치에 동등하게 참여하는 공동체에서만 존재하기 때문이다. 따라서 정의는 아버지와 자식 또는 주인과 노예 사이에서보다는 남편과 아내 사이에서 더 잘 실현된다. 남편과 아내 사이에서의 정의가 가정에서의 정의이기 때문이다. 하지만 이것 역시 정치적 정의와는 다르다.

제7장―자연적 정의와 법적 정의

정치적 정의는 두 가지가 있는데, 하나는 자연적인 것이고 다른 하나는 법적인 것이다. 자연적인 것은 어디서나 같은 효력을 발휘하며 사람들의 사고방식에 좌우되지 않는다. 법적인 것은 처음에는 이런 형태를 취하기도 하고 저런 형태를 취하기도 하지만 일단 정해진 다음에는 구속력을 갖는다. 예를 들면 전쟁포로의 몸값은 1므나라든가, 양 2마리가 아니라 염소 1마리를 제물로 바친다는

---

35 1134a17.

36 logos. 문맥에 따라 '이성' 또는 '이성적 원칙'으로 옮길 수도 있다.

37 1130a3~4(5권 1장).

38 노비를 포함한 재산을 말한다.

39 1134a30~32.

것 등이 그것이다. 또한 브라시다스[40]를 위해 위령제를 지내는 것과 같은 특수한 경우를 위해 통과된 법규들과 특별 포고령에 따른 결의들도 이에 속한다.

그런데 어떤 사람들은 모든 정의가 이런 종류라고 생각한다. 왜냐하면 자연적인 것은 마치 불은 여기서도 타고 페르시아에서도 타듯 불변이고 어디서나 같은 효력을 가지는 데 반해, 정의에 대한 견해는 바뀌는 것을 보기 때문이다. 그러나 그런 생각은 어떤 의미에서는 옳지만 사실은 틀렸다. 신들 사이에서는 아마 정의는 불변일 것이다. 그러나 인간 세상에서는 설령 자연적인 것이 존재한다 해도 모든 것이 가변적이다. 하지만 그럼에도 어떤 것들은 자연적으로 그렇고, 어떤 것들은 자연적으로 그렇지 않다.

가변적인 것 가운데 어떤 종류가 자연적으로 가변적이며, 어떤 종류가 그렇지 않고 법과 관행에 따라 가변적인지는 둘 다 가변적이라고 생각하면 쉽게 알 수 있다. 그리고 이러한 구별은 다른 경우에도 모두 적용될 것이다. 자연적으로는 오른손이 더 강하지만, 그럼에도 누구나 다 양손잡이가 될 수 있으니 말이다.

관행에 따라 편익을 위해 정해진 정의의 규칙들은 도량형과도 같다. 포도주와 곡물 거래에서 사용되는 도량형은 어디서나 동일하지 않고, 도매에서는 더 크고 소매에서는 더 작으니까. 마찬가지로 자연적으로 옳은 것이 아니라 특정 인간 집단에게 옳은 것은 어디서나 동일하지는 않다. 정체(政體)도 동일하지 않기 때문이다. 하지만 자연적 정체, 곧 최선의 정체는 어디서나 하나뿐이다.

모든 유형의 정의와 법규가 그것들에 맞게 행해진 행위들과 맺는 관계는 보편적인 것이 개별적인 것과 맺는 관계와도 같다. 개별적인 것은 많지만 보편적인 것은 보편적인 만큼 저마다 하나뿐이기 때문이다.

불의한 행위(adikema)는 불의한 것(adikon)과 다르고, 옳은 행위(dikaioma)는 옳은 것(dikaion)과 다르다. 불의한 것은 자연적으로 그렇거나 법규에 따라 그렇기 때문이다. 그것이 일단 행해지면 10 불의한 행위이지만, 그러기 전에는 비록 불의하기는 해도 불의한 행위는 아니다. 이 점은 옳은 행위도 마찬가지이다. 그러나 여기서는 정의로운 행동(dikaiopragema)이라는 용어가 널리 쓰이는 반면 옳은 행위(dikaioma)는 불의를 조정하는 것을 의미한다.

이들 행위의 수와 성질에 관해서는, 그리고 이들 행위가 어떤 것 15 에 관련되는지는 나중에 고찰할 것이다.[41]

제8장—자발적 행위와 비자발적 행위. 의도의 중요성

옳은 행위와 불의한 행위가 우리가 말한 바와 같다면, 누군가 자발적으로 행할 때에만 그의 행위는 옳거나 불의하다. 비자발적으로 행할 때는 우연히 그렇다면 몰라도 그의 행위는 옳지 않거니와 불

---

40 Brasidas. 펠로폰네소스 전쟁 때 스파르테의 명장. 투퀴디데스, 『펠로폰네소스 전쟁사』 5권 10절 이하 참조.
41 그런 논의는 현존하는 아리스토텔레스의 저술에서는 발견되지 않는다.

의하지도 않다. 그의 행위는 우연에 따라 옳거나 불의했으니까.

20　　　어떤 행위가 불의한지 그렇지 않은지는 자발적인지 비자발적인지에 따라 결정된다. 행위가 자발적일 때 행위자는 비난받는데, 자발적인 경우에만 불의한 행위가 되기 때문이다. 따라서 자발성이 없으면 불의하기는 하지만 아직은 불의한 행위가 아닌 어떤 것이다. 자발성이란 앞서 말했듯이[42] 행위자에게 달려 있는 행위를 행위자가 알고서, 곧 누구에게 무슨 도구를 사용하여 무슨 목적으25로 무슨 짓을 하는지 알고서 행하는 것을 말한다. 예컨대 누구를, 무엇을 가지고 무슨 목적으로 때리는지 알고서 때리는 경우가 그렇다. 그런 행위는 우발적인 것이어서는 안 되고 강요된 것이어서도 안 된다. 예컨대 A가 B의 손을 잡고 그 손으로 C를 때린다면, B의 행위는 B에게 달려 있는 것이 아닌 만큼 자발적이지 않다. 맞은 사람은 때린 사람의 아버지일 수도 있지만, 때린 사람은 자기가 어떤 사람을, 또는 그 자리에 있던 사람 가운데 한 명을 때렸다는 것만 알 뿐 맞은 사람이 자기 아버지라는 것을 모르는 경우도 있다.30목적이나 행위 전체와 관련해서도 그렇게 구분할 수 있다. 따라서 비자발적 행위란 모르고 행한, 또는 모르지 않을 경우 행위자에게 달려 있지 않거나 강요된 행위이다. 우리는 자연의 추세 속에서 많1135b은 것을 알면서 행하고 당하지만, 그중 어떤 것들은 늙음과 죽음처럼 자발적이지도 않고 비자발적이지도 않기 때문이다.

　　　불의한 행위에도 옳은 행위에도 똑같이 우연적 요인이 개입하기도 한다. 만약 어떤 이가 맡았던 물건을 두려움 때문에 마지못해

돌려보낸다면, 우리는 그가 우연히 그러면 몰라도 옳은 행위를 한
다고도 정의로운 행동을 한다고도 말해서는 안 된다. 마찬가지로 5
맡은 물건을 강요당해 본의 아니게 돌려주지 않은 사람은 우발적
으로만 불의를 행하거나 불의한 행위를 행한다고 말해야 한다. 자
발적 행위 중에는 우리가 합리적으로 선택해서 행하는 것들도 있
고, 합리적으로 선택해서 행하지 않는 것들도 있다. 숙고 끝에 행 10
하는 것들이 합리적으로 선택해서 행하는 것들이고, 사전 숙고 없
이 행하는 것들은 합리적으로 선택해서 행하는 것들이 아니다.

따라서 사람과 사람 사이의 거래에서 서로 해악을 끼치는 방법
은 세 가지이다. 모르고 행한 것은, 당하는 사람과 행위의 성질과
사용한 도구와 결과가 행위자가 생각한 것과 다를 때는 과오이다.
행위자는 자기가 아무도 때리지 않는다고, 또는 이 도구로, 또는
이 사람을, 또는 이런 목적으로 때리지 않는다고 생각했기 때문이
다. 하지만 결과가 예상과 달랐거나(이를테면 남에게 생채기만 내 15
려 했을 뿐인데 부상을 입힌 경우처럼) 맞은 사람이나 사용한 도구
가 예상과 달랐던 것이다.

그런데 합리적 예상에서 벗어나 해악이 생겨나면 그것은 우발사
고이다. 하지만 합리적 예상에서 벗어나지 않았어도 악의가 수반
되지 않으면 그것은 과오이다. 1차적 책임이 행위자에게 있을 때는

42 1111a22~24(3권 1장).

20 과오이고, 행위자에게 있지 않을 때는 우발사고이기 때문이다. 행위자가 알고서 행하되 미리 숙고하지 않고 행하면 그것은 불의한 행위이다. 기개나 그 밖에 인간이 타고난 피할 수 없는 감정에서 행해진 모든 행위가 여기에 속한다. 이런 종류의 해악을 끼치고 이런 종류의 과오를 저지르는 사람들은 불의를 행하고 그들의 행위는 불의이지만, 그 해악이 악의 때문이 아닌 한 행위자들이 불의하거

25 나 사악하지는 않기 때문이다. 그와 달리 합리적으로 선택하여 불의를 행한다면 불의하고 사악하다.

따라서 분노에서 비롯한 행위는 사전에 계획된 것이 아니라고 판단하는 것이 옳다. 불상사의 발단은 화가 나서 행동하는 사람이 아니라 그를 화나게 한 사람에게 있기 때문이다. 또한 이 경우 쟁점은 행위가 행해졌는지 여부가 아니라 정당한지 여부이다. 불의해 보이는 것이 분노의 원인이기 때문이다. 또한 여기서는 기억이 나

30 지 않아 사실을 두고 다투는 경우를 제외하고는(그렇지 않으면 어느 한쪽은 악당일 것이다) 쌍방이 상거래에서처럼 단순한 사실을 두고 다투는 것이 아니다. 여기서는 양쪽 다 사실에는 동의하면서 어느 쪽이 옳은지를 두고 다툰다. (반면 고의로 남을 해코지한 사람은 자기가 그랬다는 사실을 모를 리가 없다.) 그래서 한쪽은 자기가 불의를 당했다고 생각하고 다른 쪽은 이에 동의하지 않는 것이다.

1136a 그러나 합리적으로 선택하여 남에게 해악을 끼치는 사람이 있다면 그는 불의를 행하는 것이다. 그리고 그런 불의한 행위를 저지

르는 사람은 그런 행위가 비례와 동등성에 어긋난다면 불의한 사람이다. 마찬가지로 어떤 사람이 옳은 것은 그가 합리적 선택에 따라 정의로운 행동을 할 때이다. 그러나 자발적으로 행동할 때에만 정의로운 행동을 하는 것이다.

비자발적 행위 가운데 더러는 용서받을 만하지만, 더러는 용서   5
받을 만하지 않다. 모르고 저질렀을뿐더러 무지로 인한 과오는 용서받을 만하다. 모르고 저질렀지만 무지가 아니라 본성에 어긋나는 비인간적 감정으로 인한 과오는 용서받을 만하지 않다.

제9장―자진해서 불의를 당하는 것이 가능한가

불의를 당하는 것과 행하는 것을 두고 우리가 내린 정의가 적절하   10
다면, 먼저 에우리피데스의 다음과 같은 역설적인 시행들에 진리가 내포되어 있는지 물을 수 있다.

"나는 어머니를 살해했네. 간단히 말해서."
"자네도 어머니도 기꺼이였는가, 아니면 둘 다 본의 아니게 그랬는가?" [43]

누가 자진하여 불의를 당하는 것이 과연 가능한가? 아니면 불의   15

---

[43] 에우리피데스, 『알크마이온』 단편 68 (Nauck). 알크마이온에 관해서는 3권 주2 참조.

를 행하는 것이 언제나 자발적이듯 불의를 당하는 것 역시 언제나
비자발적인가? 그리고 불의를 당하는 것은 한결같이 모두 자발적
이거나 모두 비자발적인가, 또는 어떤 때는 자발적이고 어떤 때는
비자발적인가? 이 점은 정당한 대우를 받는 경우에도 마찬가지이
다. 정의롭게 행동하는 것은 모두 자발적인 만큼 이들 경우에도 비
슷하게 대립하는 것이 존재한다고, 즉 불의를 당하는 것과 정당한
대우를 받는 것은 언제나 자발적이거나 아니면 언제나 비자발적이
라고 생각하는 것은 합리적이다. 그런데 정당한 대우를 받는 것은
언제나 자발적이므로, 정당한 대우를 받는 모든 경우에도 그렇다
고 생각하는 것은 불합리해 보인다. 어떤 사람들은 내켜하지 않는
정당한 대우를 받기 때문이다.⁴⁴

또한 누군가 다음과 같은 질문을 제기할 수도 있다. 불의를 당한
사람은 누구나 부당한 대우를 받은 것인가, 아니면 불의를 당하는
것도 불의를 행하는 것과 마찬가지인가? 행할 때나 당할 때나 우리
는 우연히 정의에 관여할 수 있으며 이 점은 분명 불의한 행위의 경
우에도 마찬가지일 테니까. 불의한 짓을 행하는 것은 불의를 행하
는 것과 같지 않으며, 불의한 짓을 당하는 것은 불의를 당하는 것
과 같지 않기 때문이다. 이 점은 정의로운 행동을 하는 것과 정당
한 대우를 받는 것에서도 마찬가지이다. 누군가 불의를 행하지 않
고서는 부당한 대우를 받을 수 없고, 정의롭게 행동하지 않고서는
정당한 대우를 받을 수 없기 때문이다.

그러나 불의를 행하는 것은 단순히 자발적으로 남을 해코지하

는 것이고 행위자가 자발적으로 행동하는 것은 당하는 사람과 사용된 도구와 가해 방법을 알고 있는 것을 의미한다면, 그리고 자제력 없는 사람은 자진하여 자신을 해코지하는 것이라면 그는 자진하여 부당한 대우를 받게 될뿐더러 자신을 부당하게 대우할 수도 있다.[45] (누가 자신을 부당하게 대우할 수 있는지는 앞서 제기된 문제 가운데 하나이다.) 게다가 누군가는 자제력이 없어 자진하여 1136b 행하는 남에게 자진하여 해코지당할 수도 있다. 그래서 그는 자진하여 불의를 당할 수도 있다. 아니면 우리의 정의는 정확하지 못해 '당하는 사람과 사용된 도구와 가해 방법을 알고 누군가를 해코지한다'는 말에 '당하는 사람의 의사에 반해서'라는 문구를 덧붙여야 하는가? 그러면 누군가 자발적으로 해악을 감수하고 불의를 당해도 자진하여 부당한 대우를 받으려는 사람은 아무도 없을 것이 5 다. 부당한 대우를 받기를 원하는 사람은 아무도 없으니까. 이 점은 자제력 없는 사람도 마찬가지이다. 오히려 그는 의사에 반해 행동한다. 스스로 좋음이라고 생각하지 않는 것을 원하는 사람은 아무도 없기 때문이다. 그러나 자제력 없는 사람은 자신이 반드시 해야 한다고 생각하지 않던 것들을 행한다. 호메로스에 따르면, 클라우코스는 황소 100마리의 값어치가 있는 자신의 황금 무구들 10 을 황소 9마리의 값어치밖에 없는 디오메데스의 청동 무구와 맞바

---

44 이를테면 정당한 처벌을 받는 사람을 들 수 있다.
45 1138a4~8(5권 11장).

꾸었는데,[46] 이처럼 자기 것을 내어주는 사람은 부당한 대우를 받는 것이 아니다. 왜냐하면 주는 것은 그에게 달려 있지만, 부당한 대우를 받는 것은 그렇지 않고 그를 부당하게 대우할 누군가가 있어야 하기 때문이다. 그렇다면 부당한 대우를 받는 것은 자발적인 것이 아님이 분명하다.

15 　우리가 논하기로 했던 문제 가운데 아직 두 가지가 남아 있다. 하나는 불의를 행하는 사람은 누군가에게 정당한 몫 이상으로 분배하는 사람인지 아니면 그것을 받는 사람인지의 문제이고, 다른 하나는 자기 자신을 부당하게 대우하는 것이 가능한지의 문제이다. 〈이 문제들은 서로 연결되어 있다.〉 만약 첫 번째 가정이 가능하여 불의를 행하는 사람은 정당한 몫 이상을 갖는 사람이 아니라 분배하는 사람이라면, 그리고 더 큰 몫을 자기보다 남에게 알면서

20 자진하여 분배하는 사람이 있다면, 이는 그가 자기 자신을 부당하게 대우하는 것이다. (아닌 게 아니라 절제 있는 사람들은 그러는 것 같다. 훌륭한 사람은 제 몫보다 더 적게 가지는 경향이 있으니까.) 아니면 그것은 지나친 단순화인가? 제 몫보다 더 적게 가지는 사람은 아마 명망이나 고매한 성품 같은 다른 좋음을 더 많이 탐낼지도 모르니 말이다. 또한 이 문제의 해답은 불의를 행하는 것을 규정한 우리의 정의에서 구할 수 있다. 행위자는 어떤 것도 의사에

25 반해 당하지 않기에 이 점에서 부당한 대우를 받지 않으며 기껏해야 손해를 볼 뿐이기 때문이다.

　불의를 행하는 사람은 분명 분배하는 사람이며 제 몫 이상으로

받는 사람은 늘 불의를 행하지는 않는다. 왜냐하면 불의를 행하는 사람이란 불의한 것을 가지는 사람이 아니라 자발적으로 불의를 행하는 사람, 다시 말해 불의한 행위의 발단이 되는 사람인데, 그 것은 받는 사람이 아니라 분배하는 사람이기 때문이다.

또한 '행한다'는 말은 여러 의미로 쓰이고, 거기에는 무생물이 30 나 손이나 노예가 주인의 명령에 따라 살해할 수 있다는 의미도 있 는 만큼 받는 사람은 불의한 짓을 하기는 해도 불의를 행하지는 않 는다.

또한 분배하는 사람이 모르고 판결한다면, 그는 법적 정의와 관 련하여 불의를 행하는 것도 아니고, 그가 내린 판결은 법적 정의는 원초적 정의와 다르다는 점에서라면 몰라도, 불의하지도 않다. 그 1137a 러나 그가 불의하게 판결할 때 자기가 무슨 짓을 하는지 알고 있다 면, 그도 보답이든 보복이든 자기 몫 이상을 갖는 것이다. 따라서 그런 이유로 불의하게 판결하는 사람은 부당 행위에 가담하는 만 큼이나 자기 몫 이상을 갖는다. 토지에 관해 그런 조건으로 판결할 경우, 그는 토지는 받지 않더라도 돈을 받기 때문이다.

사람들은 불의를 행하는 것이 자신들에게 달려 있으며, 따라서 5 정의는 쉬운 일이라고 생각한다. 그러나 사실은 그렇지 않다. 이웃 의 아내와 동침하거나 옆 사람을 치거나 뇌물을 주는 것은 쉽고 우

---

46 『일리아스』 6권 236행. 디오메데스는 트로이아 전쟁 때 그리스군 장수이고 클라우코스는 트로이아를 도우러 온 뤼키아(Lykia)인들의 장수이다.

리에게 달려 있지만, 특정한 마음가짐 때문에 이런 일들을 하는 것은 쉽지도 않고 우리에게 달려 있지도 않다.

10   마찬가지로 사람들은 별다른 지혜가 없어도 무엇이 옳고 무엇이 옳지 않은지 알 수 있다고 생각한다. (법이 규정하는 행위들은 단지 우발적으로만 옳지만)[47] 법이 말하는 바를 이해하기란 어렵지 않다고 여기기 때문이다. 그러나 어떻게 행하고 어떻게 분배하는 것이 옳은지 아는 것은 무엇이 건강에 좋은지 아는 것보다 더 힘들다. 의술의 경우에도 꿀, 포도주, 미나리아재비,[48] 뜸, 수술에 관해

15   아는 것은 쉽지만 건강을 증진하기 위해 그런 것들을 어떻게 누구에게 언제 처방해야 하는지 아는 것은 의사가 되는 것만큼이나 노력이 필요하다.

또한 같은 이유에서 사람들은 올바른 사람도 불의한 사람 못지않게 불의를 행할 수 있다고 생각한다. 올바른 사람은 불의한 행위도 올바른 행위 못지않게, 아니 더 잘 행할 수 있기 때문이다. 그도 여자와 간음하고 옆 사람을 칠 수 있다. 또한 용감한 사람도 방패

20   를 내던지고 우왕좌왕할 수 있다. 그러나 비겁하게 군다든가 불의를 행하는 것은 우발적인 경우를 제외하고는 그런 행위를 하는 것이 아니라 특정한 마음가짐으로 그런 행위를 하는 것이다. 이는 의사가 된다든가 치료를 하는 것이 수술 여부나 처방 여부가 아니라

25   특정한 방법으로 수술하고 처방하는 데 있는 것과 같은 이치이다.

올바른 행위는 그 자체로 좋은 것들에 관여하되 그것들을 지나치게 또는 모자라게 가지고 있는 사람들 사이에서 일어난다. 어떤

존재들, 이를테면 신들은 그것들을 지나치게 많이 갖지도 않지만, 다른 사람들 이를테면 치유할 수 없는 악인들에게는 그중 가장 작은 몫도 유익하지 않고 그 모두가 해로울 것이다. 반면 다른 사람들 30 에게는 그것들이 어느 정도 유익할 것이다. 따라서 정의는 본질적으로 인간적인 것이다.

제10장—법적 정의를 시정하는 공정성

다음은 공정성[49]과 공정한 것에 관해 공정성과 정의가 어떤 관계에 있으며 공정한 것과 올바른 것이 어떤 관계에 있는지 논할 차례이다. 자세히 검토해보면 공정성과 정의는 무조건 같은 것도 아니고 종류가 서로 다른 것도 아닌 것 같다. 우리는 때로는 공정한 것 35 과 공정한 사람을 칭찬한다. (그래서 우리는 이 말을 '좋다'는 말 1137b 대신 칭찬의 뜻으로 다른 미덕들에도 돌려서 쓰는데, 이는 더 공정한 것이 더 낫다는 것을 표현하기 위해서이다). 그런가 하면 어떤 때는 논리적으로 따져 만약 공정한 것이 올바른 것과 일치하지 않으면 공정한 것이 칭찬받을 만한 것은 불합리해 보인다. 올바른 것 5 과 공정한 것이 다르다면 둘 중 하나는 좋은 것이 아닐 테고, 만약

---

47 법이 규정하는 행위는 올바른 마음가짐에서 행할 때만 본질적으로 옳다고 할 것이다.

48 helleboros(진정제).

49 epieikeia.

둘 다 좋은 것이라면 둘은 같을 테니까.

대체로 말해서 이런 것들이 공정한 것과 관련하여 제기되는 문제들이다. 하지만 이런 주장들은 어떤 의미에서는 모두 옳으며 상충하지도 않는다. 왜냐하면 공정성은 한 종류의 정의[50]보다는 우월하지만 역시 정의에 포함되며, 종류가 달라서 그 한 종류의 정의보다 우월하지는 않기 때문이다. 따라서 정의와 공정성은 일치하며 둘 다 훌륭하지만 공정성이 더 우월하다. 다만 우리를 곤혹스럽게 만드는 것은 공정성은 정의이지만 법적 정의가 아니라 오히려법적 정의를 바로잡는 것이라는 사실이다. 그 이유는 모든 법은 보편적인데,[51] 어떤 것에 관해서는 어느 것이 옳은지 보편적으로 말할 수 없기 때문이다. 따라서 보편적으로 말할 필요는 있지만 제대로 그럴 수 없는 영역들에서는, 법은 제대로 말하지 못하면 오류가생길 수 있다는 것을 모르는 바 아니지만 더 자주 일어나는 경우를취한다. 그런다고 해서 법이 덜 올바른 것은 아니다. 오류는 법이나입법자 탓이 아니라 사태의 본성 탓이기 때문이다. 인간 행위의 원료는 본질적으로 그런 것이니 말이다.[52]

따라서 법은 보편적으로 말하는데 예외적인 경우가 생기면, 입법자가 보편적으로 말함으로써 그런 경우에 대응하는 데 실패한곳에서는 누락된 부분을 바로잡는 것이 옳다. 입법자가 그 자리에있었다면 말했을 법한 것과 입법자가 그럴 줄 알았으면 자신의 법에 포함시켰을 법한 것을 말함으로써 말이다. 따라서 공정성은 옳고 한 종류의 정의보다는 우월하지만, 절대 정의보다 더 우월하지는 않으며 단지 보편화로 인한 오류보다 더 우월할 뿐이다. 그리고 법의 보편성 때문에 법에 결함이 있는 곳에서 법을 교정하는 것, 바로 이것이 공정성의 본성이다.

또한 이는 모든 것을 법에 따라 규제할 수 없는 이유이기도 하다. 입법화할 수 없어 결의가 필요한 경우도 있기 때문이다. 대상이 일정하지 않을 때는 그 자〔尺〕또한 레스보스섬의 건축에서 쓰이는 납으로 만든 자[53]처럼 일정하지 않기 때문이다. 마치 이 자가 일 ³⁰ 정하지 않고 돌의 모양에 따라 달라지듯, 결의도 상황에 맞춰 달라진다.

이제 공정성이 무엇인지 명백해졌다. 공정성은 옳으며 한 종류의 정의보다는 우월하다. 이것으로부터 공정한 사람이 어떤 사람인지도 분명해졌다. 공정한 사람은 합리적으로 선택해서 공정한 ³⁵ 행위를 하는 사람이다. 그는 부당하게 자기 권리를 주장하지 않으며 법이 그의 편을 들더라도 자기 몫보다 덜 받는 사람이다. 이런 1138a 사람이 공정한 사람이고 이런 마음가짐이 공정성인데, 공정성은 일종의 정의이며 별개의 마음가짐이 아니다.

50 법적 정의.
51 법은 보편적 원칙만 제정한다는 뜻이다.
52 인간 행위의 부대 상황들은 너무 특수하고 복잡하여 보편화만으로 만족스럽게 대응하지 못한다는 뜻이다.
53 소아시아 서쪽 기슭 앞바다에 있는 레스보스(Lesbos)섬에서는 다각형의 돌을 쌓아 건물을 세웠는데 이때 유연성이 있는, 납으로 만든 자가 사용되었다고 한다.

제11장―사람은 자기를 부당하게 대우할 수 있는가

사람이 자기를 부당하게 대우할 수 있는지 여부는 앞서 말한 것에서[54] 분명하다.

5   우선 어떤 종류의 올바른 행위들은 미덕 일반과 일치할뿐더러 법이 요구하는 것이기도 하다. 예컨대 법은 자살을 허용하지 않는데, 법이 허용하지 않는 것은 금지하는 것이다. 또한 어떤 사람이 법을 어기고 자발적으로 남을 해코지하되 보복하기 위해 그러는 것이 아니라면 그는 불의를 행하는 것이다. 여기서 자발적으로 행하는 것은 당하는 사람이 누구이며 사용되는 도구가 무엇인지 알

10   고 행하는 것을 의미한다. 홧김에 칼로 제 몸을 찌르는 사람은 올바른 원칙을 어기고 법이 허용하지 않는 것을 자발적으로 행하는 것이며, 따라서 그는 불의를 행하는 것이다. 하지만 누구에게 불의를 행하는 것인가? 분명 국가에게 그러는 것이지 자기 자신에게 그러는 것은 아니다. 그는 자진하여 당하는 것인데 자진하여 불의를 당하는 사람은 아무도 없기 때문이다. 그래서 국가는 그를 처벌하는 것이며, 자살한 사람에게는 그가 국가에 불의를 행했다는 이유로 일종의 불명예가 주어진다.[55]

또한 불의를 행하는 사람이 불의할 뿐 총체적으로 사악하지 않

15   는 한 그가 자신을 부당하게 대우하는 것은 불가능하다. (이것은 앞의 경우와 다르다. 어떤 한 가지 의미에서 불의한 사람은 겁쟁이처럼 특정한 방법으로 사악하며 총체적으로 사악하지는 않기에 그의 불의한 행위 역시 총체적인 사악함을 드러내지 않으니까.)

자기를 부당하게 대우하는 것이 가능하다면 같은 것을 동시에 같은 사람에게서 빼는 것과 보태는 것도 가능할 텐데, 그것은 불가능하다. 오히려 정의와 불의에는 언제나 두 사람 이상이 필요하니 말이다.

또한 불의한 행위는 자발적이고 계획적이며 공격적이다. (왜냐하면 불의를 당한 사람이 당한 대로 되갚는 것은 불의를 행하는 것으로 간주되지 않기 때문이다.) 그러나 자기 스스로를 해코지하는 사람이 있다면, 그는 같은 일을 동시에 행하고 당하는 것이다. 또한 자기 자신을 부당하게 대우할 수 있는 사람이 있다면, 이는 그가 자발적으로 불의를 당한다는 의미가 될 것이다. 게다가 특정한 불의한 행위를 하지 않고 불의를 범하는 사람은 아무도 없다. 그래서 어느 누구도 자기 아내와 간음하지 않고, 자기 집에 주거 침입은 하지 않으며, 자기 재산을 훔치지 않는다.

일반적으로 사람이 자기를 부당하게 대우할 수 있는지의 문제는, 사람은 자진하여 부당한 대우를 받을 수 없다는 우리의 정의(定意)로 해결될 것이다.

또한 불의를 당하는 것도 불의를 행하는 것도 다 나쁜 것이 분명하다. (전자는 중간보다 더 적게 가지는 것이고 후자는 더 많이 가지는 것인데, 여기서 중간은 의술에서 건강에 이바지하는 것에, 체

20

25

30

---

54 1129a32~b1(5권 1장), 1136a10~1137a4(5권 9장) 참조.
55 자살한 사람은 손이 잘리고 일반 시민과 따로 묻혔다고 한다.

육에서 좋은 몸 상태에 이바지하는 것에 해당하기 때문이다.) 하지만 불의를 행하는 것이 더 나쁘다. 불의를 행하는 것은 비난받아 마땅하며, 완벽하고 절대적이거나 그에 가까운 악덕을 수반하는 반면(자발적인 불의한 행위가 모두 불의를 수반하지는 않으니까),

35 불의를 당하는 것은 악덕도 불의도 수반하지 않기 때문이다. 따라서 그 자체로는 불의를 당하는 것이 덜 나쁘지만, 그것이 우발적으

1138b 로 더 큰 재앙이 되지 말라는 법은 없다. 그러나 우발적인 것은 기술(技術)의 관심사가 아니다. 이를테면 의술은 비틀거리는 것보다 늑막염을 더 큰 병이라고 말한다. 비틀거리다가 넘어져 적군에게

5 생포되거나 살해되면 비틀거리는 것이 우발적으로는 더 큰 병이라고 밝혀지겠지만 말이다.

은유적으로 비유하자면 자기 자신을 규정한 정의 같은 것은 없지만 자신의 어떤 부분들 사이에는 정의 같은 것이 있다. 그러나 그것은 완전한 의미의 정의가 아니라 주인과 노예 사이 또는 남편과 아내 사이에서 보이는 것과 같은 정의이다. 이런 종류의 논의에서는 혼의 이성적 부분이 혼의 비이성적 부분에 대비되기 때문이

10 다.[56] 그래서 이런 대비를 심각하게 받아들이는 사람들은 자기 자신을 향한 불의 같은 것이 실제로 있다고 믿는데, 이 부분들이 저마다 자신의 소망에 반대되는 일을 당할 수 있기 때문이다. 그래서 이 부분들 사이에 치자(治者)와 피치자(被治者) 사이의 정의 같은 것이 존재한다.

이로써 우리가 정의와 다른 도덕적 미덕들을 분석한 일이 완료

되었다고 해두자.

56 특히 플라톤, 『국가』 351e~352a, 430e~431e, 441d~442d, 443c~444a, 『법률』 626d~e.

제 6 권

지적 미덕

제1장―왜 지적 미덕을 고찰해야 하는가? 지성은 관조적인 것과 수리적인 것으로 나뉜다

앞서 우리는 지나침이나 모자람이 아니라 중간을 선택해야 하며 중간이란 올바른 이성에 따라 결정된다고 말한 바 있는데,[1] 이번에는 이에 관해 논하도록 하자.

우리가 언급한 모든 마음가짐과 그 밖의 다른 마음가짐에는 일종의 과녁이 있어, 이성이 있는 사람은 이 과녁을 눈여겨보면서 활동을 늘리기도 하고 줄이기도 한다. 또한 지나침과 모자람 사이에 있다고 우리가 주장하는, 올바른 이성에 걸맞은 중간 상태에는 일종의 기준이 있다.

그러나 그것은 맞는 말이면서도 무슨 뜻인지 명료하지는 않다. 지식의 대상이 되는 다른 직업에서도 노력과 나태함이 너무 지나쳐서도 안 되고 너무 모자라서도 안 되며 올바른 이성의 지시에 따라 중간 정도를 유지해야 한다고 말하는 것은 맞는 말이니까. 하지만 그것을 아는 것만으로는 조금도 더 현명해지지 않을 것이다. 이를테면 누군가 의술이 처방하는 것에 따라 의사가 처방하는 대로 하라고 일러준다면, 우리는 우리 몸에 어떤 약을 써야 하는지 알지 못할 것이다. 따라서 마음가짐과 관련해서도 그런 식의 바른말로는 충분하지 않다. 또한 우리는 올바른 이성은 무엇이며, 올바른 이성의 기준은 무엇인지 결정해야 한다.

우리는 혼의 미덕을 분류할 때, 그중 어떤 것은 도덕적 미덕이고 어떤 것은 지적 미덕이라고 말한 바 있다.[2] 도덕적 미덕에 관해서는 자세히 논했으니 이제 혼에 대해 몇 마디 말하고 나서 나머지 미덕을 다음과 같이 논하도록 하자.

우리는 앞서[3] 혼에는 두 부분, 즉 이성적 부분과 비이성적 부분이 있다고 말한 바 있다. 우리는 이성적 부분도 그런 방식으로 나눌 것이다. 이성적 부분도 두 부분으로 구성되는데 그중 한 부분으로는 제1원리가 불변하는 것들을 관조하고, 다른 부분으로는 제1원리가 가변적인 것들을 관조한다고 가정하자. 이런 것들에 대한 인식은 주체와 객체 사이의 유사성과 친족성에 달려 있는 만큼, 대상의 종류가 다르면 각각의 대상에 관련되는 혼의 부분도 종류가

30

1139a

5

---

1 1106a26~b7(2권 6장).
2 1103a3~10(1권 13장).
3 1102a26~28(1권 13장).

10　다르니까. 그중 한 부분은 인식하는 것이라 하고 다른 부분은 헤아

리는 것이라고 하자. 숙고하는 것과 헤아리는 것은 같으며, 불변적

인 것들은 어느 누구도 숙고하지 않으니까. 따라서 헤아리는 부분

은 혼의 이성적 부분의 일부이다.

15　　그러니 우리는 이들 두 부분 각각의 최선의 상태가 무엇인지 파

악해야 한다. 그것이 각 부분의 미덕일 것이기 때문이다. 그리고

사물의 미덕은 그것의 고유한 기능에 관련된다.

제2장―미덕과 사고

혼에는 행위와 진리를 지배하는 것 세 가지, 즉 감각과 지성과 욕

20　구⁴가 있다. 이 가운데 감각은 어떤 행위의 제1원리도 아니다. 동

물도 감각은 있지만 어떤 행위에도 참여하지 않기 때문이다.

　　욕구의 영역에서의 추구와 회피는, 사고(思考)의 영역에서의 긍

정과 부정에 정확하게 대응한다. 따라서 도덕적 미덕은 합리적 선

택을 포함하는 마음가짐이고 합리적 선택은 숙고 끝의 욕구인 만

25　큼 합리적 선택이 훌륭한 것이려면 이성도 욕구도 올바른 것이어

야 하고, 욕구는 이성이 긍정하는 것을 추구해야 한다.

　　이런 종류의 사고와 진리가 실천적인 것이다. 그러나 실천적이

고 생산적인 사고와는 다른 관조적 사고의 경우, 좋은 상태와 나쁜

상태는 각각 진리와 거짓이다. 진리는 사고와 관련된 모든 것의 특

30　징적인 행위이니까. 그러나 실천적 사고의 기능은 올바른 욕구와

부합하는 진리에 도달하는 것이다.

행위의 제1원리, 즉 행위의 목적인(目的因)이 아닌 작용인(作用因)은 합리적 선택이며, 합리적 선택의 제1원리는 욕구와 목적 지향적 이성이다. 그래서 합리적 선택은 지성과 사고뿐 아니라 어떤 마음가짐 없이는 불가능하다. 훌륭한 행위와 그에 반대되는 행위는 사고와 마음가짐 없이는 불가능하기 때문이다. 35

하지만 사고 자체는 아무것도 움직이지 못하며, 목적 지향적이고 실천적인 사고만이 움직인다. 그런 사고는 제작적 사고도 지배한다. 왜냐하면 제작하는 사람은 누구나 어떤 목적을 위해 제작하며, 제작된 것은 그 자체가 목적이 아니라 상대적인 또는 특수한 목적이기 때문이다.[5] 그러나 행위는 그 자체가 목적이다. 훌륭한 행위는 하나의 목적이며 욕구의 대상이기 때문이다.[6] 따라서 합리적 선택은 욕구에 관련된 지성이거나 사고에 관련된 욕구이다. 그리고 인간이 바로 그런 종류의 제1원리이다. 5

지난 일은 합리적 선택의 대상이 아니다. 이를테면 일리온[7]의 약탈자가 되기를 선택할 수는 없다. 누구나 지난 일이 아니라 미래의 가능성만을 숙고하기 때문이다. 그리고 이미 일어난 일을 일어나기 이전 상태로 돌이키는 것은 불가능하다. 그래서 아가톤의 말은 옳다.

1139b

---

4 aisthesis, nous, orexis.
5 이를테면 구두는 누군가에게 필요하기 때문에 생활의 편익을 위해 제작된다.
6 훌륭한 삶에 도움이 되므로.
7 Ilion. 트로이아를 달리 부르는 이름.

10   이 한 가지만은 신들도 거절당했다네.

　　　　일어난 일을 일어나지 않은 것으로 만드는 것 말일세.[8]

　　혼의 지성적인 두 부분의 기능은 진리에 도달하는 것이다. 따라서 이들 부분 각각의 미덕은 이들 부분이 가장 훌륭하게 진리에 도달하게 해줄 마음가짐이다.

제3장―진리에 도달할 수 있는 다섯 가지 마음가짐. 학문적 인식

15   그렇다면 이들 마음가짐을 처음부터 다시 논하기로 하자. 혼이 긍정과 부정으로써 진리에 도달하는 방법은 기술, 학문적 인식, 실천적 지혜, 철학적 지혜, 직관[9] 이렇게 다섯 가지가 있다고 가정하자. 추측과 의견[10]으로는 오류에 빠질 수 있으니 말이다.

　　학문적 인식이 무엇인지는, 만약 우리가 정확하게 설명해야 하고 이 낱말의 비슷한 용도를 헷갈려서는 안 된다면, 다음 논의에서
20   분명해질 것이다. 우리는 모두 학문적으로 인식되는 것은 달라질 수 없다고 생각한다. 그리고 달라질 수 있는 것이 우리의 관찰 범위를 벗어나는 경우, 우리는 그것의 존재 여부를 말할 수 없다. 그러므로 학문적 인식의 대상은 필연적이며, 따라서 영원하다. 무조건 필연적인 것은 무엇이든 영원하니까. 그리고 영원한 것은 생성되지도 소멸되지도 않는다.

25   또한 모든 학문적 인식은 가르칠 수 있고, 그 대상은 배울 수 있다고 생각된다. 그리고 모든 가르침은 우리가 『분석론』에서도 주

장하는 바와 같이[11] 이미 알려진 것에서 출발한다. 왜냐하면 가르침은 귀납이나 연역[12]을 통해 이루어지기 때문이다.

귀납은 우리를 제1원리, 즉 보편적인 것으로 인도하는 반면 연역은 보편적인 것에서 출발한다. 그러므로 연역의 출발점이지만 연역으로는 도달할 수 없는 제1원리들이 있다. 그래서 그런 제1원리들에는 귀납을 통해 도달한다.

따라서 학문적 인식은 자기가 알고 있는 것을 증명할 수 있는 마음가짐이며, 우리가 『분석론』[13]에서 덧붙인 그 밖의 다른 특징을 모두 구비하고 있다. 학문적 인식을 갖고 있는 사람이 있다면, 이는 그가 특정한 방법으로 확신을 가지며 제1원리들을 이해할 경우이다. 그가 결론보다 제1원리들을 더 잘 알지 못한다면, 그는 단지 우연히 학문적 인식을 갖게 될 것이기 때문이다.[14]

학문적 인식에 관해서는 이쯤 설명해두자.

---

8 아가톤(Agathon), 단편 5 (Snell). 아가톤은 기원전 450~400년경에 활동한 아테나이의 비극 시인이다.

9 techne, episteme, phronesis, sophia, nous.

10 hypolepsis(추측), doxa(의견).

11 『분석론 후서』(*Analytika hystera*) 71a1.

12 epagoge(귀납), syllogismos(연역).

13 『분석론 후서』71b20.

14 자신의 지식이 옳다는 것을 증명할 수 없다면 그의 지식은 학문적 지식이 아닐 것이다.

제4장—기술

달라질 수 있는 것들에는 제작물도 포함되고 행위도 포함된다. 제작물과 행위는 서로 다르다. (우리는 여기서도 외부[15]에서의 논의에 의존한다.) 따라서 이성적으로 행위하는 자세와 이성적으로 제작하는 자세는 서로 다르다. 그래서 이것들은 어느 것도 다른 것에 포함되지 않는다. 행위는 제작이 아니고, 제작은 행위가 아니기 때문이다.

건축술은 기술의 하나이며 필시 이성적으로 제작할 수 있는 자세인 만큼, 그리고 이성적으로 제작할 수 있는 자세가 아닌 기술도 없고 기술이 아닌 그런 자세도 없는 만큼, 기술은 참된 이성이 수반되는, 제작할 수 있는 자세와 같은 것이다.

모든 기술은 생성에 관련하며, 기술의 관심사는 존재할 수도 있고 존재하지 않을 수도 있으며 그 제1원리가 제작자에게 있고 제작물에 있지 않은 무엇인가가 어떻게 하면 존재하게 될지 연구하는 것이다. 기술이 관심을 갖는 것은 존재하거나 필연적으로 존재할 것들도 아니고, 자연적으로 존재하는 것들(이런 것들은 자기 안에 제1원리를 갖고 있으니까)도 아니기 때문이다.

또한 제작과 행위는 같지 않은 만큼 기술의 관심사는 행위가 아니라 제작이어야 한다. '기술은 우연을 사랑하고, 우연은 기술을 사랑한다'[16]는 아가톤의 말처럼 어떤 의미에서 우연과 기술은 같은 대상들에 관련한다.

따라서 기술은 우리가 말한 바와 같이 참된 이성이 수반되는 제작할 수 있는 자세이다. 그리고 그 반대인 기술의 결핍[17]은 그릇된 이성이 수반되는 제작할 수 있는 자세이다. 이 둘 다 달라질 수 있는 것에 관련한다.

제5장—실천적 지혜

실천적 지혜가 무엇인지는 우리가 어떤 사람을 실천적 지혜가 있는 사람이라고 부르는지 생각해보면 알 수 있다. 이를테면 건강이나 체력에 도움이 되는 것처럼 특정 관점에서 자기에게 좋고 유익한 것이 아니라, 훌륭한 삶 일반에 도움이 되는 것을 올바르게 숙고하는 것이 실천적 지혜가 있는 사람의 특징인 것 같다.

이 점은 우리가 기술의 영역 밖에 있는 어떤 진지한 목적을 추진하기 위해 잘 헤아리는 사람을 어떤 점에서 실천적 지혜가 있는 사람이라고 부른다는 사실에서 알 수 있다. 따라서 일반적인 의미에서도 숙고할 수 있는 사람이 실천적 지혜가 있는 사람이다.

그러나 달라질 수 없거나 자신이 행할 수 없는 것들을 숙고하는 사람은 아무도 없다. 따라서 학문적 인식은 증명을 내포하는데 제1원리가 가변적인 것은 증명하지 못한다면(그런 것은 무엇이든 달라질 수 있으니까), 그리고 필연적인 것들을 숙고할 수 없다면, 실

25

30

35

1140b

---

15 플라톤이 창립한 아카데메이아 학원을 말하는 듯하다.
16 단편 6 (Snell). 기술과 우연은 불가분의 관계에 있다는 뜻이다.
17 atechnia.

천적 지혜는 학문적 인식이 아니고 기술도 아니다. 실천적 지혜가 학문적 인식이 아닌 까닭은 행위의 대상이 가변적이기[18] 때문이며, 실천적 지혜가 기술이 아닌 까닭은 행위와 제작은 종류가 다르기 때문이다.

5 그렇다면 남은 가능성은, 실천적 지혜는 사람에게 좋은 것이나 나쁜 것과 관련하여 행동하는 참되고 이성적인 마음가짐이라는 것이다. 제작은 그 자체와 다른 목적을 갖지만, 행위의 목적은 훌륭하게 행동하는 것인 만큼 행위는 그럴 수 없기 때문이다. 그래서 우리는 페리클레스[19]나 그와 비슷한 사람들을 실천적 지혜를 가진 사람들이라고 생각하는데, 그들은 자신들과 사람들에게 좋은 것
10 들을 볼 수 있기 때문이다. 그리고 우리는 경제나 정치에 밝은 사람들이 그런 자질을 갖고 있다고 생각한다.

그래서 우리는 절제를 '소프로쉬네'(sophrosyne)라는 이름으로 부르는데, 절제가 실천적 지혜(phronesis)를 지켜주기(soizein) 때문이다. 절제는 우리가 말한 바 있는 그런 종류의 판단을 지켜준다. 모든 종류의 판단이 즐거운 경험이나 고통스러운 경험으로 망
15 가지거나 왜곡되지는 않으니 말이다. 이를테면 삼각형의 내각의 합이 두 직각과 같은지 같지 않은지를 놓고 내린 판단은 그렇지 않지만, 행해진 것을 놓고 내린 판단은 그럴 수 있다. 행위의 제1원리가 그것이 추구하는 목적이기 때문이다. 그러나 쾌락이나 고통으로 망가진 사람은 당장에는 그런 제1원리를 보지 못하며, 제1원리가 그가 선택하고 행하는 모든 것의 목표이자 원인이 되어야 한다

는 것을 알지 못한다. 악덕은 제1원리를 파괴하는 경향이 있기 때문이다.

따라서 실천적 지혜는 인간의 좋음과 관련해 행동하는 이성적이고 참된 마음가짐이어야 한다. 또한 기술에는 탁월함 같은 것이 있지만, 실천적 지혜에는 탁월함 같은 것이 없다. 그리고 기술에서는 일부러 잘못할 수 있는 사람이 더 높게 평가되지만, 실천적 지혜에서는 다른 미덕에서와 마찬가지로 그런 사람이 더 낮게 평가된다. 그러면 분명 실천적 지혜는 미덕이지 기술이 아니다. 그리고 혼의 이성적 부분은 둘인 만큼 그것은 그중 한 부분 곧 의견을 형성하는 부분의 미덕일 것이다. 의견도 실천적 지혜도 둘 다 가변적인 것에 관련되기 때문이다. 그러나 실천적 지혜는 이성적인 마음가짐만은 아니다. 그런 마음가짐은 망각되지만 실천적 지혜는 망각되지 않는다는 사실이 그 증거이다.

제6장—직관

학문적 인식은 보편적이고 필연적인 것들에 대한 판단이다. 그리고 논증될 수 있는 진리와 모든 종류의 학문적 인식은 제1원리들에서 비롯한다. 학문적 인식은 합리적인 설명을 포함하기 때문이다. 따라서 학문적 진리의 제1원리들은 학문적 인식이나 기술이나

---

18 다르게 행할 수도 있고, 행하지 않을 수도 있으니까.
19 Perikles (기원전 495년~429년). 아테나이의 유명 정치가이자 장군.

실천적 지혜로 파악될 수 없다. 학문적 진리는 논증될 수 있는 데 반해, 기술과 실천적 지혜는 가변적인 것에만 관련하기 때문이다. 또한 이들 제1원리는 철학적 지혜의 관심사도 아니다. 어떤 것들을 논증하는 능력이 있다는 것이 철학적 지혜가 있는 사람의 특징이기 때문이다.

따라서 불변하는 것들은 물론이요 가변적인 것들과 관련해서도 우리가 진리에 도달하고 결코 속지 않게 해주는 마음가짐이 학문적 인식이고, 실천적 지혜이고, 철학인 지혜이고, 직관이라면, 그리고 이 가운데 세 가지 곧 실천적 지혜나 학문적 인식이나 철학적 지혜로는 제1원리들을 파악할 수 없다면, 그럴 수 있는 것은 직관뿐이다.

제7장—사변적 지혜

여러 기술에서 '지혜'라는 말은 그 방면의 최고 전문가에게 적용된다. 예컨대 우리는 페이디아스를 지혜로운 조각가라고 부르고, 폴뤼클레이토스[20]를 지혜로운 입상 제작자라고 부른다. 이 경우에 '지혜'라는 말은 바로 기술의 탁월성[21]을 의미한다. 그러나 『마르기테스』에서 호메로스가 말하듯, 우리는 어떤 사람들은 특정 영역이나 특정 관점에서 지혜로운 것이 아니라 두루 지혜롭다고 생각한다.

신들은 그를 땅 파는 사람으로도, 농부로도 만들지 않았고

다른 어떤 일에 지혜롭게 만들지도 않았다.[22]

그러니 분명 학문적 인식 가운데 가장 정확한 것이 지혜일 것이다. 따라서 지혜로운 사람은 제1원리들에서 비롯하는 것들을 알고 있어야 할뿐더러, 이들 제1원리에 대응하는 진리를 파악하고 있어야 한다. 그러므로 철학적 지혜는 지성과 학문적 인식을 합친 것이며 가장 소중한 진리들에 대응하는 최정상의 학문적 인식이다.

인간이 우주에서 최선의 존재가 아닌 한 정치학이나 실천적 지혜를 가장 중요시하는 것은 불합리할 테니 말이다. 그런데 건강에 도움이 되는 것이나 좋은 것은 사람과 물고기에게 서로 다르지만 흰 것이나 곧은 것은 언제나 같은 것이라면, 누구나 사변적 지혜는 같은 것이고 실천적 지혜는 다른 것이라고 말할 것이다. 왜냐하면 사람들은 자신에 관련된 개별적 일들을 잘 살필 줄 아는 사람을 실천적 지혜가 있다고 말하며, 그에게 그런 일들을 맡기기 때문이다. 그런 까닭에 사람들은 어떤 동물에게도, 말하자면 살아남기 위해

20

25

20 페이디아스(Pheidias 기원전 490년경~432년)는 고대 아테나이의 가장 위대한 예술가 중 한 명으로, 조각가·건축가·화가로 유명했다. 폴뤼클레이토스(Polykleitos)는 기원전 5세기 후반부에 활동한 아르고스(Argos) 출신의 유명 조각가이다.

21 arete.

22 호메로스(?), 『마르기테스』(*Margites*) 단편 2 (Allen). 『마르기테스』는 호메로스가 썼다는 풍자시인데, 일부만 남아 있다.

앞을 내다볼 줄 아는^{23} 것처럼 보이는 동물에게도 실천적 지혜가 있다고 말한다.

30   또한 철학적 지혜와 정치학은 같지 않다는 것도 분명하다. 우리 자신의 개별적 이익에 관련된 지식을 철학적 지혜라고 한다면, 사변적 지혜는 다수일 테니까. 모든 동물의 좋음에 관련된 하나의 지혜는 없고, 각각의 종(種)에게 다른 지혜가 있을 테니까. 그렇지 않다면 존재하는 모든 것을 위한 단 하나의 의술도 있을 것이다.

인간이 다른 모든 동물보다 우월하다고 주장해도 달라질 것은 아무것도 없다. 그 본성이 인간보다 훨씬 더 신적인 존재들이 있기

1141b   때문이다. 우주를 구성하는 천체가 가장 명백한 예가 될 것이다.

그렇다면 우리가 앞서 말한 것에서 분명히 알 수 있듯이, 사변적 지혜는 본성상 가장 가치 있는 것들을 다루는 학문적이며 직관적 인식이다. 그런 까닭에 사람들은 아낙사고라스나 탈레스 같은 사

5   람들이 자기 이익에 무지한 것을 보고는, 사변적 지혜는 있지만 실천적 지혜는 없다고 말한다.^{24} 그리고 사람들은 그들의 지식이 비범하고 놀랍고 난해하고 신적이지만 쓸모없다고 말하는데, 그들은 인간적 좋음을 추구하지 않기 때문이다.

반면 실천적 지혜는 인간사, 즉 우리가 숙고할 수 있는 것들에

10   관련된다. 우리는 잘 숙고하는 것이 무엇보다도 지혜로운 사람의 특징적인 행위라고 여기기 때문이다. 그러나 달라질 수 없는 것이나 행위로 성취할 수 있는 좋은 목표가 없는 것들은 아무도 숙고하지 않는다. 그리고 대체로 말해서 잘 숙고하는 사람이란 행위로 성

취할 수 있는 인간 최고선을 자신이 예측한 대로 목표로 삼는 사람이다.

또한 실천적 지혜는 보편적인 것만이 아니라 개별적인 것도 알 15
아야 한다. 실천적 지혜는 행위에 관련되는데, 행위는 개별적인 것
들에 관련되기 때문이다. 그런 까닭에 지식이 없는 사람이 특히 경
험이 있을 경우 지식을 가진 사람보다 더 효과적으로 행한다. 연한
고기가 소화가 잘되고 건강에 좋은 것은 알지만 어떤 종류의 고기
가 연한지 알지 못하는 사람이 있다면, 그는 건강을 증진할 수 없
고, 오히려 가금류가 건강에 좋은 것을 아는 사람이 건강을 더 잘 20
증진할 것이다. 그리고 실천적 지혜는 실천적인 만큼 두 종류의 지
식이 모두 필요하지만 특히 개별적인 것들을 다루는 지식이 필요
하다. 하지만 거기에도 으뜸 지식[25] 같은 것이 있어야 한다.

제8장—실천적 지혜와 정치학

정치학과 실천적 지혜는 같은 마음가짐이지만 그 본질은 다르다.

국가에 관련된 실천적 지혜에는 두 가지 측면이 있다. 그중 기획 25
하는 측면은 입법적 지혜이고 개별 상황에 관련된 측면은 실은 양

---

23 이를테면 양식을 저장함으로써.
24 아낙사고라스(Anaxagoras 기원전 500~428년)는 아테나이로 이주한 최초의
자연철학자이다. 탈레스(Thales)는 기원전 6세기 초에 활동한 소아시아 밀레토스
(Miletos) 출신의 자연철학자이다.
25 정치학.

쪽 모두에 속하는, 정치학이라는 이름을 갖는다. 개별 상황에 관련된 측면은 실행하고 심의한다. 법령은 실행될 만한 것이며, 심의 과정의 마지막 단계이기 때문이다. 그런 까닭에 사람들은 그런 사람들[26]만이 정치학에 관여한다고 말한다. 그들만이 마치 기술자들이 실행하듯 실행하기 때문이다.

30 　또한 실천적 지혜는 특히 자기 자신, 즉 개인에 관련된 그것의 형태와 동일시된다. 이것이 실천적 지혜라는 통칭으로 알려져 있다. 실천적 지혜의 다른 형태들은 경제와 입법과 정치학이며, 정치학은 심의적인 것과 사법적인 것으로 나뉜다.

　자기 자신에게 좋은 것을 아는 것은 실천적 지혜의 일종이겠지만, 다른 종류와는 판이하게 다르다. 자기 자신에게 좋은 것을 알

1142a 고 그것에 관심을 갖는 사람들은 실천적 지혜가 있는 사람이라고 생각되지만, 정치가들은 매우 바쁜 사람으로 보이기도 한다. 그래서 에우리피데스는 다음과 같이 말했다.

　내 어찌 지혜롭다 하겠는가?
　수많은 졸병 가운데 한 명으로
5 　하는 일 없이 편안하게 살아가며
　같은 몫을 받았다면? 매우 바쁜 야심가를⋯[27]

　사람들은 실제로 자기 자신에게 좋은 것을 추구하며, 그렇게 행하는 것이 옳다고 생각한다. 그래서 그런 생각으로부터 그런 사람

들이 실천적 지혜가 있는 사람들이라는 견해가 생겨났다. 하지만 자기 자신에게 좋은 것은 아마도 경제나 정체(政體) 없이는 불가 10 능할 것이다. 또한 개인이 자기 일을 어떻게 관리해야 하는지는 명확하지 않아 검토가 필요하다.

우리의 주장을 뒷받침해주는 것은, 젊은이들은 기하학과 수학에서 능력을 계발하여 이런 분야에서는 지혜로워지더라도 실천적 지혜가 있는 사람은 되지 못한다는 사실이다. 그 이유는 실천적 지혜는 개별적인 것에도 관련되는데, 개별적인 것은 경험을 통해 알 15 려지기 때문이다. 그리고 경험을 쌓는 데는 오랜 시간이 걸리는데, 젊은이들은 경험이 없다.

실제로 우리는 어째서 소년이 수학자는 될 수 있어도 철학자나 자연철학자는 될 수 없는지에 관해 질문을 제기할 수도 있다. 이는 분명 수학의 대상은 추상화를 통해 존재하는 데 반해, 철학과 자연학의 제1원리들은 경험에서 오기 때문이다. 그래서 젊은이들은 이런 원리들을 되뇌어도 확신은 하지 못하는 데 반해, 수학의 본질 20 은 그들에게 충분히 명백하다.

또한 숙고에서의 과오는 보편적인 것에 관련될 수도 있고, 개별적인 것에 관련될 수도 있다. 이를테면 보통 물보다 무거운 물은 모

26 개별 상황을 다루는 사람들.
27 에우리피데스, 『필록테테스』(Philoktetes) 단편 787 · 788 (Nauck). '우리는 국가의 영웅으로 추앙하거늘'이라는 뜻의 문구가 없어진 것으로 보인다.

두 나쁘다고 생각하거나, 어떤 개별적인 물이 보통 물보다 더 무겁다고 생각하는 경우가 그렇다.

실천적 지혜가 학문적 인식이 아니라는 것은 분명하다. 앞서 말한 바와 같이[28] 실천적 지혜는 마지막 단계에 관련된다. 행위의 대상은 그런 것이기 때문이다. 따라서 실천적 지혜는 직관에 대립한다. 직관은 논리적으로 증명할 수 없는 정의들을 파악하지만, 실천적 지혜는 학문적 인식이 아니라 지각으로만 파악되는 마지막 개별적인 것을 파악하기 때문이다. 여기서 지각이란 개별적인 감각 고유의 대상들에 관련된 지각이 아니라, 그것으로 우리 앞에 있는 특수한 도형은 삼각형이라는 것을 아는 그런 종류의 지각이다. 거기서 증명이 작동을 멈출 테니까. 그러나 그것은 실천적 지혜라기보다는 지각이다. 비록 다른 종류의 지각이기는 하지만.

제9장—심사숙고

탐구와 숙고는 같지 않다. 숙고는 탐구의 일종에 불과하기 때문이다. 또한 우리는 심사숙고에 관해 그것이 일종의 학문적 인식인지, 의견인지, 추측하는 능력인지, 아니면 그 밖의 다른 것인지 알아야 한다.

우선 심사숙고는 학문적 인식이 아니다. 사람들은 자신들이 알고 있는 것들은 탐구하지 않는데, 심사숙고는 숙고의 일종이며 숙고하는 사람은 탐구하고 헤아리기 때문이다.

또한 심사숙고는 추측하는 능력도 아니다. 추측하는 능력은 헤아리지 않고 빨리 진행되는 데 반해, 숙고는 오랫동안 진행된다. 사람들은 또 숙고의 결과는 빨리 수행하되 숙고는 천천히 해야 한다고 말한다. 또한 기지(機智)[29]도 심사숙고와 다르다. 기지는 추측 5 하는 능력의 일종이기 때문이다.

심사숙고는 어떤 종류의 의견도 아니다. 그러나 나쁘게 숙고하는 사람은 과오를 범하고 잘 숙고하는 사람은 올바르게 숙고하는만큼, 심사숙고는 분명 올바름의 일종이지만 지식의 올바름도 아니고 의견의 올바름도 아니다. 지식의 오류 같은 것이 없는 만큼 지식의 올바름 같은 것은 존재하지 않기 때문이다. 그리고 의견의 올 10 바름은 진리이다. 게다가 의견의 대상이 되는 것은 무엇이든 이미 결정되어 있다.[30]

그러나 심사숙고는 헤아린다. 그렇다면 남은 가능성은 심사숙고가 사고[31]의 올바름이라는 것이다. 사고는 아직은 주장이 아니니까. 의견은 탐구가 아니라 이미 일종의 주장인 반면, 숙고하는 15 사람은 잘 숙고하든 나쁘게 숙고하든 무엇인가를 탐구하며 헤아리니 말이다.

그러나 심사숙고는 올바른 숙고의 일종이다. 따라서 우리는 먼

---

28 1141b27~28.

29 anchinoia.

30 아직 결정되지 않은 것이 숙고의 대상이 되는 것과는 달리.

31 dianoia.

저 숙고의 본성과 영역을 탐구해야 한다. '올바름'이라는 낱말은 여러 뜻으로 사용되는 만큼 여기서 문제가 되는 것은 아무 종류의 올바름은 아닐 것이다. 절제가 없거나 사악한 사람도 요모조모 헤아림으로써 자신이 설정한 목표를 달성해서, 비록 올바로 숙고했지만 큰 해를 입을 것이기에 하는 말이다. 하지만 심사숙고한다는 것은 좋은 일인 것 같다. 좋은 것을 성취하는 것은 심사숙고를 뜻하는 이런 종류의 올바른 숙고이기 때문이다. 그러나 잘못된 추론으로도 좋은 것을, 다시 말해 좋은 결과를 얻을 수 있다. 중간 명제가 잘못되어 있어 올바른 수단을 사용하지 않고도 말이다. 따라서 이런 종류의 올바름은 비록 우리가 그것에 힘입어 올바른 목표를 달성하더라도 올바른 단계들을 거치지 않는 만큼 역시 심사숙고는 아니다.

또한 어떤 사람은 올바른 목표를 오랜 숙고 끝에 달성하는 데 반해, 다른 어떤 사람은 금세 달성한다. 따라서 오랜 숙고가 심사숙고의 충분조건은 아니다. 심사숙고는 오히려 올바른 대상, 올바른 수단, 올바른 시간과 관련하여 유익한 것을 헤아리는 데서의 올바름이다.

또한 절대적 의미에서 또는 특정한 목적과 관련하여 심사숙고할 수도 있다. 절대적 의미의 심사숙고는 절대적 목적[32]과 관련하여 성공적인 것이고, 특정한 의미의 심사숙고는 특정한 목적과 관련하여 성공적인 것이다.

따라서 심사숙고가 실천적 지혜가 있는 사람들의 특징이라면,

심사숙고는 목적에 유익한 것과 관련된 올바름일 것이다. 목적에 유익한 것은 실천적 지혜로 제대로 파악되기 때문이다.

제10장—판단력

사람들이 '판단력이 있다' '판단력이 좋다'는 말을 듣게 하는 판단 1143a
력이나 좋은 판단력[33]은 학문적 인식이나 의견과 완전히 같지도 않고[34] (그렇다면 모든 사람은 판단력이 있을 테니까), 건강에 관련되는 의술이나 공간의 크기에 관련되는 기하학 같은 개별 학문의 하나도 아니다. 판단력은 영원불변하는 것에도 생성되는 것에도 5
관련되지 않고, 누군가에게 의혹을 품게 하여 숙고하게 만드는 것에 관련된다. 그런 까닭에 판단력의 영역은 실천적 지혜의 영역과 같다.

그럼에도 판단력과 실천적 지혜는 같지 않다. 실천적 지혜는(그 목적은 실행되어야 하는 것이거나 실행되어서는 안 되는 것이기에) 명령적인 데 반해, 판단력은 판단만 하기 때문이다. (판단력과 10
좋은 판단력은, 또는 판단력이 있는 사람들과 판단력이 좋은 사람들은 사실상 같다.)

따라서 판단력은 실천적 지혜를 가지고 있는 것도 아니고, 실천

---

32 이를테면 행복.

33 synesis(판단력), eusynesia(좋은 판단력).

34 적어도 의견은 누구나 다 가지고 있으니까.

적 지혜를 획득하는 것도 아니다. 그러나 누가 학문적 인식 능력을 활용하는 경우 이해하는 행위는 판단하는 것이라고 불리듯이, 마찬가지로 다른 사람이 실천적 지혜에 관련되는 것에 대해 말하는 것을 판단하기 위해 그것도 잘 판단하기 위해(여기서 '잘'이란 '올바르게'와 같은 뜻이다) 의견의 능력을 활용하는 경우 판단하는 행위는 이해하는 것이라고 불린다. 이해하는 경우 판단력이라는 말을 이렇게 사용하는 데서, 이해한다는 말에 사람들이 좋은 판단력을 지녔다는 말을 듣게 만드는 의미가 생겨났다. 우리는 가끔 이해하는 것을 판단하는 것이라고 말하기 때문이다.

제11장—분별력과 고려

사람들이 '이해심이 많다' '분별력이 있다'는 말을 듣게 만드는 이른바 '분별력'[35]은 공정한 것을 올바르게 판단하는 능력이다. 이 점은 공정한 사람은 누구보다 이해심이 많으며 어떤 상황에서는 이해심이 많은 것을 공정하다고 말하는 것을 보아도 알 수 있다. 분별력은 무엇이 공정한지 올바르게 판단하는 능력이고, 올바른 판단은 무엇이 진실인지 판단하는 능력이다.

이런 마음가짐들은 모두 당연히 같은 방향으로 향한다. 우리는 그들에게는 분별력과 지성이 있고, 그들에게는 실천적 지혜와 판단력이 있다고 말함으로써 분별력과 판단력과 실천적 지혜와 지성이 동일한 사람들에게 속하는 것으로 보니까. 왜냐하면 이런 능력은 모두 최종적인 것들, 곧 개별적인 것들에 관련되기 때문이다. 그리고 판단력이 있는 사람 또는 분별력이 있는 사람 또는 이해심이 많은 사람이란, 실천적 지혜가 있는 사람이 관심 갖는 것들을 판단 30 할 능력이 있는 사람을 의미한다. 공정한 행위는 대인관계에서 모든 훌륭한 사람의 공통적인 관심사이기 때문이다.

모든 행위는 최종적인 것들 또는 개별적인 것들에 속한다. 실천적 지혜가 있는 사람은 최종적인 것들 또는 개별적인 것들을 알아야 하고, 판단력과 분별력은 행위에 관련되며 행위는 최종적인 것 중 하나이기 때문이다.

직관[36] 역시 양방향으로 최종적인 것들에 관련된다. 제1명제와 35 마지막 명제는 둘 다 직관의 대상으로, 이성[37]의 대상이 아니기 때문이다. 논증에 관련되는 직관은 불변하는 제1명제를 파악하고, 1143b 실천적 문제에서는 직관이 가변적인 마지막 명제, 곧 소(小)전제를 파악한다. 이들 마지막 명제가 목적에 이르기 위한 출발점이기 때문이다. 개별적인 것에서 보편적인 것이 나온다. 따라서 우리는 개 5 별적인 것을 지각해야 하는데, 이런 지각이 곧 직관이다.

그런 까닭에 이런 마음가짐들은 본성적인 것으로 생각된다. 또한 그런 까닭에 누가 분별력과 판단력과 직관을 타고나더라도 철학적 지혜를 타고났다고는 생각되지 않는다. 이 점은 우리가 이런

---

35 gnome.

36 nous.

37 logos.

자질들은 일정한 나이에 좌우되며, 일정한 나이가 되면 직관과 분별력이 생긴다고 생각하는 것을 보면 알 수 있다. 이는 자연이 원인

10 이라는 것을 의미한다. [따라서 직관은 시작이자 끝이다. 이들 개별적인 것이 논증의 출발점이자 주제이니까.] 따라서 우리는 증명 못지않게 경험 많은 연장자들 또는 실천적 지혜를 가진 사람들의 증명되지 않은 주장이나 의견에 귀를 기울여야 한다. 그들은 경험이 많아 올바르게 보는 통찰력이 있기 때문이다.

15   이로써 우리는 실천적 지혜와 철학적 지혜가 무엇이며, 그것들이 각각 무엇에 관련되는지, 그리고 그것들은 각각 혼의 서로 다른 부분의 미덕이라는 것을 설명했다.

제12장—실천적 지혜와 사변적 지혜의 관계

이런 마음가짐들이 무슨 쓸모가 있느냐는 문제제기도 가능할 것이다. 철학적 지혜는 어떤 생성 과정에도 관심이 없는 만큼 인간을

20 행복하게 만드는 것은 일절 탐구하지 않기 때문이다. 실천적 지혜는 인간을 행복하게 만드는 것을 탐구하는데, 이는 어떤 목적을 위해 필요한가? 실천적 지혜는 올바르고 고매하고 인간에게 좋은 것에 관련하지만, 그런 것은 좋은 사람의 특징이다. 그리고 우리는 안다고 해서 그런 것을 더 잘 실천할 수 있는 것도 아니다. 만약 미덕이 마음가짐이라면 말이다. 이는 건강을 증진한다는 의미에서가 아니라 건강 상태의 결과로서 건강과 몸매에 도움이 되는 것을

25 우리가 안다고 해서 더 잘 실천할 수 없는 것과 같은 이치이다. 우

리가 의술이나 체육에 관해 안다고 해서 그런 지식을 더 잘 활용할 수 있는 것은 아니니까.

그런데 우리가 실천적 지혜는 그런 목적을 위해서가 아니라 훌륭해지기 위해 쓸모가 있다고 말해야 한다면, 이미 훌륭한 사람들에게는 실천적 지혜가 쓸모없을 것이다. 또한 훌륭하지 못한 사람 30 들에게도 실천적 지혜가 쓸모없을 것이다. 스스로 실천적 지혜가 있건, 실천적 지혜가 있는 남의 조언을 받아들이건 아무런 차이가 없을 테니까. 우리는 건강과 관련하여 우리가 행하는 것처럼 하면 그것으로 충분할 것이다. 말하자면 우리는 건강하기를 원하지만 의술을 배우지는 않는다.

게다가 실천적 지혜가 더 열등하면서도 철학적 지혜를 지배하려 한다면 불합리해 보일 것이다. 생산된 것을 지배하며 명령하는 것 35 은 생산하는 능력이기 때문이다.

따라서 우리는 이런 점을 논의해야 할 것이다. 지금까지는 그런 점들에 대한 문제를 제기했을 뿐이니까.

그렇다면 우선 철학적 지혜와 실천적 지혜는 각각 혼의 두 부분 1144a 중 한 부분의 미덕인 만큼, 설령 그중 어느 것도 어떤 결과를 산출하지 않더라도 그 자체로 바람직한 것임이 분명하다고 말하기로 하자.

둘째, 철학적 지혜와 실천적 지혜는 사실은 무엇인가를 산출한다. 철학적 지혜는 행복을 산출한다. 그러나 의술이 건강을 산출하듯이 그러는 것이 아니라 건강 자체가 건강을 산출하듯이 한다.

5 왜냐하면 철학적 지혜는 미덕 전체의 한 부분으로 그것을 소유하고 활용하면 사람이 행복해지기 때문이다.

또한 인간의 기능은 실천적 지혜와 도덕적 미덕이 결합될 때 완전하게 실현된다. 미덕은 우리가 추구하는 목표를, 실천적 지혜는 그 목표에 이르는 수단을 올바르게 해주기 때문이다. 혼의 넷째 부

10 분, 곧 영양섭취에 관한 부분에는 그런 미덕이 없다. (그 부분이 마음대로 하거나 하지 않을 수 있는 것은 아무것도 없으니까.)

우리의 주장, 즉 우리가 실천적 지혜가 있다고 해서 고매하고 올바른 행위를 더 잘 실행하는 것은 아니라는 주장에 대해서는 조금 되돌아가서 다음과 같은 원칙에서 출발하여 다시 논하도록 하자. 우리의 주장에 따르면 누가 올바른 행위를 한다 해도 아직은 올바

15 른 사람이 아니다. 이를테면 법이 정한 바를 마지못해 또는 모르고 또는 다른 이유에서 행하고, 행위 자체 때문에 행하지 않는 사람들이 그렇다. 설령 그들이 해야 할 일을 하고 훌륭한 사람이면 반드시 해야 할 행위를 한다 해도 말이다. 마찬가지로 사람이 여러 행위를 행하되 훌륭한 사람이 되도록 행하는 방법이 하나 있는 것 같은데, 그것은 바로 합리적 선택의 결과로서 그리고 행위 자체 때문에 행하는 것이다.

20 미덕은 합리적 선택을 올바르게 해준다. 그러나 선택된 것에 맞춰 행위의 모든 자연스러운 단계를 수행하는 것은 미덕이 할 일이 아니라 다른 능력이 할 일이다. 우리는 논의를 더 진척시키기 전에 그것이 무엇인지 더 명확하게 이해해야 한다.

사람들이 '영리함'[38]이라 부르는 능력이 있다. 이것은 우리가 설정한 목표에 이르는 행위를 행하여 목표를 달성하는 능력이다. 목표가 고매하면 영리함은 칭찬받을 만하다. 그러나 목표가 나쁘면 영리함은 악랄함이다. 그런 까닭에 실천적 지혜가 있는 사람도 악랄한 사람도 영리하다는 말을 듣는다.

실천적 지혜는 이런 능력과 같은 것은 아니지만 이런 능력 없이는 존재할 수 없다. 그런가 하면 우리가 앞서[39] 언급한 혼의 통찰력은 앞서 말한 바와 같이[40] 미덕 없이는 분명 이런 마음가짐[41]에 도달할 수 없다. 실천적 추론은 언제나 그것이 무엇이든(우리 논의를 위해 아무거나 마음에 드는 것으로 정하도록 하자) '목적 또는 최고선은 이러저러하니까'를 출발점으로 삼기 때문이다. 그리고 그것은 좋은 사람만이 구별할 수 있다. 사악함은 우리를 교란시켜 행위의 제1원리와 관련하여 우리를 철저히 기만하기 때문이다. 따라서 좋은 사람이 아니고서는 실천적 지혜가 있는 사람이 될 수 없음이 명백하다.

---

38 deinotes.

39 1143b13~14(6권 11장).

40 1144a6~9.

41 실천적 지혜.

제13장—실천적 지혜와 미덕의 관계

따라서 우리는 미덕도 다시 고찰해야 한다. 미덕에서도 실천적 지혜가 영리함과 맺는 관계와 아주 비슷한 것을 볼 수 있기 때문이다. 이 둘은 같지는 않지만 비슷하다. 그런데 자연적 미덕과 엄밀한 의미의 미덕의 관계도 그와 같다.

5   우리의 성격은 저마다 어떤 의미에서 타고난 것 같다. 우리는 정의나 절제나 용기나 그 밖의 다른 미덕을 타고나기 때문이다. 하지만 엄밀한 의미에서 좋은 것은 뭔가 다른 것이고, 이런 자질들은 다른 방법으로 구할 수 있다고 생각한다. 어린아이와 동물도 그런 마음가짐을 타고나지만 지성이 없이는 그런 마음가짐은 분명 해롭기 때문이다. 아무튼 우리가 경험을 통해 알 수 있는 것은 건강한 사람도 시력을 잃으면 볼 수가 없어 돌아다니다가 크게 넘어지는데, 그 점은 미덕의 경우도 마찬가지라는 것이다. 그러나 행위자가 지성을 갖게 되면 그의 행위는 아주 달라질 것이다. 그리고 그의 마음가짐은 미덕과 비슷한 것이 아니라 진정한 미덕이 될 것이다.

15   의견을 갖는 혼의 부분에 영리함과 실천적 지혜라는 두 마음가짐이 있듯 혼의 도덕적 성격에도 본성적 미덕과 진정한 미덕이라는 두 자질이 있으며, 이중 진정한 미덕은 실천적 지혜 없이는 존재하지 않는다.

그런 까닭에 어떤 사람들은 모든 미덕이 실천적 지혜라고 주장했으며, 소크라테스는 그의 탐구에서 어떤 점에서는 옳지만 어떤 점에서는 틀렸던 것이다. 말하자면 모든 미덕은 실천적 지혜라는

그의 생각은 틀렸지만, 어떤 미덕도 실천적 지혜 없이는 존재할 수 20
없다는 그의 주장은 옳다.

그 증거로 사람들이 요즘 미덕을 정의할 때면 먼저 미덕이 어떤
마음가짐이며 그 대상이 무엇인지 말하고 나서, 그 마음가짐은 올
바른 이성과 부합하는 것이라고 덧붙인다는 사실을 들 수 있다. 그
런데 올바른 이성이란 실천적 지혜와 부합하는 이성이다. 그래서 25
모두들 어떤 의미에서 미덕은 실천적 지혜와 부합하는 그런 종류
의 마음가짐일 것이라고 예상하는 것 같다.

그러나 우리는 이보다 좀더 앞으로 나아가야 한다. 미덕은 올바
른 이성과 부합할뿐더러 올바른 이성을 수반하는 마음가짐이기
때문이다. 그리고 실천적인 지혜는 그런 것들에 대응하는 올바른
이성이다. 그래서 소크라테스는 미덕이 이성이라고 생각했지만(미
덕은 모두 지식이라고 말했으니까), 우리는 미덕이 이성을 수반한
다고 생각한다.

지금까지 말한 바에서 분명한 것은, 우리는 실천적 지혜 없이는 30
진실로 좋을 수 없고 도덕적 미덕 없이는 실천적 지혜를 가질 수 없
다는 것이다.

또한 이런 방법으로 우리는 미덕들이 서로 떨어져 존재한다는
주장에 응용될 법한 논리를 반박할 수도 있을 것이다. 그 논리에
따르면, 같은 사람이 모든 미덕을 똑같이 충분히 타고날 수 없으
므로 이미 하나를 갖고 있으면 다른 것은 가질 수 없다. 본성적 미 35
덕의 경우에는 그것이 가능하겠지만, 진실로 좋은 사람이라는 말

을 듣게 해주는 미덕의 경우에는 그것이 불가능하다. 그는 실천적 지혜라는 한 가지 자질만 가지면 다른 미덕을 모두 갖게 될 테니 말이다.

설령 실천적 지혜가 실천적이지 못하더라도, 실천적 지혜는 혼의 그 부분[42]의 미덕인 만큼 우리에게는 분명 필요했으리라. 또한 합리적 선택도 실천적 지혜나 미덕 없이는 올바르지 못할 것이다. 5 그중 하나는 목적을 설정하고, 다른 하나는 목적을 이루는 수단이 되는 행위를 행하게 하기 때문이다.

또한 실천적 지혜는 사변적 지혜 또는 혼의 더 우월한 부분을 지배하지 못한다. 그것은 의술이 건강을 지배하지 못하는 것과 같은 이치이다. 의술은 건강을 응용하는 것이 아니라 건강이 증진되도록 보살피기 때문이다. 따라서 의술은 건강을 위해 명령하고 건강 10 에게 명령하지는 않는다. 또한 실천적 지혜가 사변적 지혜를 지배한다고 말함은, 국가의 모든 일을 관장한다고 해서 정치가 신들을 지배한다고 말하는 것과 같다.

---

42 헤아리는 부분.

제 7 권

자제력과 자제력 없음.
쾌락

제1장—여섯 가지 성격. 통념들

15 다음에는 새롭게 출발하여 피해야 할 성격에는 악덕, 자제력 없음, 짐승 같음이라는 세 가지 유형이 있음을 지적할 것이다. 이 가운데 처음 두 유형에 상반되는 것들은 분명하다. 첫 번째 유형에 상반되는 것은 미덕이라 불리고, 두 번째 유형에 상반되는 것은 자제력이라고 불리니 말이다. 짐승 같음에 상반되는 것은 초인적 미덕, 즉 영웅적이고 신적인 미덕이라고 말하는 것이 아마 가장 적절

20 하리라. 그래서 호메로스는 프리아모스의 입을 빌어 헥토르가 아주 좋은 사람이었다고 말하는 것이다.

그애는 필멸의 인간의 자식이 아니라 신의 자식 같았지.[1]

그러니 사람들 말마따나 인간이 최고의 미덕을 통해 신이 된다

면, 그런 마음가짐이야말로 분명 짐승 같음에 상반할 것이다. 짐승 25
에게 악덕이나 미덕이 없듯이 신에게도 악덕이나 미덕이 없지만,
신의 상태는 미덕보다 더 높이 평가받으며 짐승의 상태는 특수한
종류의 악덕이기 때문이다.

라케다이몬[2]인들은 누군가를 각별히 찬미할 때 '그는 신과 같
은 사람이지'라는 표현을 즐겨 쓰지만, 신적인 사람이 드물 듯이
짐승 같은 사람도 인간들 사이에서는 드물다. 짐승 같은 사람은 주 30
로 이민족[3]들 사이에서 발견된다. 질병이나 장애로 생겨나는 경우
도 더러 있기는 하다. 또한 우리는 극히 사악한 인간들을 비난하기
위해서도 '짐승 같은'이라는 말을 사용한다.

그러나 우리는 이런 종류의 마음가짐에 대해서는 나중에[4] 언급
할 것이고, 악덕에 대해서는 앞서[5] 논한 바 있다. 지금은 자제력 없 35
음과 유약함과 나약함에 관해, 그리고 자제력과 참을성[6]에 관해
논해야 한다. 우리는 이것들을 각각 미덕이나 악덕과 같은 마음가 1145b
짐으로 보아도 안 되고, 미덕이나 악덕과 다른 종류에 속하는 것으

---

1 『일리아스』 24권 258~259행.

2 스파르테. 1권 주 60 참조.

3 헬라스(Hellas)는 그리스의 그리스어 이름이다. '비헬라스인의' 원어 barbaros
는 '야만인' '이민족'으로 옮길 수 있다.

4 1149a1(7권 5장), 1150a1~8(7권 6장).

5 2~5권에서.

6 akrasia(자제력 없음), malakia(유약함), tryphe(나약함), enkrateia(자제력),
karteria(참을성).

로 보아도 안 되기 때문이다. 다른 논의 때와 마찬가지로 여기서도 우리는 사람들의 견해를 제시하며, 그 쟁점을 검토한 뒤 이런 감정

5 들에 대한 통념(通念)을 가능하면 모두, 그게 안 되면 가장 권위 있는 통념을 되도록 많이 입증해야 할 것이다. 쟁점이 해결되어 그 통념들이 여전히 유효하다면 진리는 충분히 증명된 셈이 될 테니까.

자제력과 참을성은 훌륭하고 칭찬받을 만하지만, 자제력 없음과 유약함은 나쁘고 비난받을 만한 것 같다. 그리고 자제력 있는 사람은 자신이 헤아린 것을 견지하는 사람과 같은 사람인 것 같고,

10 자제력 없는 사람은 자신이 헤아린 것을 포기하는 사람과 같은 사람인 것 같다.

자제력 없는 사람은 자기가 행하는 것이 나쁘다는 것을 알면서도 정념(情念) 때문에 행하는 반면, 자제력 있는 사람은 자신의 욕구들이 나쁘다는 것을 알면 자신의 이성적 원칙 때문에 욕구들을 따르기를 거부한다.

15 절제하는 사람[7]은 자제력 있고 참을성 있는 사람이라고 생각된다. 어떤 사람은 이런 자질들을 가진 사람은 누구나 절제 있다고 생각하는가 하면, 다른 어떤 사람은 그렇게 생각하지 않는다. 어떤 사람은 무차별적으로 방종한 사람은 자제력 없는 사람이라고, 자제력 없는 사람은 방종한 사람이라고 부르는가 하면, 다른 어떤 사람은 이 둘은 서로 다르다고 주장한다. 사람들은 또한 때로는 실천적 지혜가 있는 사람이 자제력이 없어지는 것은 불가능하다고 주

20 장하는가 하면, 때로는 실천적 지혜가 있는 영리한 사람 중에도 자

제력 없는 사람이 있다고 주장한다.

또한 사람들은 분노, 명예, 이익과 관련해서도 자제력이 없다고 한다.

이상이 세상 사람들의 통념이다.

제2장―통념에 대한 논의

그런데 우리는 올바르게 판단하는 사람이 어떻게 자제력 없는 행동을 할 수 있는지 의문을 품을 수 있다.

이에 대해 어떤 사람들은 지식이 있는 사람이라면 그렇게 행동할 수 없다고 주장한다. 소크라테스의 생각에 따르면, 누군가의 안에 지식이 자리잡고 있는데 무엇인가가 지식의 주인 노릇을 하며 지식을 노예처럼 끌고 다니는 것[8]은 황당한 일이라는 것이다. 소크 ²⁵ 라테스는 이런 견해를 철저히 반박했는데, 자제력 없음 같은 것은 없다고 생각했기 때문이다. 최선의 것에 상반되는 행동을 하는 사람은 아무도 없고, 무지해서 그럴 뿐이라는 것이 그의 주장이다.

이런 견해는 사람들의 소견과 분명히 일치하지 않는다. 우리는 그런 사람에게 무슨 일이 일어나는지 탐구해야 한다. 만약 그가 무지해서 그런다면, 그것은 어떤 종류의 무지인가? 자제력 없이 행동 ³⁰ 하는 사람도 그 상태가 되기 전에는 분명 그렇게 행동해야 한다고

---

7 sophron.

8 플라톤, 『프로타고라스』(*Protagoras*) 352b.

생각하지 않으니 말이다.

그러나 소크라테스의 주장을 일부는 받아들이고 일부는 받아들이지 않는 사람들도 있다. 그들은 지식보다 더 강력한 것은 아무 것도 없다는 데에는 동의하지만, 어느 누구도 자기가 더 낫다고 생각하는 것에 상반되는 행동을 하지 않는다는 데에는 동의하지 않 35 는다. 그런 까닭에 그들은 자제력 없는 사람이 쾌락에 굴복할 때는 지식이 아니라 의견을 갖고 있는 것이라고 주장한다.

1146a 그러나 저항하는 것이 의견이고 지식이 아니라면, 다시 말해 강한 신념이 아니라 망설이는 사람에게서 보이는 약한 신념이라면, 우리는 강력한 욕구에 맞서 그런 신념을 견지하지 못하는 것은 용서하겠지만 사악함이나 그 밖의 다른 비난받아 마땅한 마음가짐은 용서하지 못할 것이다.

그렇다면 쾌락에 저항하는 것은 실천적 지혜일까? 실천적 지혜 5 야말로 가장 강력하니까. 그러나 그것은 모순이다. 그렇게 되면 같은 사람이 실천적 지혜가 있으면서 동시에 자제력이 없어야 하는데, 자진하여 최악의 행동을 하는 것이 실천적 지혜가 있는 사람의 특징이라고 말할 사람은 아무도 없을 테니 말이다. 게다가 앞서 이미 밝혀진 바와 같이, 실천적 지혜가 있는 사람은 행동하는 사람이며[9](그는 마지막 개별적인 것들에 관련되니까) 다른 미덕도 모두 갖고 있다.

10 또한 자제력 있는 사람이 강하고 나쁜 욕구를 가져야 한다면, 절제 있는 사람은 자제력 있는 사람이 아니고 자제력 있는 사람은 절

제 있는 사람이 아닐 것이다. 지나친 욕구도 나쁜 욕구도 절제와는 양립하지 않으니까. 그러나 자제력 있는 사람은 이 두 가지 욕구를 다 가져야 한다. 왜냐하면 욕구들이 건전한 것이라면 그러한 욕구들을 따르는 것을 막는 마음가짐은 나쁠 것이고, 따라서 자제력이 라 해서 다 좋은 것은 아닐 테니 말이다. 그리고 욕구들이 약하고 나쁘지 않다면 그런 욕구들에 저항하는 것은 그리 자랑스러운 일이 못 될 것이고, 욕구들이 나쁘지만 약하다면 그런 욕구들에 저항하는 것은 큰 업적이 되지 못할 것이다.

또한 자제력이 무슨 의견이든 고수하게 만든다면, 이를테면 잘못된 의견을 고수하게 만든다면 그것은 나쁜 것이다. 그리고 자제력 없음이 모든 의견을 포기하게 만드는 것이라면, 또한 좋은 형태의 자제력 없음 같은 것도 있을 것이다. 예컨대 소포클레스의 비극 『필록테테스』에 등장하는 네옵톨레모스는 거짓말하는 것이 괴로워 오뒷세우스가 설득한 대로 하지 않았으니[10] 칭찬받아 마땅하다.

---

9 1141b14~16(6권 7장), 1142a23~25(6권 8장).
10 소포클레스, 『필록테테스』 895~916행 참조. 필록테테스는 그리스군 제일의 명궁으로, 트로이아로 건너가다가 물뱀에게 물린다. 그 상처에서 심한 악취가 나자 그리스군 장수들에 의해 렘노스(Lemnos)섬에 혼자 버려져 근근이 연명한다. 10년 뒤, 트로이아는 필록테테스가 갖고 있는 헤라클레스의 활 없이는 함락되지 않을 것이라는 신탁이 알려지자, 오뒷세우스가 아킬레우스의 아들 네옵톨레모스(Neoptolemos)를 데리고 렘노스섬으로 필록테테스를 찾아간다. 젊고 순수한 네옵톨레모스는 노회한 오뒷세우스가 시키는 대로 거짓말을 해서 필록테테스의 활을 손에 넣을 수 있었지만 양심의 가책을 느껴 활을 돌려주고 용서를 빈다.

또한 소피스트[11]들이 사용하는 논리도 문제이다. 자신들이 영리해 보이게 하려고 상대방 의견에서 역설적인 결론을 이끌어냄으로써 상대방을 함정에 빠뜨리려 하는 까닭에, 그들의 추론은 우리를 궁지에 몰아넣는다. 당하는 사람의 생각은 꽁꽁 묶여 있다. 그의 생각은 결론이 불만스러워 그 자리에 머물고 싶지 않지만 논의의 매듭을 풀 수 없어서 앞으로 나아갈 수 없기 때문이다. 그래서 그들의 어떤 논리에 따르면 자제력 없음과 결합된 어리석음은 미덕이라는 결론이 나온다. 누군가는 자제력이 없어 자신이 옳다고 생각하는 것에 상반되는 행동을 하겠지만 그가 좋다고 생각하는 것은 실제로는 나쁜 것이고 행해서는 안 될 것이기에 결국 그는 나쁜 행동이 아니라 좋은 행동을 할 것이기 때문이라는 것이다.

또한 확신과 합리적 선택에 따라 즐거운 것을 행하거나 추구하는 사람은 헤아리지 않고 자제력이 없어 그러는 사람보다 더 낫다고 생각될 것이다. 그는 생각을 바꾸도록 설득됨으로써 더 쉽게 치유될 수 있기 때문이다. 그러나 자제력 없는 사람에게는 '물을 마시고 체하면 무엇으로 씻어 내리지?'라는 속담이 들어맞을 것이다. 만약 그가 자기가 옳은 일을 하고 있다고 확신했다면 확신이 바뀔 경우 그만둘 테니까. 그러나 자제력 없는 사람은 확신이 바뀌어도 여전히 그릇된 행동을 고집한다.

또한 만약 자제력 없음과 자제력이 모든 대상에 관련한다면 무조건 자제력 없는 사람은 어떤 사람인가? 모든 형태의 자제력 없음을 구비한 사람은 아무도 없지만, 우리는 어떤 사람은 무조건 자제력이 없다고 말하니 말이다.

대체로 이런 난제들이 제기되는데, 그중 어떤 주장은 반박되고 ₅
어떤 주장은 입증되어야 할 것이다. 난제를 해결하는 것이 진리를
발견하는 것이니까.

제3장—상충하는 의견을 예비적으로 고찰하다

그러면 우리가 먼저 고찰해야 하는 것은 자제력 없는 사람은 알고
행동하는지 모르고 행동하는지, 알고 행동한다면 어떤 의미에서
그런지이다. 다음에 고찰해야 할 것은 자제력 없는 사람과 자제력 ₁₀
있는 사람의 관심사는 무엇인지이다. 말하자면 모든 쾌락과 고통
인지 아니면 특정한 쾌락과 고통인지이다. 그리고 자제력 있는 사
람과 참을성 있는 사람은 같은가 아니면 다른가? 마찬가지 방식으
로 우리는 이 주제에 관련된 다른 문제도 고찰해야 할 것이다.

우리 탐구의 출발점은 자제력 있는 사람과 자제력 없는 사람이 ₁₅
관심의 대상이나 관심을 갖는 방법 때문에 구별되는지, 다시 말해
자제력 없는 사람이 자제력이 없는 것은 단지 특정한 사물들에 관
련되기 때문인지, 그런 사물들에 특정한 방법으로 관련되기 때문

---

11 소피스트(sophistes)라는 말은 원래 특수한 기술을 가진 지자(知者)라는 뜻이
다. 기원전 5세기에 이 말은 보수를 받고 지식을 가르쳐주는 순회 교사를 의미했
다. 그들은 수학, 문법, 지리 등 다양한 과목을 가르쳤으나 출세를 위해 젊은이들
에게 주로 수사학을 가르쳤다. 그들은 진리의 상대성을 주장한 까닭에 '궤변학파'
(詭辯學派)라고 불리기도 한다.

인지, 아니면 둘 다가 원인인지의 문제이다.

그 다음 문제는 자제력 없음과 자제력이 모든 대상에 관련하는
지 여부이다. 무조건 자제력 없는 사람은 모든 대상에 관련되지 않
고 정확히 방종한 사람이 관련되는 대상들에 관련되며, 그런 대상
들에 단순히 관련되는 것이 아니라(그렇다면 자제력 없음과 방종
은 같은 것일 테니까) 그런 대상들에 특정한 방법으로 관련되는 것
이 특징이다. 방종한 사람은 언제나 눈앞의 쾌락을 추구해야 한다
고 생각하고는 합리적인 선택에 끌려가는데, 자제력 없는 사람은
그렇게 생각하지 않으면서도 눈앞의 쾌락을 추구한다.

사람들이 자제력 없이 행동할 때는 참된 의견을 무시하지 지식
은 무시하지 않는다는 주장은 우리 논의에서 중요하지 않다. 어떤
사람들은 서슴지 않고 의견을 고수하며 자신들은 정확한 지식을
갖고 있다고 생각하기 때문이다. 따라서 의견만 가진 사람이 확신
이 약하기 때문에 지식을 가진 사람보다 자신의 생각에 어긋나게
행동하기 더 쉽다면 지식은 의견과 다르지 않을 것이다. 어떤 사람
은 다른 사람이 자신의 지식을 확신하는 것 못지않게 자신의 의견
을 확신하기 때문이다. 이 점은 헤라클레이토스가 분명히 보여주
고 있다.[12]

그러나 우리는 '알고 있다'는 말을 두 가지 의미로 사용하기에
(지식을 갖고 있지만 사용하지 않는 사람도, 지식을 사용하는 사
람도 둘 다 '알고 있다'는 말을 들으니까) 해서는 안 될 나쁜 짓을
하는 사람이 있을 때, 소유한 지식을 활용하지 않는 것과 활용하

는 것 사이에는 차이가 있을 것이다. 소유한 지식을 활용하여 나쁜 짓을 하는 것은 이상해 보이지만, 소유한 지식을 활용하지 않는 것 35 은 이상하지 않으니 말이다.

또한 전제에는 두 가지가 있기에,[13] 누군가 이 둘을 다 갖고 있어 1147a 도 보편적인 것을 다루는 지식은 활용하고 개별적인 것을 다루는 지식은 활용하지 않음으로써 자신이 알고 있는 것에 상반되는 행동을 할 가능성은 상존한다. 우리가 해야 할 행위는 개별적인 것이기 때문이다.

또한 보편적인 것들에도 차이가 있다. 그중 하나는 행위자 자신 5 에 관련되고, 다른 하나는 대상에 관련된다. 이는 이를테면 '말린 먹을거리는 모든 사람에게 좋다' '나는 사람이다' 또는 '이런 종류의 먹을거리는 말린 것이다'에서 보이는 바와 같다. 그러나 자제력 없는 사람은 이 특정 먹을거리에 그런 성질이 있다는 지식을 갖고 있지 않거나 활용하지 않는다. 지식을 갖는 이 두 방법 사이에는 엄청난 차이가 있다. 그래서 자제력 없는 사람이 앞서 말한 바와 같은 방법으로 지식을 갖는 것은 조금도 이상해 보이지 않지만, 그가 다른 방법으로 지식을 갖는다면 놀라운 일일 것이다.

또한 인간은 앞서 언급한 것들 말고 다른 방법으로도 지식을 가 10 질 수 있다. 지식을 갖고 있지만 사용하지 않을 경우, 우리는 어떤

---

12 헤라클레이토스의 독단론을 비꼬는 말인 것 같다.
13 그중 대전제는 보편적인 것에 관련되고, 소전제는 개별적인 것에 관련된다.

의미에서 지식을 갖고 있기도 하고 갖고 있지 않기도 하는, 지식을 갖는 다른 양상을 발견하기 때문이다. 누가 잠들었거나 미쳤거나 술 취했을 경우가 그렇다. 이것이 감정에 사로잡힌 사람들의 상태이다. 분노와 성욕과 몇몇 그런 자극은 분명 우리의 몸 상태도 변화시키고, 어떤 사람에게는 광기까지 불러일으키니 말이다.

그렇다면 우리는 자제력 없는 사람도 분명 잠든 사람이나 미친 사람이나 술 취한 사람과 비슷한 상태에 있다고 말해야 할 것이다. 그들이 지식에서 비롯된 언어를 사용한다는 사실은 아무런 증거도 되지 못한다. 앞서 말한 감정에 사로잡힌 사람도 엠페도클레스[14]의 증명이나 시구를 읊어대고, 갓 배우기 시작한 사람도 낱말을 그럴듯하게 엮어가지만 아직은 제대로 이해하지 못하니 말이다. 지식은 자신과 동화되어야 하는데, 그러자면 시간이 걸리기 때문이다. 그래서 우리는 자제력 없는 사람은 배우처럼 말한다고 보아야 한다.

또한 우리는 자제력 없음의 원인을 자연과 결부하여 다음과 같이 고찰할 수도 있을 것이다. 하나의 의견은 보편적인 것에 관련하고, 다른 의견은 개별적인 것들, 곧 지각이 지배하는 영역들에 관련한다. 이 둘의 결합에서 단 하나의 의견이 도출되면, 혼은 논증이 문제될 경우에는 그 결론을 긍정해야 하고, 실천이 문제될 때는 즉시 행동해야 한다. 예컨대 만약 단것은 모두 맛보아야 하는데 그것이 개별적인 단것 중 하나라는 의미에서 단것이라면, 그럴 능력이 있고 방해받지 않는 사람은 즉시 행동해야 한다.

따라서 두 개의 보편적 의견이 행위자 안에 있어 그중 하나는 맛 30

보는 것을 말리고 다른 하나는 맛있는 것은 다 즐겁다고 역설한다

면, 게다가 '이것은 단것이다' 라는(활성화된 것은 바로 이 의견이

다) 의견도 내재하는 데다 욕구마저 가세한다면, 보편적 의견 가

운데 하나는 그를 말리겠지만 욕구는 그의 몸을 단것 쪽으로 이끌

고 갈 것이다. (욕구는 우리 몸의 각 부분을 움직일 수 있으니까.) 35

그래서 자제력 없는 행위는 어떤 의미에서 이성과 의견 탓이라 1147b

고 하겠다. 그리고 의견은 그 자체로 올바른 이성에 상반하는 것이

아니라, 우연적으로 상반할 뿐이다. 올바른 이성에 상반하는 것은

욕망이지 의견은 아니니까. 이는 또한 동물이 자제력이 없는 이유

이기도 하다. 말하자면 동물에게는 보편적 의견은 없고 개별적인

것들에 대한 인상과 기억만 있기 때문이다. 5

자제력 없는 사람이 어떻게 무지를 몰아내고 지식을 회복하는

지 설명하는 것은 술에 취하거나 잠든 사람의 경우와 같으며, 자제

력 없음이라는 감정 상태에만 적용되는 것은 아니다. 그러나 이에

대한 설명은 자연철학자에게 들어야 할 것이다.

행동을 지배하는 마지막 전제는 지각된 것에 관한 의견이기에

자제력 없는 사람은 감정의 지배를 받는 동안에는 그것을 파악하

지 못하거나, 우리가 보았듯이[15] 파악해봤자 지식이 되지는 못하고 10

14 Empedokles (기원전 492년경~432년). 시칠리아 출신 철학자.

15 1147a10~24.

술 취한 사람이 엠페도클레스를 인용하듯 단지 되뇌는 방법으로 파악할 뿐이다.

그리고 마지막 개념은 보편적인 것이 아니거나 보편적 개념과 같은 방법으로 지식에 관련되는 것은 아닌 것 같기에, 거기서 소크라테스가 확립하려 했던 것[16]이 유래하는 것 같다. 자제력 없음이라는 감정 상태에서 생기는 지식은 엄밀한 의미의 지식으로 볼 수 없기 때문이다. 또한 감정에 끌려다니는 지식은 진정한 의미의 지식이 아니라 감각적 지식[17]에 불과하다.

자제력 없는 행위를 알고 하는지 모르고 하는지, 만약 알고 한다면 어떤 의미에서 그런지 설명하는 것은 이쯤 해두자.

제4장―자제력 없음의 영역

다음에 우리는 무조건 자제력 없는 사람이 있는지, 자제력 없는 사람은 모두 어떤 특정한 의미에서 그런지, 또한 무조건 자제력 없는 사람이 있다면 그는 어떤 종류의 대상들과 관련해 자제력이 없는지 고찰해야 할 것이다.

우선 자제력 있는 사람과 참을성 있는 사람, 자제력 없는 사람과 유약한 사람 모두 쾌락과 고통에 관련된다는 것은 명백하다. 쾌락을 낳는 것 가운데 어떤 것은 필요하지만, 어떤 것은 그 자체로는 바람직하나 지나칠 수 있다. 필요한 쾌락들이란 말하자면 영양섭취와 성욕 등에 관련된 육체적 쾌락들, 앞서[18] 우리가 방종과 절제의 영역이라고 정의한 바 있는 육체적 쾌락들이다. 다른 쾌락들은 필요하지는 않지만 그 자체로는 바람직한데, 예컨대 승리·명예·부 그리고 그 밖에 그처럼 좋고 즐거운 다른 것들이 그렇다.

그런데 자신 안에 있는 올바른 이성에 반하여 이런 것들에 지나 30 치게 탐닉하는 사람들을 무조건 자제력 없는 사람들이라고 부르 지 않고, 그들은 돈이나 이익이나 명예나 분노와 관련하여 자제력 없는 사람들이라고 조건부로 그렇게 부른다. 그들을 무조건 자제 력 없는 사람들이라고 부르지 않는 것은, 무조건 자제력 없는 사람 들과는 다르지만 비슷한 점이 있어 자제력 없는 사람들이라고 불 리기 때문이다. 이는 올륌피아 경기[19]의 어떤 우승자가 안트로포 35 스[20]라고 불리는 경우와 같다. 그의 경우 보편적 정의(定義)와 특 1148a 수한 정의 사이에 별로 차이가 나지 않지만 그래도 차이는 나기에 하는 말이다. 이 점은 자제력 없음은 무조건 그렇건 특정한 관점 에서 그렇건 과오라고 비난받을뿐더러 악덕이라고 비난받는 데 반 해, 우리가 앞서 언급한 마음가짐들은 그런 비난을 받지 않는다는 사실로 입증된다.

16 1145b22~24(7권 2장).
17 감각적인 판단력.
18 1118a1~6(3권 10장).
19 1권 주 44 참조.
20 anthropos. 보통명사로는 '인간'이라는 뜻이다. 실제로 안트로포스라는 사람 이 기원전 456년 권투경기에서 우승했다고 한다.

우리가 절제하는 사람과 방종한 사람의 관심사라고 말하는[21] 육체적 향락에 관련된 쾌락을 합리적 선택에 따라서가 아니라 합리적 선택과 자신의 판단에 반해 지나치게 추구하면서 허기, 갈증, 더위, 추위, 그 밖에 촉각과 미각에 관련된 온갖 불편 같은 지나친[22] 고통들을 회피하는 사람은 자제력이 없다고 불린다. 그런 사람은 이를테면 '분노와 관련하여' 라는 조건을 붙이지 않고 무조건 자제력 없다고 불린다. 이 점은 사람들이 필요한 육체적 쾌락과 관련해서는 유약하다는 말을 듣지만, 필요하지 않은 쾌락과 관련해서는 유약하다는 말을 듣지 않는다는 사실로 입증된다.

그런 까닭에 우리는 자제력 없는 사람과 방종한 사람을 같은 부류로, 자제력 있는 사람과 절제 있는 사람을 같은 부류로 보면서도 방종한 사람을 특정 쾌락과 관련해 자제력 없는 사람 가운데 어느 누구와도 같은 부류로 보지 않는다. 이들도 같은 쾌락과 고통에 관련하지만 같은 방법으로 관련하는 것은 아니기 때문이다. 방종한 사람은 선택해서 행동하지만, 자제력 없는 사람은 그러지 않는다.

그런 까닭에 욕구가 없거나 약하면서도 지나친 쾌락을 추구하고 적절한 고통을 회피하는 사람이 있다면, 우리는 그런 사람이야말로 강력한 욕구 때문에 그러는 사람보다 더 방종한 사람이라고 부르는 것이 옳을 것이다. 그도 그럴 것이, 욕구가 약한 사람이라도 욕구가 강해지고 필요한 것이 부족해서 고통받으면 무슨 짓인들 못하겠는가?

어떤 욕구와 쾌락은 고매하고 훌륭한 종류에 속한다. 우리가 앞서 분류한 바에 따르면,[23] 즐거운 것들 가운데 어떤 것은 본성적으로 바람직하고, 어떤 것은 그 반대이며, 또 어떤 것은 이 둘 사이에 있다. 이를테면 돈, 이익, 승리, 명예가 그렇다. 첫 번째 종류나 중간 종류에 속하는 모든 것과 관련하여 사람들이 그런 것들에 영향을 받는다고 해서, 말하자면 욕구하거나 좋아한다고 해서 비난받지 않으며, 다만 특정 방식으로 말하자면 지나치게 그럴 때만 비난받는다. (어떤 사람은 이성에 반해 본성적으로 고매하고 훌륭한 것 중 하나에 굴복하거나 그것을 추구한다. 이를테면 명예를 지나치게 추구하거나 자식들이나 부모를 지나치게 보살피는 사람이 그렇다. 이런 것들은 좋은 일이고 이들을 보살피는 사람은 칭찬받지만, 이런 경우들에도 지나침이 있기 때문이다. 만약 누군가 니오베[24]처럼 신들과 다툰다면, 그리고 '효자'라는 별명을 가진 사튀로스처럼 아버지를 섬긴다면[25] 말이다. 이 점에서 그는 지나친 것으로 보

25

30

1148b

---

21 1118a1~6(3권 10장).

22 '지나친'을 '적절한'으로 읽어야 한다고 보는 이들도 있다.

23 1147b23~31.

24 탄탈로스(Tantalos)의 딸로 테바이의 왕비가 된 니오베(Niobe)는 여신 레토(Leto)는 슬하에 자식을 1남 1녀밖에 두지 못했는데, 자기는 6남 6녀 또는 7남 7녀를 두었다고 으스댄다. 그녀는 레토의 아들과 딸인 아폴론과 아르테미스(Artemis)가 쏜 화살에 맞아 아들과 딸이 모두 비명횡사하자, 괴로워하며 돌로 변한 뒤에도 계속해서 눈물을 흘렸다고 한다.

25 여기 나오는 사튀로스(Satyros)는 아버지가 죽었다는 소식을 듣고 자살했다고 한다.

인다.)

　따라서 앞서 말한 바와 같이 이런 쾌락들은 모두 본성상 그 자체로 바람직한 것이기에 거기에는 어떤 악덕도 존재하지 않는다. 하지만 지나친 탐닉은 나쁘니 피해야 한다. 마찬가지로 그런 쾌락들에는 자제력 없음도 존재하지 않는다. 자제력 없음은 피해야 할뿐더러 비난받아 마땅한 것 중 하나이기 때문이다. 다만 느끼는 감정이 비슷하므로 이들 특정 쾌락 하나하나와 관련지으며 '자제력 없음'이라는 말을 사용하는 것이다. 이런 마음가짐들은 서로 비슷하지만 악덕은 아니기에 사람들이 무조건 나쁜 것으로 부르지 않는 것은 누군가를 '나쁜 의사' 또는 '나쁜 배우'라고 부르는 것과 같은 이치이다.

　마찬가지로 우리는 분명 절제와 방종과 같은 쾌락에 관련되는 마음가짐들만을 자제력 없음과 자제력으로 보아야 한다. 우리는 유사성에 따라 분노에 대해서도 이 말을 쓴다 그래서 우리는 '명예와 관련하여 자제력이 없다' '이익과 관련하여 자제력이 없다'고 말하듯이 '분노와 관련하여 자제력이 없다'고 조건부로 말한다.

제5장—병적인 쾌락들

어떤 것은 본성적으로 즐겁다. 그중에는 무조건 즐거운 것도 있고, 어떤 부류의 사람과 동물에게만 즐거운 것도 있다. 다른 것은 본성적으로는 즐겁지 않지만 심신장애나 습관이나 타고난 사악함 때문에 즐겁다. 그렇다면 후자의 여러 유형 하나하나에 대해서도 본성적으로 즐거운 것들에 상응하는 것과 같은 마음가짐들을 발견할 수 있다. 우리가 짐승 같다고 부르는 마음가짐들 말이다. 예컨대 임신부의 배를 갈라 아이를 꺼내 먹는다는 마녀나, 날고기 [20] 나 인육을 먹거나 부족 잔치 때 쓰라고 번갈아가며 자식을 대준다는 흑해 연안의 어떤 야만족이나, 팔라리스[26]에 관해 전해오는 이야기가 여기에 속한다.

이런 것들이 짐승 같은 마음가짐들이다. 그러나 다른 마음가짐들은 신체장애에 기인하거나, 자기 어머니를 제물로 바친 뒤 먹는 사람이나 동료 노예의 간을 먹는 사람처럼 정신이상 장애에 기인 [25] 한다. 습관에 기인하는 다른 병적인 마음가짐들도 있는데, 제 머리털을 쥐어뜯는 것이나, 제 손톱은 물론이고 심지어 석탄이나 흙을 갉아먹는 것이나, 남색(男色)이 여기에 속한다. 이런 마음가짐들은 어떤 사람에게는 본성적이지만, 어떤 사람 이를테면 어릴 때 [30] 부터 성욕의 노예가 된 사람에게는 습관에 기인하기 때문이다.

만약 본성이 원인이라면 누구도 그런 사람들을 자제력이 없다고 말하지 않을 것이다. 이는 여자들은 성행위를 할 때 능동적이라기보다는 수동적인 까닭에 여자들을 자제력이 없다고 말하는 사람이 아무도 없는 것과 같다. 마찬가지로 습관 때문에 마음가짐이

---

26 Phalaris (기원전 570년경~549년). 시칠리아 아크라가스(Akragas) 시의 잔혹한 참주로, 청동 황소를 만들어 그 안에 사람을 넣고 산 채로 구워 죽였다고 한다.

병적인 사람도 자제력이 없다는 말을 듣지 않을 것이다. 그렇다면 이런 마음가짐들을 가지는 것은 짐승 같음이 그러하듯 악덕의 한계를 넘어선다. 따라서 사람들이 이런 마음가짐들을 지배하거나 그것들에 지배당하는 경우는 무조건 자제력 없음이 아니라 유추적인 자제력 없음이다. 이는 화가 나서 자제력 없는 사람이 자신의 감정과 관련하여 자제력이 없는 사람으로 불려야지, 무조건 자제력 없는 사람으로 불려서는 안 되는 것과 같은 이치이다.

5   어리석음이든 비겁함이든 방종함이든 괴팍함이든, 지나친 마음가짐은 모두 짐승 같거나 아니면 병적이다. 본성적으로 무엇이든 두려워하여 심지어 쥐가 찍찍거리는 소리에도 겁이 나는 사람은 짐승같이 비겁한 겁쟁이이고, 족제비를 보고 겁내는 사람은 병에 걸려 신경이 과민해진 사람이다.

10   어리석은 사람 가운데 먼 변방에 사는 몇몇 이민족처럼 본성적으로 헤아릴 능력이 없어 감각만으로 살아가는 사람들은 짐승 같다. 한편 간질병 같은 질병이나 광기로 말미암아 어리석은 짓을 하는 사람들은 병적이다.

그런데 때로는 이런 마음가짐 가운데 어떤 것을 갖기만 할 뿐 그것에 지배당하지 않을 수도 있다. 예컨대 팔라리스가 어린아이를 먹거나 비정상적인 성적 쾌락에 탐닉하고픈 욕구를 느끼지만 자제하는 경우가 그렇다. 그렇지만 그런 마음가짐들을 가질뿐더러 그것들에게 지배당할 수도 있다.

이처럼 인간적인 사악함은 무조건적인 사악함이라고 불리지만, 다른 종류의 사악함은 '짐승 같은'이나 '병적인'이라는 말을 덧붙여 조건부 사악함으로 불린다. 마찬가지로 분명 어떤 자제력 없음은 짐승 같다고, 어떤 자제력 없음은 병적이라고 불리지만, 인 20 간의 방종에 상응하는 자제력 없음만은 무조건 자제력 없음인 것이다.

따라서 자제력 없음과 자제력은 방종과 절제와 동일한 대상들에 관련되며, 다른 대상들에 관련되는 자제력 없음은 비유적으로 그렇게 불리지 무조건 자제력 없음이 아니라는 것이 분명하다.

제6장—분노와 욕구에 자제력 없음

이번에는 분노에 자제력 없음이 욕구에 자제력 없음보다 덜 수치스럽다는 사실을 고찰하기로 하자. 분노는 어느 정도 이성에 귀를 25 기울이지만 잘못 알아듣는 것 같다. 이는 열성적인 하인들이 말을 끝까지 들어보지도 않고 뛰쳐나가 주인이 시키는 일을 그르치거나, 개들이 문 두드리는 소리만 듣고 친한 사람인지 알아보기도 전에 짖어대는 것과 같다. 마찬가지로 분노도 타고난 열기와 성급 30 함 때문에 듣기는 하되 명령을 제대로 듣지도 않고 서둘러 복수한다. 모욕당하고 무시당하고 있다고 이성이나 상상력이 일러주면, 분노는 말하자면 그런 일을 응징해야 한다고 추론하고는 당장 끓어오른다. 그러나 욕구는 어떤 대상이 즐겁다고 이성과 지각이 말 35 해주기만 하면 그것을 즐기려고 달려든다. 따라서 분노는 어떤 의 1149b 미에서 이성에 복종하지만, 욕구는 이성에 복종하지 않는다. 그래서 욕구가 더 수치스러운 것이다. 분노에 자제력이 없는 사람은 어떤 의미에서 이성에 지배당하지만, 욕구에 자제력 없는 사람은 이성이 아니라 욕구에 지배당하기 때문이다.

또한 우리는 본성적 욕구를 추구하는 사람을 더 쉽게 용서하는데, 욕구는 공통적인 만큼 만인에게 공통된 욕구를 추구하는 사람을 더 쉽게 용서하기 때문이다. 그리고 분노와 성마름은 지나치고 불필요한 쾌락을 바라는 욕구보다 더 본성적이다. 이는 자기 아버지를 때린 사람이 다음과 같이 변명을 늘어놓는 것과도 같다. "나는 내 아버지를 때렸고, 내 아버지는 자기 아버지를 때렸소." (그리고 자기 아들을 가리키며) "이 아이도 크면 나를 때릴 것이오. 그게 우리 집 내력이니까요." 또는 아버지가 아들에게 끌려 나가다가 대문간에 이르자 "그만! 나도 내 아버지를 여기까지만 끌고 나왔으니까"라고 아들에게 명령하는 것과도 같다.

또한 음흉한 사람일수록 더 불의하다. 그런데 성마른 사람은 음흉하지 않으며 분노 또한 음흉하기는커녕 오히려 공개적이다. 반면에 욕구는 사람들이 아프로디테를 두고 '퀴프로스섬에서 태어난 간계에 능한 여신'[27]이라고 말하는 것과 같다. 호메로스도 그녀의 수놓은 허리띠에 대해 다음과 같이 말한다.

그 안에는 아무리 현명한 자의 마음도 호리는 밀어(蜜語)가 들어 있었다.[28]

따라서 이런 종류의 자제력 없음[29]이 분노에 자제력 없음보다 더 불의하고 더 수치스러운 것이라면, 그것은 무조건 자제력 없음이자 어떤 의미에서는 하나의 악덕이다.

또한 고통을 느끼면서 남을 모욕하는 사람은 없고 오히려 언제 20 나 쾌감을 느끼는데, 분노로 말미암아 행동하는 사람은 누구나 고통을 느낀다. 따라서 분노하는 것이 마땅한 행위일수록 더 불의한 행위라면, 욕구에 자제력 없음이 분노에 자제력 없음보다 더 불의하다. 분노에는 모욕이 포함되어 있지 않으니까.

따라서 욕구에 자제력 없음이 분노에 자제력 없음보다 더 수치스러우며, 자제력과 자제력 없음은 육체적 욕구와 쾌락에 관련되 25 는 것임이 명백하다. 그러므로 우리는 육체적 욕구와 쾌락의 차이점을 파악해야 할 것이다. 왜냐하면 처음에 말했듯이[30] 그중 어떤 것은 종류와 정도에서 인간적이고 본성적이며, 어떤 것은 짐승 같으며, 어떤 것은 장애나 질병에 기인하기 때문이다. 절제와 방종은 30 이 가운데 첫 번째 것에만 관련된다. 그런 까닭에 우리는 동물이 절제 있다고도 방종하다고도 말하지 않는다. 다만 동물 가운데 한

---

27 출전 미상. 아프로디테(Aphrodite)는 사랑과 여성미의 여신으로 동지중해의 퀴프로스(Kypros 지금의 Cyprus)섬에서 태어났다.
28 『일리아스』 14권 214, 217행.
29 욕구에 자제력 없음.
30 1148b15~31(7권 5장).

종(種)[31]이 유난히 난폭하고 파괴적이고 식탐이 많을 때 비유적으로 그렇게 말하는 것을 제외하고는 말이다. 동물은 미친 사람처럼 합리적으로 선택하고 헤아릴 능력이 없으며 본성에서 벗어나 있기 때문이다.

1150a 이처럼 짐승 같음은 두렵기는 해도 악덕보다는 덜 나쁘다. 동물이 짐승 같은 것은 사람의 경우처럼 혼의 더 나은 부분이 파괴된 것이 아니라 아예 없기 때문이다. 그러니 그것은 어느 쪽이 더 나쁜지 보기 위해 혼이 없는 것을 혼이 있는 것과 비교하는 것과도 같다. 제1원리를 갖고 있지 않은 것의 악은 언제나 덜 파괴적인데, 그것은 지성이 제1원리이기 때문이다. 따라서 그것은 불의를 불의한 사람과 비교하는 것과 아주 유사하다. 어떤 의미에서는 불의가 더 나쁘고 다른 의미에서는 불의한 사람이 더 나쁘기 때문이다.[32] 나쁜 사람은 짐승보다 만 배나 더 해악을 끼칠 수 있으니 말이다.

제7장—쾌락과 고통에 대한 여러 태도

우리는 앞서[33] 방종과 절제가 촉각과 미각으로 유발되는 쾌락과 고통, 욕구와 회피에 관련된다고 정의한 바 있다. 우리는 대다수가 이기는 것에 질 수도 있고, 대다수가 지는 것에 이길 수도 있다. 이런 가능성 가운데 자제력 없는 사람과 자제력 있는 사람은 쾌락에 관련되어 있고, 유약한 사람과 참을성 있는 사람은 고통과 관련되어 있다. 그리고 대다수의 마음가짐은 그 중간이다. 대다수는 더 나쁜 극단 쪽으로 기우는 경향이 더 강하지만 말이다.

그런데 쾌락에는 필요한 것도 있고 필요하지 않은 것도 있다. 필요한 쾌락이라도 어느 정도까지만 필요하고, 쾌락이 지나치거나 모자랄 필요는 없다. 이 점은 욕구와 고통도 마찬가지이다. 따라서 지나친 쾌락을 추구하거나, 필요한 쾌락을 어떤 다른 결과를 위해서가 아니라 그 자체 때문에 선택해서 지나치게 추구하는 사람은 방종하다. 그런 사람은 절대로 뉘우치지 않을 것이며 따라서 치유될 수 없다. 뉘우치지 않는 사람은 치유될 수 없으니 말이다. 한편 쾌락을 추구하는 데 모자라는 사람은 방종한 사람과 반대이고, 그 중간에 있는 사람이 절제 있는 사람이다. 고통을 견딜 수 없어서가 아니라 선택해서 육체적 고통을 회피하는 사람도 방종하기는 마찬가지이다. 선택해서 육체적 고통을 회피하지 않는 사람 가운데 한 부류는 쾌락에 이끌리고, 다른 부류는 욕구가 수포로 돌아갔을 때의 고통을 피하려 하기 때문에 쾌락에 이끌린다. 따라서 이 두 부류는 서로 다르다. 누구든지 욕구가 없거나 약할 때 수치스러운 짓을 하는 사람을 욕구가 강할 때 수치스러운 짓을 하는 사람보다 더 나쁘다고 생각할 것이며, 화가 나지 않을 때 남을 때리는 사람을 화가 날 때 남을 때리는 사람보다 더 나쁘다고 생각할 것이다. 하물

20

25

30

31 이를테면 돼지나 당나귀.
32 어느 누구도 절대적으로 불의하지는 않으므로 이론적으로는 불의가 더 나쁘다. 하지만 불의한 사람은 불의를 유발할 수 있으므로 불의보다 더 위험하다.
33 1117b23~1118b8 (3권 10장).

며 그런 사람이 감정에 휩쓸린다면 무슨 짓인들 못하겠는가? 그런 까닭에 방종한 사람이 자제력 없는 사람보다 더 나쁘다.

따라서 앞서[34] 언급한 마음가짐 중에 한 부류는 유약함에 가깝고, 다른 부류는 방종이다. 자제력 있는 사람은 자제력 없는 사람에 대립되고, 참을성 있는 사람은 유약한 사람에 대립된다. 참을성은 욕구에 저항하는 것이고 자제력은 욕구를 이기는 것인데, 저항하는 것과 이기는 것은 지지 않는 것이 이기는 것과 다른 만큼이나 서로 다르기 때문이다. 그런 까닭에 자제력이 참을성보다 더 바람직하다.

대다수가 저항하고 또 저항할 수 있는 것에 제대로 저항하지 못하는 사람은 유약하고 나약하다. 나약함도 유약함의 일종이니까. 그런 사람은 겉옷을 치켜드는 수고를 덜기 위해 겉옷을 질질 끌며 병든 사람 행세를 하면서도 자기는 불쌍한 사람과 비슷할 뿐 실제로는 불쌍한 사람이 아니라고 생각한다.

자제력과 자제력 없음도 이와 대동소이하다. 어떤 사람이 격렬하고 지나친 쾌락과 고통에 지는 것은 놀랄 일이 아니니까. 실제로 우리는 그가 마지못해 고통에 졌다면 용서할 것이다. 테오덱테스[35]의 비극에 등장하는 독사에 물린 필록테테스, 카르퀴노스[36]의 비극 『알로페』에 등장하는 케르퀴온, 크세노판토스[37]가 그랬다고 전해지듯 웃음을 참으려다 폭소를 터뜨리는 사람을 용서해주듯 말이다. 그러나 대다수가 저항할 수 있는 쾌락과 고통에 싸워보지도 않고 지는 사람이 있다면, 그의 나약함이 스퀴티스 왕족의 유

전적 나약함[38]이나 남녀의 체질적 차이처럼 질병이나 유전적 결함 15
에서 비롯한 것이 아닐 경우 그것은 놀라운 일일 것이다.

놀이를 좋아하는 사람도 방종해 보이지만 사실은 유약한 사람
이다. 놀이는 일하다가 숨을 돌리는 것인 만큼 이완(弛緩)인데, 놀
이를 좋아하는 사람은 이완에 지나치게 탐닉하기 때문이다.

자제력 없음에는 성급함과 허약함이라는 두 가지가 있다. 허약 20
한 사람은 숙고하지만 감정에 휘둘려 결심한 바를 견지하지 못하
고, 성급한 사람은 숙고하지 못하기 때문에 감정에 휘둘린다. 남을
먼저 간질이는 사람이 간지럼을 타지 않듯이, 어떤 사람은 다가올
일을 느끼거나 내다보고 자기 자신을, 즉 자신의 헤아리는 능력을

34 1150a19~25.

35 테오덱테스(Theodektes), 단편 3b (Snell). 테오덱테스는 뤼키아(Lykia) 출신
시인이자 연설가로, 주로 아테나이에 거주하며 아리스토텔레스에게 영향을 미친
것으로 생각된다. 고대 주석학자들에 따르면 필록테테스는 물뱀에 물려 오랫동
안 괴로워하다가 '내 손을 잘라줘!' 라고 소리쳤다고 한다.

36 카르키노스(Karkinos), 단편 1b (Snell). 소(小)카르키노스는 기원전 4세기에
활동하던 비극 시인이다. 그의 비극 『알로페』(*Alope*)에서 엘레우시스(Eleusis) 왕
케르퀴온(Kerkyon)은 딸 알로페가 임신하자 해신(海神) 포세이돈(Poseidon)이
딸을 임신시킨 줄도 모르고 혼자 괴로워하다가 딸을 죽이고 자살했다고 한다.

37 Xenophantos. 크세노판토스는 알렉산드로스(Alexandros) 대왕의 궁정 악사
였다고 한다.

38 스퀴티스(Skythis) 왕족의 나약함에 관해서는 헤로도토스, 『역사』 1권 105장
참조. 스퀴티스는 흑해 북쪽 지금의 남러시아 지방으로, 기마 유목민족인 스퀴타
이족(Skythai)이 살던 땅이다.

향상시킴으로써 즐거운 것이든 괴로운 것이든 격렬한 감정에 굴복
하지 않기에 하는 말이다.

25   성급함으로 인한 자제력 없음은 특히 민감하고 격정적인 사람
에게 많다. 민감한 사람은 이성을 기다리기에는 너무 급하고, 격정
적인 사람은 너무 격렬하기 때문이다. 그들은 자신들의 인상에 따
르는 경향이 있으니 말이다.

제8장—방종과 자제력 없음의 또 다른 차이점

앞서 말했듯이[39] 방종한 사람은 자신의 선택에 충실하므로 뉘우칠
30   줄 모른다. 그러나 자제력 없는 사람은 누구나 뉘우친다. 그런 까
닭에 사실은 우리가 의문을 제기했을 때 주장한 바와 같지 않고,[40]
오히려 방종한 사람은 치유될 수 없지만 자제력 없는 사람은 치유
될 수 있다. 악덕은 만성적인지라 부종이나 결핵 같은 병이고, 자제
35   력 없음은 간헐적인지라 간질과 같다. 그리고 일반적으로 자제력
없음과 악덕은 종류가 다르다. 행위자는 자신의 악덕은 의식하지
못하지만 자신의 자제력 없음은 의식하기 때문이다.

1151a   자제력 없는 사람 중에 성급한 사람이 이성적 원칙을 가졌으면
서도 견지하지 못하는 사람보다 더 낫다. 후자는 더 약한 감정에도
휘둘릴뿐더러 전자처럼 사전에 숙고해보지도 않고 행동하는 것은
아니기 때문이다. 자제력 없는 사람은 보통 사람이라면 끄떡없을
만큼의 적은 술에도 금세 취해버리는 사람과 같다.

5   따라서 자제력 없음은 분명 악덕이 아니다. 조건부로는 악덕이

라고 할 수 있겠지만. 악덕은 행위자의 합리적 선택과 부합하는 반면 자제력 없음은 행위자의 합리적 선택에 상반하니까. 그럼에도 이 둘로 빚어진 행위는 서로 비슷하다. 이는 데모도코스가 밀레토스인들에 관해 다음과 같이 말하는 것과도 같다.

밀레토스인들은 어리석은 사람들이 아니지만
어리석은 사람들이 하는 짓들을 한다.[41]

마찬가지로 자제력 없는 사람도 사악한 사람은 아니지만 사악 10
한 짓을 한다.

자제력 없는 사람은 올바른 이성에 어긋나는 육체적 쾌락을 지나치게 추구하되 자신의 행동이 옳다는 확신을 갖지 못하는 반면, 방종한 사람은 그런 쾌락을 추구하게 되어 있기에 확신을 갖고 추구한다. 따라서 자제력 없는 사람은 마음을 바꾸는 쪽으로 쉽게 설득당할 수 있지만, 방종한 사람은 그렇지 않다. 미덕은 제1원리 15
를 보전하지만 악덕은 제1원리를 파괴하며, 마치 수학에서 가설이 제1원리이듯 행위에서는 목적인(目的因)이 제1원리이기 때문이

---

39 1150a21.

40 1146a31~b2(7권 2장).

41 데모도코스(Demodokos), 단편 1 (Diehl). 데모도코스는 초기 풍자시인 중 한 명이다. 밀레토스는 소아시아 이오니아 지방의 해안 도시이다.

다. 수학에서든 행위에서든 제1원리들을 가르쳐주는 것은 이성이 아니다. 오히려 본성적인 것이든 습관으로 획득된 것이든 미덕이 우리가 제1원리를 올바르게 사고하게 해준다.

20 　따라서 이런 사람은 절제 있고, 그에 반대되는 사람은 방종하다. 그러나 감정에 휩쓸려 정도(正道)에서 벗어나 올바른 이성에 부합하게 행동하지 못할 만큼 감정에 제압당한다 해도 그런 쾌락을 무제한 추구해야 한다고 확신할 만큼 감정에 완전히 제압당하지는 않는 유형도 있다. 이는 자제력 없는 사람이다. 그는 방종한 사람보

25 다 낫고 무조건 사악하지는 않다. 그의 안에는 최상의 것인 제1원리가 보전되어 있기 때문이다.

　그에 반대되는 유형의 사람이 있는데, 그는 자신의 확신을 견지하며 적어도 감정에 휩쓸려 정도에서 벗어나지는 않는다. 이상과 같이 고찰해본 결과 자제력은 좋은 마음가짐이고, 자제력 없음은 나쁜 마음가짐임이 분명하다.

제9장—자제력과 절제의 관계

이제 우리는 앞서 제기된 질문[42]을 고찰할 것이다. 자제력 있는 사

30 람이란 아무 원칙과 아무 선택이나 견지하는 사람인가, 아니면 올바른 선택만을 견지하는 사람인가? 또한 자제력 없는 사람이란 아무 선택과 아무 원칙도 견지하지 못하는 사람인가, 아니면 거짓되지 않은 올바른 선택을 견지하지 못하는 사람인가? 아니면 한 사람은 견지하고 다른 사람은 견지하지 못하는 것은 우연적으로는 어떤

선택이지만, 본질적으로는 참된 원칙과 올바른 선택인가? B 때문 ³⁵
에 A를 선택하거나 추구하는 사람이 있다면, 그가 선택하거나 추 ^{1151b}
구하는 것은 우연적으로는 A이지만 본질적으로는 B이기에 하는
말이다. 여기서 '본질적으로'란 '절대적으로'라는 뜻이다. 따라서
어떤 의미에서는 어떤 의견이든 한 사람은 견지하고 다른 사람은
견지하지 못할 수 있겠지만, 그것은 절대적으로는 참된 의견이다.

자기 의견을 고집하는 사람들도 있는데 설득으로 생각을 바꾸 ⁵
기가 어렵기에, 우리는 이들을 고집불통[43]이라고 부른다. 이들은
자제력 있는 사람과 비슷한 데가 있다. 마치 낭비가 심한 사람이 후
한 사람과 비슷하고, 무모한 사람이 용감한 사람과 비슷하듯이.[44]
그러나 그들 사이에는 많은 차이점이 있다. 자제력 있는 사람은 경
우에 따라 쉽게 설득되고 감정이나 욕구에 휘둘릴 때만 생각을 바
꾸기를 거부하지만, 고집불통은 욕구에 민감하고 때로는 쾌락에 ¹⁰
휘둘리므로 이성에 복종하기를 거부한다. 고집불통은 독선적인
자, 무지한 자, 시골뜨기로 나눌 수 있다. 독선적인 자들이 고집불
통이 되는 것은 쾌락과 고통 탓이다. 그들은 스스로 생각을 바꾸도
록 강요당하지 않으면 승자나 된 듯 우쭐대지만, 자신들의 결정이
민회에서 던진 표가 무효화되듯 부결되면 괴로워하니 말이다. 그

---

42 1146a16~21(7권 2장).

43 ischyrognomon.

44 1107a33~b2(2권 7장).

래서 그들은 자제력 있는 사람보다는 자제력 없는 사람과 더 비슷하다.

그러나 자제력 없음 때문이 아니고 다른 이유로 생각을 바꾸는 사람들도 있다. 예컨대 소포클레스의 비극 『필록테테스』에 나오는 네옵톨레모스처럼 말이다. 그가 쾌락 때문에 생각을 바꾼 것은 사실이지만 그것은 고매한 쾌락이었다. 그는 앞서 거짓말을 하도록 오뒷세우스에게 설득당했지만 그에게는 진실을 말하는 것이 고매한 일이었으니 말이다. 쾌락 때문에 무엇인가를 행한다고 해서 다 방종하고 나쁘고 자제력 없는 것이 아니라 수치스러운 쾌락 때문에 행할 때만 그러하다.

육체적 쾌락을 너무 적게 즐기면서 그런 점에서 올바른 원칙을 견지하지 못하는 사람도 있는데, 자제력 있는 사람은 그런 사람과 자제력 없는 사람의 중간이다. 자제력 없는 사람은 너무 많이 즐김으로써 원칙을 견지하지 못하는데, 그런 사람은 너무 적게 즐김으로써 원칙을 견지하지 못하기 때문이다. 그러나 자제력 있는 사람은 원칙을 견지하면서 둘 중 어느 쪽으로도 진로를 바꾸지 않는다.

만약 자제력이 좋은 것이라면 그에 반대되는 두 가지 마음가짐은 나쁜 것이어야 하며 실제로도 그런 것 같다. 그러나 다른 극단은 소수의 사람들에게서만 드물게 나타나므로 자제력은 자제력 없음만의 반대인 것처럼 보이는데, 이는 절제가 방종만의 반대인 것처럼 보이는 것과도 같다.[45]

많은 표현이 비유적으로 사용된다. 그래서 우리가 절제 있는 사

람의 자제력에 관해 비유적으로 언급한 것이다. 자제력 있는 사람
도 절제 있는 사람도 육체적 쾌락을 위해 원칙에 어긋나는 행동을
할 사람이 아니기 때문이다. 그러나 자제력 있는 사람은 나쁜 욕구
를 갖고 있지만 절제하는 사람은 갖고 있지 않다. 그리고 절제하는
사람은 자신의 원칙에 어긋나는 쾌락을 느끼는 사람이 아니지만,
자제력 있는 사람은 그런 쾌락을 느끼되 그런 쾌락에 휘둘리지 않
는 사람이다.

자제력 없는 사람과 방종한 사람은 비슷한 데가 있다. 그들은 서
로 다르지만 둘 다 육체적 쾌락을 추구한다. 그러나 방종한 사람은
그러는 것이 옳다고 생각하고, 자제력 없는 사람은 그렇게 생각하
지 않는다.

제10장—자제력 없음의 또 다른 특징들

같은 사람이 실천적 지혜가 있으면서 동시에 자제력이 없는 것은
불가능하다. 우리가 입증한 바와 같이[46] 실천적 지혜가 있는 사람
은 동시에 성품이 좋은 사람이기 때문이다. 또한 실천적 지혜가 있
는 사람이 되려면 무엇이 옳은지 아는 데 그치는 것이 아니라 실
천할 수도 있어야 한다. 하지만 자제력 없는 사람은 실천할 능력이
없다.

45 1108b35~1109a5 (2권 8장).
46 1144a11~20 (6권 12장).

10 (영리한 사람[47]이라고 해서 자제력 없는 사람이 되지 말라는 법
은 없다. 그런 까닭에 어떤 사람은 실제로 실천적 지혜는 있지만 자
제력이 없다고 생각될 때가 가끔 있는데, 이는 우리가 토론의 첫머
리에서 주장한 것처럼[48] 영리함과 실천적 지혜는 다르기 때문이다.
그것들은 이성이라는 관점에서는 가깝지만, 합리적 선택이라는
관점에서는 다르다.[49])

15 또한 자제력 없는 사람은 무엇이 옳은지 알고 진리를 관조하는
사람 같지 않고, 잠들거나 술에 취한 사람 같다. 그는 어떤 의미에
서 자기가 무엇을 위해 무엇을 하고 있다는 것을 알기에 자발적으
로 행동하지만 사악하지는 않다. 그의 합리적 선택은 건전하니까.
그래서 그는 반쯤만 사악하다. 그는 불의하지도 않다. 사전에 악행
을 모의하지 않기 때문이다.[50] 두 가지 유형의 자제력 없는 사람 가
운데 한쪽은 자기가 숙고 끝에 내린 결정을 견지하지 못하는 데 반
20 해, 다른 쪽인 성급한 사람은 전혀 숙고하지 않는다.

따라서 자제력 없는 사람은 올바른 법안을 모두 통과시켜 좋은
법률을 갖고 있지만 그 법률을 전혀 이용하지 않는 국가와도 같다.
그래서 아낙산드리데스가 비꼬았던 것이다.

우리 국가는 그러고 싶었겠지만 법률에는 전혀 관심이 없구나.[51]

하지만 사악한 사람은 법률을 이용하되 나쁜 법률을 이용하는
국가와도 같다.

자제력 없음과 자제력은 보통 사람들의 마음가짐을 넘어서는지 여부와 관련된다. 자제력 있는 사람이 굳건하게 버틸 수 있는 능력은 보통 이상이지만, 자제력 없는 사람의 그런 능력은 보통 이하이니 말이다.

성급한 사람이 보여주는 자제력 없음이 숙고는 하되 자신의 결정을 견지하지 못하는 사람의 자제력 없음보다 고치기가 더 쉽다. 또한 습관 때문에 자제력 없는 사람이 본성적으로 자제력 없는 사람보다 고쳐지기가 더 쉽다. 본성을 바꾸는 것보다는 습관을 바꾸기 가 더 쉬우니까. 실제로는 습관도 바꾸기가 어려운데, 에우에노스의 말처럼 습관은 제2의 천성이기 때문이다.

친구여, 내 이르노니, 오랜 기간 수련하다 보면

그것이 결국에는 사람의 천성이 된다네.[52]

---

47 1144a23~26(6권 12장).

48 1144a23~b1(6권 12~13장).

49 합리적 선택은 실천적 지혜에는 내재하지만 영리함에는 내재하지 않기 때문이다.

50 1135b19~22(5권 8장).

51 아낙산드리데스(Anaxandrides), 단편 66 (Kassel/Austin). 기원전 4세기의 희극 시인.

52 에우에노스(Euenos), 단편 9 (Diehl). 에우에노스는 기원전 5세기의 수사학자이자 소피스트이다.

이로써 우리는 자제력과 자제력 없음, 참을성과 유약함이 무엇이며 이런 마음가짐들이 서로 어떻게 관련되는지 논했다.

제11장—쾌락을 비판하는 세 가지 견해

쾌락과 고통을 연구하는 일은 정치철학자의 몫이다. 그는 우리가 어떤 것은 무조건 좋다고 말하고 다른 것은 무조건 나쁘다고 말할 때, 그 기준이 되는 목적을 설계하는 건축가이기 때문이다.

또한 쾌락과 고통을 고찰하는 것은 우리가 반드시 해야 할 일이 다. 우리 주장에 따르면 도덕적 미덕과 악덕은 고통과 쾌락에 관련 되기 때문이다. 또한 대다수의 주장에 따르면 행복에는 쾌락이 수 반된다. 그런 까닭에 '행복하다' [53]를 뜻하는 낱말이 '즐기다' [54]를 뜻하는 낱말에서 유래한 것이다.

어떤 사람은 좋음과 쾌락은 같지 않으므로 쾌락은 그 자체로도 우연적으로도 좋지 않다고 생각한다. 다른 사람은 어떤 쾌락은 좋 지만 대부분의 쾌락은 나쁘다고 생각한다. 그 밖에 모든 쾌락은 좋 지만 쾌락이 최고선일 수는 없다는 제3의 견해도 있다.

쾌락이 백해무익하다는 것을 입증하기 위해 내세우는 논리는 다음과 같다. 모든 쾌락은 본성을 향해 나아가는 지각 가능한 과 정인데, 과정은 목적과 동류일 수 없다. 이를테면 건축 과정은 건 축된 것과 동류일 수 없다. 또한 절제하는 사람은 쾌락을 피한다. 실천적 지혜가 있는 사람도 쾌락이 아니라 쾌락으로부터의 해방을 추구한다. 또한 쾌락은 많이 즐길수록 그만큼 더 사고에 걸림돌이 된다. 이를테면 성적 쾌락이 그렇다. 성적 쾌락을 느끼는 동안에는 아무도 무엇인가를 사고할 수 없기 때문이다. 또한 좋은 것은 모두 어떤 기술의 산물이지만 쾌락의 기술은 없다. 또한 아이들과 동물들도 쾌락을 추구한다.

모든 쾌락이 다 좋지는 않다는 것을 입증하기 위해 내세우는 논 [20] 리는, 쾌락 중에는 수치스럽고 비난받아 마땅한 것도 있으며 사람을 병들게 하므로 유해한 것도 있다는 것이다.

쾌락이 최고선이 아니라는 것을 입증하기 위해 내세우는 논리는, 쾌락은 목적이 아니라 과정이라는 것이다.

이상이 이 주제에 대한 세상 사람들의 견해를 대략적으로 요약한 것이다.

제12장—앞서 말한 비판들에 이의제기하다

이런 논리들이 쾌락은 좋은 것이 아니며 최고선은 더더욱 아니라 [25] 는 것을 입증하지 못한다는 것은 다음과 같이 고찰해보면 분명해진다.

첫째, 사물은 무조건 좋거나 누구에게는 좋은 두 가지 의미에서 좋은 것이기에 사람의 본성과 마음가짐도, 따라서 운동과 과정도 그런 의미에서 좋은 것으로 불릴 것이다. 그러니 나쁘다고 생각

---

53 makarios.
54 chairein.

되는 과정 중에서 어떤 것은 무조건 나쁘지만 특정인에게는 나쁘
30 기는커녕 오히려 바람직하다. 또 어떤 것은 특정인에게 바람직하지
않지만 때에 따라서 일시적으로는 바람직하다. 하지만 무조건 바
람직하지는 않다. 또 어떤 과정은 쾌락이 아니면서 쾌락인 것처럼
보인다. 환자의 치료 과정처럼 치료 목적의 고통스러운 과정이 모
두 그렇다.

또한 좋음은 활동이거나 아니면 마음가짐이다. 따라서 사람을
타고난 마음가짐으로 회복시키는 과정들은 우연적으로 즐거울 뿐
35 이다. 한편 욕망의 경우 활동은 아직 손상되지 않은 채 남아 있는
1153a 마음가짐과 본성의 활동이다.[55] 관조의 활동처럼 고통이나 욕구
가 수반되지 않는 쾌락도 있기에 하는 말이다. 그런 경우에는 본성
에 아무런 결함도 없기 때문이다. 그 증거로 사람들이 타고난 상태
로 회복되고 있을 때는 완전히 회복되었을 때와 같은 쾌락을 즐기
지 않는다는 사실을 들 수 있다. 일단 회복되고 나면 사람들은 무
조건 즐거운 것들을 즐기지만, 회복되고 있는 동안에는 그와 반대
5 되는 것도 즐긴다. 이를테면 그들은 신 것과 쓴 것도 즐기는데, 이
것들은 본성적으로 즐거운 것도 아니고 무조건적으로 즐거운 것도
아니다. 이 점은 쾌락의 경우도 마찬가지이다. 즐거운 것들이 서로
다르듯이, 거기서 유래하는 쾌락들도 서로 다르기 때문이다.

또한 목적이 과정보다 더 나은 것인 만큼 쾌락보다 더 나은 것
이 반드시 존재한다고 생각하는 사람들의 논리는 받아들이기 어
렵다. 쾌락은 과정이 아니며 모든 쾌락이 과정을 수반하는 것도 아

니기 때문이다. 쾌락은 활동이자 목적이다. 쾌락은 우리가 어떤 능
력을 갖게 될 때 생기는 것이 아니라 우리가 능력을 발휘할 때 생긴
다. 그리고 모든 쾌락에는 그 자체 외에 다른 목적이 없다. 다만 타
고난 본성의 완성을 향해 나아가는 사람들의 쾌락에만 그 자체 외
에 다른 목적이 있다.

그런 까닭에 쾌락은 지각 가능한 과정이라고 말하는 것은 옳지
않다. 오히려 우리는 쾌락은 본성적인 마음가짐의 활동이라고 말
하되, '지각 가능한' 대신 '방해받지 않는'이라는 말을 덧붙여 써야
할 것이다. 어떤 사람들이 쾌락을 과정이라고 생각하는 것은 쾌락
이 진정한 의미에서 좋은 것이라고 생각하기 때문이다. 아닌 게 아
니라 그들은 활동이 곧 과정이라고 믿는다. 하지만 이 둘은 다르다.

즐거운 것 가운데 어떤 것이 건강에 해롭다고 해서 쾌락은 나쁘
다고 말하는 것은, 건강에 좋은 것 가운데 어떤 것이 돈벌이에 나
쁘다고 해서 건강에 좋은 것들은 나쁘다고 말하는 것과도 같다. 둘
다 그런 제한된 맥락에서는 나쁘지만, 그렇다고 해서 그것들이 나
쁜 것은 아니다. 관조조차도 때로는 건강에 해로우니 말이다.

실천적 지혜도 그 밖의 어떤 마음가짐도 그 자체에서 생기는 쾌
락에는 방해받지 않고 이질적인 쾌락에만 방해받는다. 관조나 배
움에서 생기는 쾌락은 우리를 더 많이 관조하게 하고 더 많이 배우

---

55 1154b18~19(7권 14장).

게 할 것이다.

쾌락이 어떤 기술의 산물이 아니라는 것은 당연한 결론이다. 기
25 술은 결코 활동을 낳지 않으며 능력을 낳을 뿐이기 때문이다. 그
런데도 향수 제조자나 주방장의 기술은 쾌락을 낳는 기술로 간주
된다.

절제하는 사람은 쾌락을 피하며, 실천적 지혜가 있는 사람은 고
통에서 해방된 삶을 추구하며, 어린아이와 동물도 쾌락을 추구한
다는 이의제기에는 같은 대답으로 대응할 수 있다. 우리는 어떤 쾌
락이 어떤 의미에서 무조건 좋은지, 어떤 의미에서 모든 쾌락이 다
30 좋은 것은 아닌지 이미 설명한 바 있으니 말이다.[56] 말하자면 동물
과 어린아이는 좋지 못한 쾌락을 추구하며, 실천적 지혜가 있는 사
람은 이런 쾌락에 관련된 고통으로부터의 해방을 추구한다. 그 쾌
락은 욕구와 고통이 수반되는 쾌락, 곧 육체적 쾌락들과(이런 쾌락
들은 본성상 욕구와 고통을 수반하니까) 그것들의 지나침이다. 그
35 리고 방종한 사람은 바로 이런 것들 때문에 방종하다. 그런 까닭에
절제하는 사람은 그런 것들을 피한다. 그에게도 그 나름의 쾌락이
있기 때문이다.

제13장—어떤 종류의 쾌락은 최고선이기도 하다

1153b 또한 고통은 악이며 당연히 피해야 한다는 데에는 누구나 동의한
다. 고통은 무조건 나쁘거나, 어떤 의미에서는 걸림돌이기 때문이
다. 그러나 피해야 할 것에 반대되는 것은 피해야 할 것이 나쁜 것

인 한 좋은 것이다. 더 큰 것이 '더 작은 것'과 '같은 것' 둘 다에 반대되듯이, 좋은 것은 쾌락과 고통 둘 다에 반대된다는 스페우십포스식 해결책[57]은 여기서는 통하지 않는다. 그도 설마 쾌락이 악의 일종이라고는 주장하지 못할 테니까. 5

비록 어떤 쾌락이 나쁘다 해도 다른 쾌락이 최고선이 되지 말라는 법은 없다. 이는 어떤 종류의 지식이 나쁘다 해도 다른 종류의 지식이 최고선이 되지 말라는 법이 없는 것과 같은 이치이다. 그리고 마음가짐마다 방해받지 않는 활동이 있다면, 방해받지 않을 경우 모든 마음가짐의 활동이 행복이든 아니면 그중 한 가지 마음가 10 짐의 활동이 행복이든 그것은 아마도 가장 바람직할 것이다. 그런데 쾌락은 방해받지 않는 활동이다. 따라서 대부분의 쾌락이 무조건 나쁘다 해도 최고선은 일종의 쾌락일 것이다.

그런 까닭에 모든 사람이 행복한 삶은 즐겁다고 생각하며 쾌락을 행복의 구성요소라고 여기는데, 이는 당연하다. 어떤 활동도 방 15 해받으면 완전하지 못한데, 행복은 완전하기 때문이다. 따라서 행복한 사람에게는 다른 자질 외에도 신체적 이점과 외적인 좋음과 행운의 선물이 필요하다. 이런 것들이 부족해서 그가 방해받는 일이 없도록 말이다. 어떤 사람이 고문을 당하든 큰 불운이 겹치든

56 1147b23~31, 1148a22~26(7권 4장).
57 스페우십포스는 플라톤의 조카이자 후계자로, 좋음은 나쁨에 반대될뿐더러 쾌락과 고통 사이의 고통 없는 중간 상태라고 본 것 같다.

20   그가 좋은 사람이기만 하면 행복하다고 주장하는 사람은 고의든 고의가 아니든 허튼소리를 하는 것이다.

행복에는 행운도 필요하기에 어떤 사람은 행운이 행복과 같은 것이라고 생각한다. 그러나 사실은 같지 않다. 행운도 지나치면 걸림돌이 되어 행운이라 불릴 자격을 상실할 것이기 때문이다. 우리는 행운을 행복과 관련시켜 평가하니 말이다.

25   그리고 동물이든 인간이든 모두가 쾌락을 추구한다는 사실은 어떤 의미에서 쾌락이 최고선이라는 증거이다.

구설(口舌)은 많은 사람의 입에서 나오게 되면 결코 완전히
소멸되지 않는다오…[58]

그러나 하나의 본성 또는 마음가짐이 모두에게 최선도 아니고
30   최선이라고 생각되지도 않기에, 그들은 모두 쾌락을 추구하되 모두가 같은 쾌락을 추구하지는 않는다. 아마도 그들은 사실은 자신들이 추구하고 있다고 생각하거나 주장하는 쾌락을 추구하지 않고 모두가 같은 쾌락을 추구하는지도 모른다. 만물은 본성적으로 신적인 것을 내포하고 있으니까.[59]

35   그런데 육체적 쾌락이 쾌락이라는 이름을 독차지한 것은 육체적 쾌락이 가장 흔히 경험할 수 있고 모두가 참여하는 것이기 때문이다. 그래서 사람들은 육체적 쾌락이 그들이 아는 유일한 쾌락이기에 육체적 쾌락이 유일한 쾌락이라고 생각하는 것이다.

또한 만약 쾌락이나 방해받지 않는 활동이 좋음이 아니라면 행
복한 사람의 삶도 분명 즐겁지 못할 것이다. 쾌락이 좋음이 아니고
그가 고통스러운 삶을 살 수도 있다면, 그에게 왜 쾌락이 필요하겠
는가? 쾌락이 좋음도 아니고 나쁨도 아니라면 고통 역시 좋음도
아니고 나쁨도 아닐 텐데 그가 왜 고통을 피해야 하는가? 그리고
훌륭한 사람의 활동이 다른 사람의 활동보다 더 즐겁지 않다면,
그의 삶도 다른 사람의 삶보다 더 즐겁지 않을 것이다.

제14장─쾌락의 여러 종류

육체적 쾌락과 관련하여 어떤 쾌락, 즉 고매한 쾌락은 매우 바람직
하지만 방종한 사람의 관심사인 육체적 쾌락은 바람직하지 않다
고 주장하는 사람들은 다음과 같은 문제를 고찰해야 할 것이다.
그렇다면 육체적 쾌락에 반대되는 고통이 왜 나쁘단 말인가? 나쁜
것에 반대되는 것은 좋은 것일 텐데 말이다.

  필요한 쾌락은 어쩌면 나쁘지 않은 것은 좋은 것이라는 의미에
서 좋은 것인가? 아니면 필요한 쾌락은 어느 정도까지만 좋은 것인
가? 좋음의 한계를 넘어서는 지나침이 없는 마음가짐이나 과정에
는 지나친 쾌락도 없지만, 좋음의 한계를 넘어서는 마음가짐이나

---

58 헤시오도스, 『일과 날』 763~764행. '그래서 구설도 일종의 신(神)인 것이오'
라는 말이 이어진다.
59 1173a4(10권 2장).

15 과정에는 지나친 쾌락도 있으니 말이다. 그런데 육체적 좋음의 경우에는 지나침이 있을 수 있으며, 나쁜 사람은 필요한 쾌락이 아니라 이런 지나침을 추구함으로써 나빠진다. 누구나 다 맛있는 음식과 술과 성교를 어느 정도는 즐기지만, 누구나 다 알맞게 즐기지는 않기 때문이다.

고통의 경우는 그와 반대이다. 나쁜 사람은 지나친 고통을 피하
20 는 것이 아니라 고통이라면 모두 피한다. 지나친 쾌락에 반대되는 것은 고통이 아니지만, 지나친 쾌락을 추구하는 사람에게는 고통이기 때문이다.

하지만 우리는 진리만 말할 것이 아니라 오류의 원인도 설명해야 한다. 그래야만 확신이 생길 테니까. 그릇된 견해가 왜 참된 견
25 해처럼 보이는지 합리적으로 설명할 수 있으면 참된 견해를 더욱 확신하게 될 테니 말이다. 따라서 우리는 왜 육체적 쾌락이 더 바람직해 보이는지 설명할 수 있어야 한다.

첫째, 육체적 쾌락은 고통을 몰아내기 때문이다. 말하자면 사람들은 지나친 고통을 느끼기에 고통을 치유하기 위해 육체적 쾌락 일반을 지나치게 추구한다. 이들 치료제로서의 쾌락은 강렬하며,
30 그래서 추구된다. 그런 쾌락은 그와 반대되는 고통과 대조를 이룸으로써 바람직해 보이기 때문이다.

쾌락은 좋은 것이 아니라고 생각되는 것은 우리가 앞서 말했듯이[60] 두 가지 사실 때문이다. 어떤 쾌락은 야수의 경우처럼 본성적으로 나쁘든, 나쁜 사람의 경우처럼 습관에 따라 나쁘든 타락한

본성에 수반되는 활동이다. 다른 쾌락들은 결함 있는 상태를 치유하기 위한 것인데, 정상 상태에 있는 것이 정상 상태에 이르는 과정보다 더 낫다. 이런 쾌락들은 완전한 상태로 나아가는 과정에서 생 1154b
기며, 따라서 우연적으로만 좋다.

또한 육체적 쾌락은 강렬하기에, 다른 종류의 쾌락을 즐길 수 없는 사람들이 추구한다. (아무튼 그런 사람들은 인위적으로 자신들이 그런 쾌락에 갈증을 느끼게 만드는데, 그것은 쾌락이 무해할 때는 나무랄 일이 못되지만 쾌락이 유해할 때는 나쁘다.) 그들에 5
게는 달리 즐길 것이 없고, 쾌락도 고통도 아닌 중간 상태는 많은 사람에게 그들의 본성이 그런지라 괴롭기 때문이다. 사실 모든 동물은 과학자들의 증언에 따르면 언제나 긴장 상태에 있다. 보는 것도 듣는 것도 고통스럽지만, 그들은 이제는 우리가 그것에 익숙해졌다고 주장한다. 마찬가지로 사람들은 젊을 때는 성장하기 때문 10
에 술 취한 것과 비슷한 상태에 있는데, 그래서 젊음이 즐거운 것이다. 한편 본성적으로 성급한 사람들에게는 언제나 치료제로서의 쾌락이 필요하다. 그들의 몸은 그들의 기질 탓에 언제나 고통에 시달리며, 그래서 언제나 강렬한 욕구에 사로잡혀 있다. 그들의 고통은 그것에 반대되는 쾌락에 의해서뿐만 아니라, 강렬하기만 하면 15
아무 쾌락에 의해서도 쫓겨난다. 그래서 그런 사람들은 방종해지

60 1148b15~23 (7권 5장), 1152b26~1153a7 (7권 12장).

고 사악해진다.

그러나 고통이 수반되지 않는 쾌락에는 지나침이 없다. 그런 쾌락은 본성적으로 즐거운 것들[61]에 속하고, 우연적으로 즐거운 것들에 속하지 않는다. 우연적으로 즐거운 것들이란 치료제로서 즐거운 것들을 의미한다. 치료 효과는 우리의 아직 건강하게 남아 있는 부분의 활동에 따라 산출되며, 그래서 치료 자체가 즐거워 보이기에 하는 말이다. 그러나 본성적으로 즐거운 것들이란 건강한 본성의 활동을 자극하는 것들이다.[62]

그러나 같은 것이 늘 즐거울 수 없는 이유는 우리의 본성이 단순하지 않기 때문이다. 우리 안에 우리를 죽게 만드는 다른 요소[63]가 있어, 그중 한 요소가 활동하면 그것은 우리 안의 다른 요소[64]에게는 본성에 어긋난 것이 된다. 그래서 두 요소가 균형을 이루면 행위는 고통스럽게도 즐겁게도 느껴지지 않는다. 만약 어떤 것의 본성이 단순하다면 언제나 똑같은 행위가 가장 즐거울 것이다.

그런 까닭에 신들은 언제나 단 하나의 단순한 쾌락을 즐긴다. 운동의 활동만 있는 것이 아니라 운동 없는 활동도 있는데, 쾌락은 사실은 운동보다는 정지 속에서 더 많이 발견되기에 하는 말이다. 하지만 우리 본성에 결함이 있는 탓에 시인의 말처럼 '변화는 언제나 즐거운 법이다.'[65] 쉽게 변하는 사람은 결함 있는 사람이듯, 본성도 변화가 필요한 것은 단순하지도 좋지도 않은 만큼 결함 있는 것이기에 하는 말이다.

이로써 우리는 자제력과 자제력 없음의 본성과 쾌락과 고통의

본성을 논하며, 어떤 의미에서 그중 어떤 것은 좋고 어떤 것은 나쁜
지도 설명했다. 우리의 다음 과제는 우애에 관해 논하는 것이다.

61 심미적 또는 지적인 즐거움.
62 예컨대 음악은 음악적 본성을, 명상은 명상적 본성을 자극한다.
63 육체적 요소.
64 혼.
65 에우리피데스, 『오레스테스』(*Orestes*) 234행.

제 8 권

우애 I

제1장―우애는 필요불가결하다

다음은 우애(友愛)[1]에 관해 논할 차례이다. 우애는 미덕이거나 미덕을 수반하며, 살아가는 데 가장 필요한 것이기 때문이다. 다른

5 좋은 것을 다 가지고 있다 해도 친구[2] 없는 삶을 선택할 사람은 아무도 없을 테니 말이다. 실제로 부자와 고관과 권력자에게는 친구가 특히 필요한 것 같다. 선행은 대개 친구에게 베풀 때 가장 칭찬받을 만한데, 만약 선행을 베풀 기회가 없다면 그들에게 그런 부

10 귀영화가 무슨 소용 있겠는가? 또한 그런 부귀영화가 친구들 없이 어떻게 보전되고 유지될 수 있겠는가? 부귀영화는 크면 클수록 더 위태로우니 말이다. 가난하거나 그 밖의 다른 불운을 당할 때도 사람들은 친구가 유일한 피난처라고 생각한다.

친구는 젊은이들은 실수하지 않게 해줌으로써, 노인들은 돌봐주거나 힘이 달려 혼자 힘으로 하지 못하는 일을 하게 해줌으로써,

한창 나이의 사람들은 고매한 업적을 쌓게 해줌으로써 도움을 준다. '두 사람이 함께 가면'[3] 생각도 행동도 더 잘할 수 있는 법이니까. 15

그리고 자식을 향한 부모의 정과 부모를 향한 자식의 정은 사람뿐 아니라 새와 대부분의 동물이 타고난 본성인 것 같다. 그 점에서는 같은 종(種)의 구성원들끼리, 특히 인간들끼리 느끼는 상호 우애도 마찬가지이다. 그래서 우리는 동포를 사랑하는 사람을 칭 20 찬한다. 우리는 여행길에서도 모든 사람이 다른 사람에게 얼마나 친절한지 볼 수 있다.

또한 우애는 공동체를 결속시켜주는 유대인 것 같으며, 입법자들은 정의보다 우애를 더 중시하는 것 같다. 화합은 우애와 비슷해 보이기에 하는 말이다. 그래서 입법자들은 주로 화합을 추구하며, 25 가장 가증스러운 적인 당파싸움을 제거하려고 애쓴다. 또한 친구끼리는 정의가 필요 없지만, 올바른 사람끼리는 정의 외에 우애도 필요하다. 그리고 우애야말로 가장 진정한 의미의 정의인 것 같다. 그런데 우애는 우리에게 필요할뿐더러 고매하기도 하다. 우리는 친 30 구를 사랑하는 사람을 칭찬하며, 친구가 많은 것을 고매한 일로 여긴다. 또한 사람들은 좋은 사람과 친구는 같은 것이라고 생각한다.[4]

---

1 philia.
2 그리스어 philos는 가족, 친구, 친지, 동료 등 친근하게 지내는 사람들을 모두 포함하는 포괄적인 개념이다.
3 『일리아스』 10권 224행.
4 플라톤, 『뤼시스』(Lysis) 214c 참조.

그러나 우애에 관해서는 의견이 분분하다. 어떤 사람은 우애를 일종의 유사성으로 규정하고는, 유사한 사람끼리 친구가 된다고 주장한다. 그래서 '유유상종'[5]이니 '까마귀는 까마귀끼리'니 하는 말들이 생겨난 것이다. 반대로 다른 사람은 서로 비슷한 사람은 서로 시샘하는 도공(陶工)들[6]과 같다고 말한다. 어떤 사람은 이런 문제들을 자연과학에 더 적절한 방법으로 더 깊이 탐구한다. 그래서 에우리피데스는 다음과 같이 말한다.

메마른 대지는 비를 열망한다.
그리고 신성한 하늘은 비를 잔뜩 머금으면 대지로 떨어지기를 열망한다.[7]

헤라클레이토스도 '대립되는 것이 도움이 된다' '서로 다른 것들에서 최고의 화음이 생겨난다' '만물은 투쟁의 산물이다'[8]라고 말한다. 반대로 다른 사람들, 특히 엠페도클레스는 '같은 것들은 서로 찾기 마련이다'[9]라고 말한다.

그러나 그와 같은 자연과학 고유의 문제들은 지금 우리가 탐구하는 것과 밀접한 관계가 없는 만큼 한쪽으로 제쳐두기로 하고, 성격과 감정에 관련되는 인간적인 문제들을 고찰하기로 하자. 이를테면 우애는 모든 부류의 인간 사이에서 생길 수 있는가, 아니면 악인은 친구가 될 수 없는가? 우애의 종류는 하나뿐인가, 아니면 여럿인가? 우애는 정도의 차이는 있지만 그 종류는 하나뿐이라고 생각하는 사람들이 있다. 그러나 그들의 확신을 뒷받침해주는 증거는 충분하지 못하다. 종류가 다른 것들에도 정도의 차이가 있을 수 있기 때문이다. 이 점에 관해서는 앞서[10] 논의한 바 있다.   15

제2장─우애의 대상

먼저 사랑할 만한 것이 무엇인지 알게 되면 아마 이런 문제들도 밝혀질 것이다. 모든 것이 사랑받는 것이 아니라 사랑할 만한 것만이 사랑받으며, 바로 이것이 좋거나 즐겁거나 유익하다고 생각되니 말이다. 그러나 유익한 것은 어떤 좋음 또는 쾌락을 낳는 수단에 지나지 않는 것 같으므로, 목적으로서 사랑할 만한 것은 좋음과   20
쾌락일 것이다.

　그렇다면 사람들이 사랑하는 것은 좋음인가, 아니면 자신들에게 좋아 보이는 것인가? 이 둘은 가끔은 상충하기 때문이다. 이 점은 쾌락의 경우도 마찬가지이다. 각자는 자기에게 좋은 것을 사랑하는데, 좋은 것은 무조건 사랑할 만한 데 반해 각각의 개인에게 사랑할 만한 것은 그에게 사랑할 만한 것이니 말이다. 그러나 각자   25

---

5 『오뒷세이아』 17권 218행.
6 헤시오도스, 『일과 날』 25행.
7 에우리피데스, 단편 898 (Nauck).
8 헤라클레이토스, 22 B 8 (D/K).
9 엠페도클레스, 단편 B 22, 62, 90 (D/K).
10 어느 부분을 두고 그렇게 말하는지 확실히 알 수 없다.

가 사랑하는 것은 그에게 좋은 것이 아니라 좋아 보이는 것이다. 그러나 이 점은 우리 논의에는 중요하지 않다. 사랑할 만한 것은 사랑할 만한 것으로 보일 테니까. 그러면 무엇인가를 사랑하는 데에는 세 가지 이유가 있다.

무생물을 향한 사랑은 우애라고 불리지 않는다. 거기에는 마주 사랑도 없고, 대상이 잘되기를 바라지도 않기 때문이다. (아마도 자기 포도주가 잘되기를 바라는 사람이 있다면, 그는 우스운 사람일 것이다. 그에게 바랄 게 있다면 포도주가 잘 보존되어 자기가 마실 수 있게 되는 것이리라.) 그러나 친구의 경우에는, 사람들은 친구를 위해 친구가 잘되기를 바라야 한다고 말한다. 이렇게 남이 잘되기를 바라는 사람은 그 기도가 상대방에게 같은 감정을 불러일으키지 못하면, 호의를 가진 사람이라고 불린다. 호의는 서로 주고받을 때에만 우애로 간주되기 때문이다.

아마도 우리는 거기에다 '서로가 그런 줄 알 때'라는 말을 덧붙여야 할지 모르겠다. 많은 사람이 한 번도 본 적이 없지만 훌륭하고 유익하다고 생각되는 사람들에게 호의를 가지니 하는 말이다. 그렇다면 그런 사람들은 서로 호의를 갖고 있는 것처럼 보이지만, 서로를 향한 감정을 알지 못하는데 그들을 어찌 친구라고 하겠는가? 그러므로 친구들은 서로에게 호의를 가져야 하고, 앞서[11] 말한 세 가지 이유 가운데 하나에서 서로 잘되기를 바라야 하며, 서로가 그런 줄 알아야 한다.

제3장—우애의 세 종류

그런 이유들은 서로 종류가 다르므로 거기에 상응하는 사랑과 우애도 서로 종류가 다르다. 따라서 사랑할 만한 것의 수가 셋이니, 우애에도 세 종류가 있다. 사랑할 만한 것마다 거기에 상응하는, 서로 그런 줄 아는 상호간의 사랑이 있고, 서로 사랑하는 사람들은 그 때문에 서로 사랑하는 자질과 관련하여 서로가 잘되기를 바란다.

그러니 유용성 때문에 서로 사랑하는 사람들은 상대방 자체를 사랑하지 않고, 상대방에게 뭔가 덕을 볼까 해서 사랑한다. 이 점은 쾌락 때문에 서로 사랑하는 사람들도 마찬가지이다. 그들은 재치 있는 사람을 그의 성격 때문이 아니라 그가 재미있다고 생각하기 때문에 사랑한다. 따라서 유용성 때문에 사랑하는 사람들은 자기들에게 유익한 것 때문에 남을 사랑하며, 쾌락 때문에 사랑하는 사람들은 자신들에게 즐거운 것 때문에 남을 사랑한다. 말하자면 그들은 남을 그의 사람 됨됨이 때문에 사랑하지 않고 유익하거나 즐거운 존재로서 사랑한다.

그러면 그런 우애는 우연적이다. 사랑받는 사람이 자신의 사람 됨됨이 때문에 사랑받지 않고, 단지 어떤 이익이나 쾌락을 제공하는 자로서 사랑받기 때문이다. 따라서 그런 우애는 양쪽이 계속해

---

11 1155b19. '세 가지 이유'는 좋음, 쾌락, 유익이다.

서 같은 자질을 보여주지 못하면 쉬이 소멸된다. 한쪽이 더 이상 즐겁지 못하거나 유용하지 못하면 다른 쪽이 그를 사랑하기를 그만둔다.

유용한 것은 불변하는 것이 아니고 상황에 따라 변한다. 그리하여 그들이 서로 친구가 되었던 이유가 사라지면 우애도 소멸한다. 단지 그 이유 때문에 우애가 존재했으니까. 그런 종류의 우애는 주로 나이 지긋한 사람들(그 나이에 그들이 원하는 것은 쾌락이 아니라 이익이니까) 사이에서 볼 수 있고, 자기 이익을 추구하는 장년층이나 청년들 사이에서도 볼 수 있다.

그런 사람들은 함께 많은 시간을 보내지 않는다. 때로는 서로를 좋아하지 않기도 하니까. 그래서 그들은 서로에게 유익하지 않으면 그런 교제의 필요성을 느끼지 않는다. 상대방에게서 이익이 기대될 때만 같이 있는 것이 즐겁기 때문이다. 주인과 손님 사이의 우애도 그런 부류에 속한다.

한편 젊은이들 사이의 우애는 쾌락을 목표로 삼는 것 같다. 젊은이들은 자신들의 감정에 따라 살고, 무엇보다도 자신들에게 즐거운 것과 눈앞에 있는 것을 추구하기 때문이다. 하지만 나이들어가면서 즐거운 것도 바뀐다. 그래서 젊은이들은 금세 친구가 되었다가 곧 헤어진다. 그들에게 즐거운 것이 바뀌면 그들의 우애도 바뀌는데, 그런 종류의 즐거움은 빨리 바뀌기 때문이다. 또한 젊은이들은 사랑에 빠지기 쉽다. 에로스적 우애는 대체로 감정에 휘둘리며 쾌락을 목표로 하니까. 따라서 젊은이들은 금세 사랑에 빠지고

25

30

35

1156b

금세 헤어지는데, 하루에도 몇 번씩 마음이 변한다. 그럼에도 젊은 이들은 함께 시간을 보내며 함께 살기를 원한다. 젊은이들은 그렇 게 자신들의 우애의 목적을 달성하기 때문이다.

완전한 우애는 서로 유사한 미덕을 가진 좋은 사람들 사이의 우애이다. 그들은 좋은 사람인 한 똑같이 서로가 잘되기를 바라며, 그들 자신이 좋은 사람이기 때문이다. 친구를 위해 친구가 잘되기를 바라는 사람들이야말로 가장 진정한 친구이다. 그들이 친구를 그렇게 대하는 것은 친구의 사람 됨됨이 때문이지 어떤 우연적 이유 때문이 아니기에 하는 말이다. 따라서 그들의 우애는 그들이 좋은 사람인 동안에는 지속되는데, 미덕은 지속적인 것이다. 또한 그들은 저마다 무조건 좋은 사람이고 친구를 위해서도 좋은 사람이다. 좋은 사람들은 무조건 좋으며 남에게도 유익하기 때문이다. 마찬가지로 그들의 만남은 즐겁기도 하다. 좋은 사람들은 무조건 즐겁고 남에게도 즐겁기 때문이다. 각자에게는 자신의 행위나 그와 비슷한 행위가 즐거운데, 좋은 사람들의 행위는 같거나 비슷하기에 하는 말이다.

그런 우애는 당연히 오래간다. 거기에는 친구들이 가져야 하는 모든 자질이 결합되어 있기 때문이다. 모든 우애는 무조건적인 것이든 사랑하는 사람을 위한 것이든 어떤 좋음 또는 쾌락을 목표로 하며, 서로 간의 어떤 유사성에 바탕을 두기에 하는 말이다. 그러나 이런 우애에 우리가 언급한 모든 자질이 포함되는 것은 친구들 자신의 본성 덕분이다. 그들은 그런 식으로 서로 유사할뿐더러 그들의 우애에는 무조건 좋은 것과 무조건 즐거운 것 등 다른 자질들도 있는데, 이런 것들이야말로 가장 사랑할 만하다. 그래서 사랑과 우애는 그런 사람들 사이에서 가장 흔하게, 그리고 최선의 형태로 발견된다.

25 그런 우애는 당연히 드문데, 실제로 그런 사람들은 많지 않기 때문이다. 또한 그런 우애에는 시간과 친교가 필요하다. 속담처럼, 사람들은 소금 한 가마니를 같이 먹기 전에는 서로를 알 수 없기 때문이다. 또한 각자가 자기는 사랑받을 만함을 입증하고, 상대방에게 신뢰감을 줄 때까지는 어느 누구도 남을 받아들이거나 둘이 30 친구가 될 수 없다. 서둘러 서로에게 우정의 징표를 보여주는 사람들은 친구가 되기를 원하겠지만, 양쪽이 다 사랑받을 만하고 또 그렇다는 것을 알지 못하면 친구가 아니다. 우애를 바라는 마음은 금세 생기지만 우애는 그렇지 않기 때문이다.

제4장—최선의 우애와 열등한 우애

따라서 그런 종류의 우애는 지속적이라는 점에서 그 밖의 다른 모든 점에서도 완전하다. 그리고 거기서는 각자가 상대방에게서 모 35 든 점에서 같거나 비슷한 혜택을 받는데, 이는 친구들 사이에서는 1157a 당연하다. 쾌락을 위한 우애는 그런 종류의 우애와 비슷한 점이 있다. 좋은 사람들은 서로에게 즐겁기 때문이다. 이 점은 유용성을 위한 우애에서도 마찬가지이다. 좋은 사람들은 서로에게 유용하기 때문이다.

이런 열등한 우애들도 상대방에게서 같은 혜택(이를테면 쾌락)을 받을 때, 또한 재치 있는 사람의 경우처럼 같은 것으로부터 혜택을 받을 때 특히 오래간다. 그러나 그런 일은 연인(戀人)[12]과 연동(戀童)[13] 사이에서는 일어나지 않는다. 연인과 연동은 같은 것을 즐기는 것이 아니라, 연인은 연동을 보는 것이 즐겁고 연동은 연인이 자기를 보살펴주는 것이 즐겁기 때문이다. 그리고 젊음이 시들면 때로는 우애도 시든다. 연인은 연동을 보는 것이 더는 즐겁지가 않고, 연동은 더이상 연인의 보살핌을 받지 못하기 때문이다. 하지만 서로 성격이 비슷하여 친근하게 사귀다가 상대방의 성격을 좋아하게 되면, 여전히 친구로 남는 경우도 허다하다. 그러나 사랑하는 사람들이 쾌락이 아니라 이익을 교환하는 경우, 우애의 강도는 낮고 그다지 오래가지도 못한다. 유용성 때문에 친구가 된 사람들은 이익이 사라지면 곧 헤어진다. 그들은 서로에게 이끌린 것이 아니라 이익에 이끌렸기 때문이다.

따라서 쾌락이나 유용성이 목적이라면, 나쁜 사람들 사이에서도, 또는 좋은 사람과 나쁜 사람 사이에서도, 또는 좋지도 나쁘지도 않은 사람과 어떤 성격의 소유자 사이에서도 우애는 가능하다. 하지만 분명 좋은 사람들만이 남을 위해 친구가 될 수 있다. 나쁜 사람들은 그래서 어떤 이득이 생기지 않으면 남과 함께하는 것이

---

12 erastes. 남자들끼리의 동성애에서 능동적인 연상의 파트너.
13 eromenos. 남자들끼리의 동성애에서 수동적인 연하의 파트너.

즐겁지 않기 때문이다.

또한 좋은 사람들의 우애만이 중상모략을 막아준다. 오랜 기간 검증된 사람에 관해 남이 비난하는 말을 믿기란 쉬운 일이 아니기 때문이다. 좋은 사람들 사이에는 '나는 그를 믿어' '그는 그런 불의한 짓을 할 사람이 아니야' 라는 느낌이 있을뿐더러 진정한 우애에 필요한 다른 조건도 모두 구비되어 있다. 그러나 다른 종류의 우애에서는 중상모략과 같은 나쁜 일이 일어나는 것을 막아줄 것이 아무것도 없다.

25

마치 국가들이 우방이라고 불리듯(국가들은 자기들 이익을 위해 동맹을 맺는 것 같으니까) 유용성 때문에 서로 좋아하는 사람들도, 그리고 어린아이들처럼 쾌락 때문에 서로 좋아하는 사람들도 친구라고 불린다. 따라서 우리도 그런 사람들을 친구라고 불러야겠지만, 우애에는 여러 가지가 있는데, 1차적이자 본래적인 의미의 우애는 자신들의 좋음에 힘입은 좋은 사람들 사이의 우애이고 나머지는 그와 닮은 사이비 우애라고 덧붙여야 할 것이다. 그들은 어떤 좋음 또는 진정한 우애에서 볼 수 있는 어떤 것에 이끌려 친구가 된 것이다. 쾌락을 좋아하는 사람들에게는 쾌락도 좋음이니까. 그러나 이 두 가지 우애는 결합되는 일이 드물다. 그리고 같은 사람들이 유용성과 쾌락 때문에 친구가 되는 일도 드물다. 우연적인 것들이 결합되는 일은 드물기 때문이다.

30

35

1157b

우애를 이렇게 분류해놓고 보니, 쾌락과 유용성 때문에(이 점에서 그들은 서로 비슷하니까) 친구가 되는 사람들은 하찮은 사람들일 것이다. 그러나 좋은 사람들은 서로를 위해 친구가 될 것이다. 그들을 결합시켜주는 것은 좋음이기 때문이다. 그렇다면 좋은 사람들은 무조건 친구들이고, 나쁜 사람들은 단지 우연적으로, 그리고 좋은 사람들과 유사하기에 친구이다.

제5장—마음가짐으로서의 우애

미덕들의 경우 어떤 사람들은 마음가짐과 관련하여 좋은 사람이 라고 일컬어지고 또 어떤 사람들은 활동과 관련하여 좋은 사람이 라고 일컬어지는데, 이는 우애의 경우에도 마찬가지이다. 함께 사는 사람들은 함께 지내는 것을 즐기며 서로에게 혜택을 베풀지만, 잠들거나 서로 떨어져 있는 사람들은 비록 우애를 행동으로 표현하지는 못해도 그럴 의향은 있기 때문이다. 서로 떨어져 있으면 우애가 무조건 소멸되는 것이 아니라, 우애의 활동이 소멸되기에 하는 말이다. 그러나 서로 떨어져 있는 기간이 길어지면 우애조차 잊히는 것 같다. 그래서 '대화의 부재가 얼마나 많은 우애를 소멸시켰던가!'[14]라는 속담이 생겨난 것이다.

그래서 노인이나 성마른 사람이 친구를 사귀기가 쉽지 않은 것 같다. 그들에게는 즐거운 면이 별로 없으며, 짜증나게 하는 사람은 물론이고 즐겁지 못한 사람과는 누구도 함께 지낼 수 없기 때문이

14 출전 미상.

15 다. 자연은 무엇보다도 고통스러운 것은 피하고 즐거운 것은 추구
    하는 것 같으니 말이다.

    서로를 받아들였지만 함께 살지 않는 사람들, 그들은 우애보다
    는 호의를 갖고 있는 것 같다. 함께 시간을 보내는 것이 친구의 가
    장 두드러진 특징이기 때문이다. (궁핍한 사람은 이익을 추구하지
20 만, 가장 축복받은 사람들조차 함께 지내기를 원하니 말이다. 그
    들에게는 고독이 가장 어울리지 않으니까.) 그러나 사람들은 서로
    에게 즐겁지 않고 같은 것을 즐기지 않으면 함께 지낼 수 없다. 그것
    이 동료애의 본질인 것 같기 때문이다.

    그렇다면 가장 진정한 의미의 우애는 여러 차례 말한 바와 같
25 이[15] 좋은 사람들 사이의 우애이다. 사랑할 만하고 바람직한 것은
    대개 무조건 좋거나 즐거운 것이고, 각자에게 사랑할 만하고 바람
    직한 것은 각자에게 좋거나 즐거운 것 같으니까. 그리고 어떤 좋은
    사람이 다른 좋은 사람에게 사랑할 만하고 바람직한 것은 이 두
    가지 이유 때문이다.

30 사랑[16]은 감정인 것 같고 우애는 마음가짐인 것 같다. 사랑은 무
    생물에 대해서도 느낄 수 있지만, 상호간의 우애는 합리적 선택을
    수반하며 합리적 선택은 마음가짐에서 비롯하기 때문이다. 그리
    고 사람들이 사랑하는 사람들을 위해 그들이 잘되기를 바라게 하
    는 것은 마음가짐이지 감정이 아니다. 또한 사람들은 친구를 사랑
    하면서 자신들에게 좋은 것을 사랑한다. 좋은 사람은 친구가 되면
35 서 친구에게 좋은 사람이 되기 때문이다. 그래서 각자는 자신의 좋

음을 사랑함과 동시에 상대가 잘되기를 바라고 즐거움을 줌으로써 자신이 받은 것을 되갚는다. 우애는 평등이라는 말이 있는데, 이 두 자질은 좋은 사람들의 우애에서 가장 많이 발견된다.

1158a

제6장─조건부 우애와 피상적 우애

성마르고 연로한 사람은 붙임성이 좋지 못하고 남과 섞이기를 좋아하지 않는 만큼 친구 사귀기가 쉽지 않다. 그런데 붙임성이 좋고 남과 섞이기 좋아하는 바로 이런 자질들이 친구를 사귈 수 있게 해주는 가장 두드러진 자질들이다. 그래서 젊은이들은 쉬이 친구가 되어도 노인들은 그렇지 못하다. 사람들은 같이 있는 것이 즐겁지 않은 사람들과는 친구가 되지 못하기 때문이다. 마찬가지로 성마른 사람들도 친구를 쉽게 사귀지 못한다. 그러나 그런 사람들도 서로에게 호의를 갖고 있다. 그들도 상대가 잘되기를 서로 바라고, 어려울 때는 서로 도와주기 때문이다. 그러나 그들은 실제로는 친구가 아니다. 함께 지내지 않고 같이 있는 것이 즐겁지도 않기 때문이다. 이런 것들이 우애의 가장 두드러진 특징인데도 말이다.

   한 사람이 여러 사람에게, 완전한 우애라는 의미에서 동시에 친구가 되는 것은 불가능하다. 이는 한 사람이 여러 사람과 동시에 사랑에 빠지는 것이 불가능한 것과 같다. (사랑은 일종의 지나침

---

15 1156b7, 23, 33, 1157a30(8권 4장), 1157b4(8권 4장).
16 philesis.

¹⁵ 인데, 그런 감정은 한 사람에게 향하기 마련이니까.) 또한 한 사람이 동시에 여러 사람에게 아주 매력적이거나 좋은 사람이기도 쉽지 않을 것이다. 그러려면 그는 여러 사람을 겪어보고 친해져야 하는데 이는 매우 어려운 일이다. 그러나 우애가 유용성이나 쾌락을 위한 것일 때는 여러 사람에게 매력적일 수 있다. 그런 사람은 많이 있고 그런 봉사에는 많은 시간이 걸리지 않기 때문이다.

이 두 가지 우애 가운데 쾌락을 위한 우애가 진정한 우애에 더
²⁰ 가깝다. 양쪽이 똑같이 기여하며 둘이 함께하는 것이거나 그와 같은 일을 즐길 때는 말이다. 젊은이들의 우애가 그렇다. 젊은이들의 우애에서 후함[17]이 더 많이 발견되기 때문이다. 반면에 유용성을 위한 우애는 장사꾼을 위한 것이다.

행복한 사람들에게는 유용한 친구는 필요 없지만 즐거운 친구는 필요하다. 그들은 남과 함께 지내기를 원할뿐더러, 비록 그들이 잠시 동안은 고통스러운 것을 참을 수 있다 해도 고통스러운 것을 계속해서 견디기란 힘들며 실제로 그런 사람은 거의 없기 때문이
²⁵ 다. 아니, 좋음 자체도 계속해서 견딜 수는 없을 것이다. 만약 그에게 좋음이 고통스럽다면 말이다. 그래서 행복한 사람들은 즐거운 친구들을 찾는다. 하지만 즐거운 친구들은 좋은 사람일뿐더러 그들에게도 좋은 사람이어야 할 것이다. 그래야만 친구로서 필요한 자질을 모두 갖추게 될 테니까.

고위직에 있는 사람들에게는 여러 유형의 친구가 있는 것 같다. 더러는 그들에게 유용하고 더러는 즐겁지만, 같은 사람이 이 두 가

지 자질을 겸비하는 일은 드물다. 그들이 찾는 사람은 즐거우면서 30 도 미덕을 겸비한 사람이거나 고매한 목적에 유용한 사람이 아니다. 그들이 기분전환하고 싶을 때는 재담꾼을 찾고 그렇지 않으면 시킨 일을 영리하게 수행할 사람을 찾는데, 같은 사람이 그런 자질들을 두루 갖추기란 흔하지 않기 때문이다.

앞서 말한 바와 같이[18] 좋은 사람은 유용하기도 하고 즐겁기도 하지만 지위가 더 우월한 사람의 친구가 되지는 않는다. 지위가 더 우월한 사람이 미덕에서도 더 우월하지 않다면 말이다. 그렇지 않 35 으면 그는 비례적으로 열등한 처지에 놓임으로써 동등성을 확보할 수 없기 때문이다.[19] 하지만 지위와 미덕 양쪽 모두에서 우월한 사람은 드물다.

우리가 논한 우애들은 동등성에 근거한다. 양쪽은 같은 혜택을 1158b 받고 서로에게 같은 좋음을 바라거나 쾌락과 이익을 맞바꾸듯 어떤 것을 다른 것과 맞바꾸기 때문이다. 하지만 앞서 말한 바와 같이[20] 이런 우애들은 열등하며 비교적 단명하다. 그것들이 우애처럼 보이기도 하고 우애가 아닌 것처럼 보이기도 하는 것은 동일한 5 비교 대상과 닮은 점도 있고 닮지 않은 점도 있기 때문이다. 그것들

---

17 to eleutherion.

18 1156b13~17(8권 3장).

19 1158b23~28(8권 7장), 1162a34~b4(8권 13장).

20 1156a16~22(8권 3장).

이 우애처럼 보이는 것은 미덕에 근거한 우애와 닮은 데가 있기 때문이다. (그중 하나는 쾌락을 내포하고 다른 하나는 유용성을 내포하는데, 이런 것들은 미덕에 근거한 우애의 특징이기도 하니까.) 그러나 미덕에 근거한 우애는 중상모략에 귀를 기울이지 않고 오래가는 데 반해, 그런 우애들은 금세 변하고, 차이점도 한두 가지가 아닌지라 미덕에 근거한 우애와의 그런 차이 때문에 우애가 아닌 것처럼 보인다.

제7장―동등하지 못한 자들 사이의 우애

그러나 어느 한쪽의 우월성을 내포하는 우애에는 다른 종류도 있다. 이를테면 아들을 향한 아버지의 사랑, 일반적으로 손아랫사람을 향한 손윗사람의 사랑, 아내를 향한 남편의 사랑, 피지배자를 향한 지배자의 사랑이 거기에 속한다.

이런 우애들에도 차이가 있다. 자식을 향한 부모의 사랑은 피지배자를 향한 지배자의 사랑과 같지 않고, 아들을 향한 아버지의 사랑은 아버지를 향한 아들의 사랑과 같지 않으며, 아내를 향한 남편의 사랑은 남편을 향한 아내의 사랑과 같지 않다. 이들은 저마다 미덕과 기능이 다르고 사랑하는 이유도 다르기 때문이다. 따라서 그들의 사랑과 우애도 다를 수밖에 없다. 따라서 양쪽은 서로에게서 같은 혜택을 받지 못하며, 받기를 기대해서도 안 된다. 그러나 자식들이 부모에게 자기들을 낳아준 분들에게 진 의무를 다하고, 부모가 [아들들에게] 자식에게 진 의무를 다하면, 그들 사이의 우애는 오래가고 훌륭할 것이다.

우월성을 내포하는 모든 우애에서 사랑은 또한 비례적이어야 한 25
다. 말하자면 더 훌륭한 사람은 자기가 사랑하는 것보다도 더 사랑
받아야 하고 더 유용해야 한다. 이 점은 다른 경우에도 마찬가지이
다. 사랑이 공적에 걸맞으면 일종의 동등성이 생기는데, 이런 동등
성이야말로 우애의 특징이라고 생각된다.

그러나 동등성은 정의에서나 우애에서나 똑같지 않은 것 같다.
정의에서는 1차적인 의미의 동등성은 공적에 걸맞고 양적인 동등 30
성은 2차적인 데 반해, 우애에서는 양적인 동등성이 1차적이고 공
적에 걸맞은 동등성은 2차적이기 때문이다. 이 점은 미덕이나 악덕
이나 부나 그 밖의 다른 것과 관련하여 양쪽 사이에 큰 차이가 날
때 분명해진다. 그럴 경우 그들은 더 이상 친구가 아니고 친구일 것
이라고 기대하지도 않으니까. 이 점은 신들의 경우 가장 분명하다. 35
신들은 모든 좋음에서 우리보다 월등히 우월하기 때문이다. 이 점 1159a
은 왕들의 경우에도 분명하다. 훨씬 열등한 사람은 왕의 친구가 되
리라고 기대하지 않기 때문이다. 또한 가치 없는 자도 가장 훌륭하
거나 가장 지혜로운 사람의 친구가 되리라고 기대하지 않는다.

그런 경우들에서는 사람들이 언제까지 친구로 남는지 그 한계
를 명확하게 규정할 수 없다. 우애는 수많은 상실에도 불구하고 살
아남기 때문이다. 그러나 신과 인간 사이처럼 격차가 크게 벌어지 5
는 경우에는 우애는 불가능해진다. 여기서 친구들은 과연 서로에
게 최고선을, 말하자면 신이 되는 것을 바랄까라는 어려운 문제가

제기된다. 그럴 경우 그들은 더 이상 친구도 아닐 것이고 좋은 것도
아닐 것이기 때문이다. 친구는 좋은 것이니까. 따라서 한 친구는
다른 친구를 위해 다른 친구가 잘되기를 바란다는 우리의 주장이
옳다면,[21] 다른 친구는 그것이 무엇이든 현재 상태로 남아 있어야
한다. 그러면 그는 다른 친구에게 인간으로서 가능한 최고선을 바
랄 것이다. 하지만 아마 모두 최고선을 바라지는 않을 것이다. 각자
는 무엇보다도 자기 자신을 위해서 좋음을 바라기 때문이다.[22]

제8장—우애에서는 사랑하는 것이 사랑받는 것보다 더 중요하다

대중은 사랑하기보다는 사랑받기를 더 원하는 것 같은데, 이는 명
예욕 때문이다. 그래서 대중은 남의 아첨을 좋아한다. 왜냐하면
아첨꾼은 열등한 친구이거나 아니면 열등하기에 사랑받는 것 이상
으로 사랑하는 척하는 친구이기 때문이다. 그리고 사랑받는 것은
존경받는 것에 가깝다고 느껴지는데, 대중은 바로 존경받는 것을
노린다.

그러나 사람들은 명예를 그 자체 때문이 아니라 우연적으로 선
택하는 것 같다. 왜냐하면 대중은 자신들의 기대감 때문에 고관
들에게 존경받기를 좋아하기 때문이다. 말하자면 대중은 고관들
에게서 자신들이 원하는 것을 얻게 될 것이라고 생각하면서, 자신
들이 존경받는 것은 앞으로 고관들이 자신들에게 호의를 베풀 징
표라고 보고 기뻐한다. 한편 자신들을 알고 있는 좋은 사람들에게
존경받기를 원하는 사람들은 자신들에 대한 그들의 의견을 확인

하고 싶어 한다. 따라서 그들이 존경받고서 기뻐하는 것은, 그렇게 평가하는 사람들의 판단에 힘입어 자신들이 좋은 사람임을 확신하기 때문이다. 하지만 사람들은 그 자체로서 사랑받기를 좋아한다. 따라서 사랑받는 것이 존경받는 것보다 더 나으며, 우애는 그 자체로서 바람직하다고 생각된다.

그러나 우애는 사랑받는 것보다는 사랑하는 것에 있는 것 같다. 어머니들은 자식들을 사랑하는 것에서 기쁨을 느낀다는 사실이 이를 입증해준다. 때로는 어머니가 자기 자식을 다른 여자에게 맡겨 기르게 하는데, 이때 어머니는 자기 자식이 누구라는 것을 알기에 그 자식을 사랑하지만, 그렇다고 그 보답으로 사랑을 받으려 하지는 않는다. 사랑하는 것과 사랑받는 것을 둘 다 가질 수 없다면 말이다. 대신 어머니는 자식이 잘 지내고 있는 것을 보는 것만으로도 만족해하며 자기가 어머니라는 걸 몰라 자식이 자식 된 도리를 다하지 못해도 자식을 사랑한다.

이처럼 우애는 사랑받는 것보다는 사랑하는 것에 있고 친구를 사랑하는 사람이 칭찬받는다면, 사랑하는 것이 친구들의 미덕인 것 같다. 따라서 우애가 공적에 걸맞을 때, 사람들은 친구로 남으며 그들의 우애는 지속된다. 동등하지 못한 사람들도 이런 방법으로 친구가 될 가능성이 가장 높다. 이런 방법으로 그들은 동등해

21 1155b31(8권 2장).
22 1168a28~1169b2(9권 8장).

질 테니까.

우애는 동등성과 유사성, 특히 미덕에서의 유사성에 있다. 그런 사람들은 스스로 굳건하기에 서로에게 굳건하여, 수치스러운 봉사를 요구하거나 제공하기는커녕 사실상 배제하니 말이다. 스스로도 잘못을 저지르지 않고 친구들도 그러지 못하게 하는 것이 좋은 사람들의 특징이니까. 그러나 나쁜 사람들은 수시로 변하기에 항심(恒心)이 없다. 또한 그들은 서로의 나쁨을 즐기기에 잠깐 동안만 친구가 된다. 그러나 유용하거나 즐거운 사람들은 더 오랫동안, 다시 말해 쾌락이나 이익을 주고받는 동안에는 친구로 남는다.

유용성에 근거한 우애는 가난한 사람과 부자, 무식한 사람과 유식한 사람처럼 서로 상반된 사람들 사이에서 가장 흔히 볼 수 있는 것 같다. 우리는 저마다 그때그때 모자라는 것을 구하고, 그 대가로 다른 것을 내주기 때문이다. 거기에는 연인과 연동의 관계 또는 잘생긴 사람과 못생긴 사람의 관계도 포함된다. 그래서 때로는 사랑하는 것만큼 사랑받기를 요구하다가 웃음거리가 되는 연인도 있다. 연인들이 똑같이 사랑스럽다면 그들의 요구는 정당하지만, 그렇지 못하다면 그들의 요구는 우스꽝스럽다.

하지만 아마도 상반된 것이 서로 끌리는 것은 본성 때문이 아니라 우연히 그런 것이고, 욕구 대상은 중간에 있는 어떤 것이리라. 좋은 것은 대체로 중간에 있으니까. 예컨대 마른 것에게 바람직한 것은 젖은 것이 아니라 중간 상태에 이르는 것이다. 이 점은 뜨거운 것과 그 밖의 다른 것도 마찬가지이다. 그러나 그런 주제들은 우리의 탐구에는 별로 중요하지 않으니 제쳐두기로 하자.

제9장─우애와 공동체

첫머리에서 말한 바와 같이[23] 우애와 정의는 같은 대상에 관련되 25
며, 같은 사람들 사이에서 발견되는 것 같다. 모든 공동체에는 정
의 같은 것이 있고 우애도 있는 것으로 생각되기 때문이다. 아무튼
사람들은 같은 배를 탄 사람이나 동료 병사나 그 밖에도 자기들과
함께 어떤 공동체에 속한 사람을 친구라고 부른다. 그리고 그 공동
체의 범위가 그들의 우애의 범위이다. 그들의 공동체의 범위는 그 30
들의 정의의 범위이기도 하니까. 그래서 '친구들의 재산은 공유물
이다'라는 속담은 맞는 말이다. 우애는 공동체에 바탕을 두기 때
문이다. 그러나 형제들과 동지[24]들은 모든 것을 공유하지만, 앞서
언급한 다른 친구들이 공유하는 것은 보다 제한되어 있으며, 어떤
경우에는 더 많이 공유하고 어떤 경우에는 더 적게 공유한다. 우애 35
에도 정도의 차이가 있기 때문이다.

정의에도 그런 차이가 있다. 부모가 자식에게 진 의무는 형제간 1160a
의 의무와 같지 않고, 동지들 간의 의무는 동료 시민들 간의 의무
와 같지 않으며, 이 점은 다른 종류의 우애에서도 마찬가지이다.
따라서 이들 친구에게 저지르는 불의에도 차이가 있는데, 더 가까

---

23 1155a22~28(8권 1장).

24 hetairos, 전우, 조합이나 종교단체 또는 정치단체나 사회단체의 회원.

운 친구에게 저지르는 불의일수록 더 무겁다. 예컨대 동료 시민보다 동지를 속여 돈을 빼앗는 것이, 낯선 사람보다 형제의 도움을 거절하는 것이, 아무 아무개보다 아버지를 때리는 것이 더 끔찍하다. 정의를 청하는 요구도 당연히 우애의 정도에 따라 더 커진다. 정의와 우애는 같은 사람들 사이에 존재하며 그 범위가 같기 때문이다.

모든 공동체는 국가공동체의 부분인 것 같다. 사람들은 어떤 유익한 것을 염두에 두고, 말하자면 더 나은 삶을 위해 필요한 것들을 마련하려고 함께 여행을 하는데, 국가공동체도 원래 유익한 것을 위해 구성되고 존속하는 것 같으니 말이다. 사실 입법자들도 유익한 것을 추구하며, 그래서 사람들은 공동체에 유익한 것을 정의라고 부른다.

그러나 다른 공동체는 특정한 이익을 추구한다. 예컨대 선원들은 돈벌이나 그와 유사한 목적을 위해 항해에 유익한 것을 추구하며, 동료 병사들은 그들의 목적이 돈이든 승리이든 도시이든 전쟁에 유익한 것을 추구한다. 이 점은 부족민이나 구역(區域)[25]민의 경우도 마찬가지이다. 어떤 공동체는 즐거움 때문에 생겨나는 것 같다. 이를테면 종교단체나 사교모임이 그렇다. 이런 단체나 모임의 목적은 제물을 바치거나 친목을 도모하는 것이기 때문이다. 이런 단체나 모임은 모두 국가공동체에 종속되는 것 같다. 국가공동체는 눈앞의 이익이 아니라 삶 전반에 걸쳐 유익한 것을 추구하기 때문이다.

사람들이 제물을 바치고 그와 연계된 축제를 개최할 때는 신들을 공경하기 위함이기도 하지만 자신들도 즐겁게 기분전환할 계기 ₂₅를 마련하는 것이다. 전통적인 제사나 축제는 추수가 끝난 뒤 일종의 추수감사제로 열렸던 것 같으니 말이다. 또한 한 해 동안 그때가 가장 한가한 때이기도 하니까.

따라서 이런 공동체들은 모두 국가공동체의 부분인 것 같다. 그 ₃₀리고 특정 종류의 우애는 특정 종류의 공동체에 걸맞을 것이다.

제10장—정체의 종류

정체(政體)[26]에는 세 종류가 있고, 그것들이 왜곡된 또는 타락한 형태도 셋이다. 세 종류의 정체란 왕도정체[27]와 귀족정체,[28] 그리고 세번째로 재산평가[29]에 근거한 정체이다. 세 번째 정체는 금권정체[30]라고 부르는 것이 타당해 보이지만, 대부분의 사람은 혼합정체[31]라

---

25 demos. 아테나이 시를 포함한 앗티케 지방은 174개 구역으로 나뉘어져 있었다.

26 politeia.

27 basileia.

28 aristokratia. '최선자정체'라는 뜻이다.

29 timema.

30 timokratia. 이것은 플라톤에 따르면 최선자가 통치하는 '최선자정체' 또는 귀족정체와 소수의 부자들이 통치하는 과두정체의 중간에 있는 정체이다. 『국가』 545b 참조.

31 politeia. 대개는 '정체'라고 옮기지만, 여기서는 졸역 아리스토텔레스, 『정치학』에서처럼 '혼합정체'로 옮겼다. 참고로 '공화제' '제헌정'으로 옮기는 이들도 있다. 아리스토텔레스의 politeia는 최하층민의 공민권이 배제된 중산층 민주정체를 의미하는 것 같다.

35 고 부르곤 한다. 이들 가운데 최선은 왕도정체이고, 최악은 금권정
체이다.

1160b   왕도정체가 왜곡된 것이 참주정체[32]이다. 둘 다 1인 지배 정체이
지만 둘 사이에는 큰 차이가 있다. 참주는 자신의 이익을 추구하지
만, 왕은 피치자의 이익을 추구한다. 자족적이며 모든 좋음에서 우
5 월하지 않은 통치자는 어느 누구도 왕이라 할 수 없기 때문이다. 그
런 사람은 더 이상 필요한 것이 없을 것이며, 따라서 자신의 이익이
아니라 피치자의 이익을 추구할 것이다. (그러지 못한 왕은 이름만
왕일 것이다.) 참주정체는 이런 종류의 정체와 정반대인데, 참주
는 자신의 이익을 추구하기 때문이다. 참주정체가 세 가지 왜곡된
정체 가운데 최악임은 더 분명하다. 그리고 최악은 최선의 반대이
10 다. 참주정체는 왕도정체에서 생겨난다. 참주정체는 왕도정체가
타락한 것으로, 사악한 왕이 참주가 된 것이다.

과두정체는 치자들의 악덕으로 빚어져 귀족정체에서 생겨나는
데, 치자들은 공적을 무시하고 국가의 재원을 자신들에게 배분하
여, 좋은 것은 모두 아니면 대부분 자기들이 보유하며 언제나 같은
15 사람들만 관직에 임명한다. 그들은 부를 가장 중요한 요소로 보기
때문이다. 그리하여 최선자들 대신 소수의 사악한 자들이 권력을
장악한다.

민주정체는 금권정체에서 생겨나는데, 이 둘은 서로 이웃하기
때문이다. 금권정체도 다수자의 지배를 목표로 하는데, 재산평가
20 를 충족하는 자는 누구나 동등하기 때문이다. 민주정체는 '혼합정

체'에서 조금밖에 벗어나 있지 않아, 세 가지 왜곡된 정체 가운데 가장 덜 나쁘다. 이상이 가장 흔한 정체 변화이다. 약간의 변화만 생겨도 그러한 이행은 아주 쉽게 이루어지기 때문이다.

이런 정체들과 유사한 것, 또는 이런 정체들의 본보기[33]는 가정에서도 볼 수 있다. 아버지와 아들들의 공동체는 왕도정체 형태를 취한다. 아버지가 자식들을 돌보기 때문이다. 그래서 호메로스는 25 제우스를 '아버지'[34]라고 부른다. 왕도정체의 이상은 아버지의 지배이니까. 그러나 페르시아인들 사이에서 아버지의 지배는 참주정체적이다. 아버지들이 아들을 노예로 부리기 때문이다. 주인이 노예를 지배하는 것 역시 참주정체적이다. 거기서 주인의 이익이 실 30 현되기 때문이다. 그런 종류의 지배는 옳다고 생각되지만, 페르시아식 지배는 잘못된 것 같다. 피지배자가 다르면 거기에 맞춰 지배방식도 달라져야 하기 때문이다.

부부간의 공동체는 분명 귀족정체적이다. 남편은 마땅히 남편이 지배해야 할 영역에서 공적에 따라 지배하지만 아내에게 합당한 것은 아내에게 맡기기 때문이다. 남편이 모든 것을 통제하면 그 35 의 지배는 과두정체로 바뀌는데, 남편은 우월하지도 않으면서 공적을 무시하고 지배하기 때문이다. 그러나 아내가 상속인이어서 1161a

---

32 일종의 군사독재 정권.
33 paradeigma.
34 『일리아스』 1권 503행 외 여러 곳에서 이 말이 보인다.

아내가 지배할 때도 있다. 그럴 경우 아내의 지배는 과두정체에서
처럼 공적이 아니라 부와 권력에 근거한다.

5   형제들의 공동체는 금권정체와 비슷하다. 형제들은 나이 차이
만 있을 뿐 서로 동등하기 때문이다. 그래서 나이 차이가 많이 나
면 형제들의 우애는 더 이상 형제다운 것이 못 된다.

민주정체는 주로 가장 없는 가정들과(그곳의 구성원들은 모두
가 대등하기 때문이다) 가정의 우두머리가 약해 저마다 제멋대로
하는 가정들에서 발견된다.

제11장―이들 여러 공동체에서의 우애와 정의

10   이들 정체는 저마다 정의를 내포하는 만큼이나[35] 우애[36]도 내포하
는 것 같다. 피치자를 향한 왕의 우애는 선행을 더 많이 베푸는 데
있다. 왕이 피치자에게 잘해주는 것은, 그가 훌륭한 사람인지라
피치자의 복리를 증진하는 것이 관심사이기 때문이다. 마치 목자
15   가 양떼를 돌보듯이. 그래서 호메로스는 아가멤논을 '백성들의 목
자'[37]라고 불렀다.

아버지의 사랑도 그와 비슷하지만, 복리의 크기에서 차이가 난
다. 아버지는 자식들이 생존하도록 하고(자식들에게는 이것이 최
고의 혜택으로 간주된다), 자식들의 양육과 교육을 책임지기 때문
이다. 이런 혜택들은 조상 덕으로 돌려지기도 한다. 또한 아버지가
아들들을, 조상이 후손을, 왕이 피치자를 지배하는 것은 자연스
20   럽다. 이런 우애들에서는 한쪽이 다른 쪽보다도 우월하기 마련이

니까. 이는 부모가 존경받는 이유이기도 하다. 따라서 이런 관계에 있는 사람들 사이에서는 정의도 양쪽이 동등하지 않고 공적과 부합한다. 우애 또한 그렇기 때문이다.

부부간의 사랑은 귀족정체에서 치자와 피치자 사이의 우애와 비슷하다. 부부간의 사랑은 공적과 부합하기에 우월한 쪽이 더 많은 좋음[38]을 받기는 하지만 각자에게 합당한 것이 주어지기 때문이다. 정의의 경우도 이 점은 마찬가지이다.

형제간의 우애는 동지들 사이의 우애와 비슷하다. 형제들은 동등하고 또래들이며 또 그런 사람들은 대개 감정과 성격도 비슷하기 때문이다. 금권정체에 걸맞은 우애도 이와 비슷하다. 그런 정체에서는 시민들이 동등하고 훌륭한 것이 이상(理想)이기 때문이다. 그래서 그들은 동등성에 입각해 교대로 통치한다. 따라서 그들의 우애 또한 동등성에 근거한다.

그러나 왜곡된 정체에서는 정의가 거의 존재하지 않듯이 우애도 거의 존재하지 않으며 그중에서도 최악의 정체에서는 가장 적게 존재한다. 말하자면 참주정체에는 우애가 전혀 없거나 있어도 조금밖에 없다. 치자와 피치자에게 공통된 것이 아무것도 없다면, 정

---

35 1134a26~30(5권 6장).
36 치자와 피치자들 사이의 우애.
37 『일리아스』 2권 243행 외 여러 곳에서 이 말이 보인다.
38 사랑.

의가 없으므로 우애도 없기 때문이다. 그들의 관계는 이를테면 장인과 도구, 혼과 몸, 주인과 노예의 관계와 같다. 각 쌍의 후자는 그것을 사용하는 사람에게 혜택을 받기는 하지만 무생물에 대해서는 우애도 정의도 없으니 말이다. 말이나 소에 대해서도, 그리고 노예가 노예인 한 노예에 대해서도 우애는 없다. 주인과 노예 사이에는 아무런 공통점이 없기 때문이다. 노예는 생명 있는 도구이고, 도구는 생명 없는 노예이니 말이다. 따라서 노예가 노예인 한 노예를 향한 우애는 존재하지 않는다.

그러나 노예가 인간인 한 우애는 가능하다. 법체계에 참여할 수 있거나 계약의 당사자가 될 수 있는 인간과 인간 사이에서는 정의 같은 것이 존재하는 것 같으니 말이다. 따라서 노예가 인간인 한 노예와의 우애는 가능하다. 그래서 참주정체에서는 우애도 정의도 가장 적게 존재하지만 민주정체에서는 더 많이 존재한다. 시민들이 동등하여 많은 것을 공유하기 때문이다.

제12장―여러 형태의 우애

앞서 말한 바와 같이[39] 모든 우애는 어떤 공동체에서 발견된다. 그러나 친족 간의 우애와 동지 간의 우애는 별도의 범주에 포함시킬 수 있다. 동료 시민들과 동료 부족민들과 같은 배를 탄 사람들의 우애는 공동체의 우애와 더 비슷하다. 그런 우애들은 말하자면 일종의 계약에 근거하는 것으로 보인다. 주인과 손님 사이의 우애도 이 부류에 포함시킬 수 있을 것이다.

친족 간의 우애는 종류가 여럿인 것처럼 보여도 모두 자식을 향한 아버지의 사랑에서 파생된 것 같다. 부모는 자식들을 자신의 일부로서 사랑하고, 자식들은 부모를 자신들이 존재하도록 해준 장본인으로서 사랑하기 때문이다.

부모는 자식들이 부모를 아는 것 이상으로 자식들을 안다. 또한 부모는 자식들이 부모를 자기 것이라고 느끼는 것 이상으로 자식들이 자기 것이라고 느낀다. 생산된 것은 생산자에게 속하지만(예컨대 치아나 모발 등은 그 사람에게 속한다), 생산자는 생산된 것에 속하지 않거나 더 적게 속하기 때문이다. 또한 부모의 사랑은 시간적으로도 더 길다. 부모는 자식들이 태어나면서부터 사랑하지만, 자식들은 어느 정도 시간이 지나고 판단력과 지각이 생겼을 때라야 부모를 사랑하니 말이다. 이로 미루어 왜 어머니가 아버지보다 자식들을 더 사랑하는지도 분명해진다.

따라서 부모는 자식들을 자기 자신으로서 사랑하고(자식들은 독립적으로 생존하는 일종의 다른 자아이니까), 자식들은 부모를 자신들을 태어나게 해준 존재로서 사랑한다. 형제들은 같은 부모에게서 태어난 존재로서 서로 사랑한다. 형제들은 부모와의 동일한 관계를 통해 자기들끼리도 동등한 관계를 맺는다. 그래서 '한 핏줄'이니 '한 뿌리'니 하는 말이 생겨난 것이다. 따라서 형제들은 비

39 1159b26~31(8권 9장).

록 몸은 다르지만 어떤 의미에서는 동일자이다. 같이 양육되고 같

은 또래라는 사실이 형제들의 우애를 증진한다. 같은 또래는 친구

가 되고, 같이 생활하면 동지가 되기 때문이다. 그래서 형제간의

우애는 동지 간의 우애와 비슷하다. 사촌들과 다른 친족 간의 우애

는 같은 선조에 바탕을 두므로 형제간의 우애의 연장이다. 공동 선

조와 가까운가 먼가에 따라 그들은 더 강하게 결속하기도 하고 덜

강하게 결속하기도 한다.

　　부모를 향한 자식들의 사랑은 신들을 향한 인간의 사랑과 마찬

가지로 훌륭하고 우월한 존재를 향한 사랑이다. 부모는 자식들의

생존과 양육은 물론이고 날 때부터 교육을 책임진 존재로, 부모는

자식들에게 최대의 혜택을 베풀었기 때문이다. 또한 부모와 자식

들은 더 오랫동안 함께 사는 만큼 이런 종류의 사랑은 남남끼리의

우애보다 쾌락과 유용성도 더 많이 내포한다.

　　형제간의 우애는 동지들 특히 선량한 동지들 사이의 우애와 흔

하게는 서로 마음 맞는 사람들 사이의 우애에서 발견되는 특징들

을 갖는다. 형제들은 더 가까운 친족 간이고, 날 때부터 서로 사랑

하고 같은 부모의 자식들로 함께 양육되고 비슷한 교육을 받은 만

큼 성격이 더 비슷하다. 또한 형제간의 우애는 가장 오랜 기간 검증

받은 만큼 가장 믿음직하다. 다른 친족과의 우애의 정도도 가까운

정도에 비례한다.

　　부부간의 사랑도 본성적인 것 같다. 가정이 국가보다 더 먼저이

고 더 필요하며 생식(生殖)은 동물의 공통된 특징인 만큼 인간은 국

가를 형성하는 것 이상으로 짝을 지으려는 경향이 있기 때문이다.

다른 동물의 경우 공동체는 거기까지이지만, 인간은 생식을 위
해서뿐 아니라 생필품을 확보하기 위해서도 함께 산다. 처음부터
인간의 기능은 나뉘어 남편의 기능과 아내의 기능이 다르기 때문
이다. 그래서 그들은 자신들의 재능을 공동출자함으로써 서로 돕
는다. 그래서 부부간의 사랑에는 유용성과 쾌락 둘 다 포함되어 있 25
는 것처럼 보인다. 그러나 부부가 좋은 사람일 때는 부부간의 사랑
은 미덕에 근거한 것일 수도 있다. 부부는 저마다 고유한 미덕을 가
질 수 있고, 이것이 부부에게 즐거움의 원천이 되기 때문이다. 자
식들은 부부를 맺어주는 끈인 것 같다. 그래서 자식 없는 부부는
쉽게 헤어진다. 자식은 부부에게 공동선이고, 공통된 것은 결합을
지속시키기 때문이다.

부부 또는 일반적으로 두 친구가 함께 살며 서로를 어떻게 대해 30
야 하는지는 그들이 어떻게 해야 올바르게 살 수 있는지의 문제와
다르지 않은 것 같다. 정의는 친구에게나, 이방인에게나, 동료에게
나, 함께 공부하는 사람에게 똑같지는 않은 것 같기 때문이다.

제13장―동등한 자들 사이의 우애에서 지켜야 할 원칙

첫머리에서 말한 바와 같이[40] 우애에는 세 종류가 있다. 그리고 각 35

---

40 1156a7(8권 3장).

종류마다 동등성에 근거한 친구들도 있고, 우월성에 근거한 친구들도 있다. (동등하게 좋은 사람들만이 친구가 되는 것이 아니라

1162b 더 나은 사람도 더 못한 사람과 친구가 되니까. 마찬가지로 쾌락과 유용성을 위한 우애에서도 각자가 베푸는 혜택은 같거나 같지 않을 수 있다.) 따라서 동등한 친구들은 사랑이나 그 밖의 다른 것에서 동등한 몫을 기여함으로써 동등성을 입증해야 하며, 한편 동등하지 못한 친구들은 상대방의 우월함 또는 열등함에 비례하는 것으로 보답해야 한다.

5 　불평과 비난은 전적으로 또는 주로 유용성을 위한 우애에서 제기되는데, 당연한 일이다. 그도 그럴 것이 미덕을 위해 친구가 된 사람들은 서로에게 혜택을 베풀려고 노력하는데(이것이 미덕과 우애의 특징이니까), 그런 종류의 경쟁을 벌이는 사람들 사이에는

10 불평하거나 다툴 여지가 없으니 말이다. 자기를 사랑하고 잘해주는 사람에게 감정이 상하는 사람은 아무도 없기 때문이다. 점잖은 사람이라면 오히려 잘해준 사람에게 잘해줌으로써 보답할 것이다. 더 많이 베푸는 사람도 목표를 달성한다면 친구에게 불평하지 않을 것이다. 각자는 좋음을 추구하기 때문이다.

15 　쾌락을 위한 우애에서도 불평은 별로 제기되지 않는다. 함께 지내는 것이 즐겁다면 둘 다 원하는 것을 얻기 때문이다. 그리고 함께 지내지 않을 수 있는데도 친구가 재미없다고 불평하는 것은 분명 우스워 보일 것이다.

　그러나 유용성을 위한 우애에서는 불평이 제기된다. 이 경우 각

자는 자기 이익을 위해 상대방을 이용하고, 따라서 자기는 당연히 받아야 하는 것보다 더 적게 받는다고 생각하고는 언제나 더 많은 것을 요구하며, 자기는 그럴 자격이 있는데도 원하는 만큼 받지 못한다고 불평을 늘어놓기 때문이다. 그리고 시혜자는 결코 수혜자 20 가 원하는 만큼 베풀 수 없다.

정의도 성문화되지 않은 것과 법으로 정해진 것 두 종류가 있듯이, 유용성에 근거한 우애도 도덕적인 것과 법적인 것 두 종류가 있는 것 같다. 불평이 제기되는 것은 주로 사람들이 우애를 맺었을 때와 다른 마음으로 우애를 해소할 때이다.

법적 우애는 조건이 명시된 우애이다. 순전히 상업적인 변종은 25 즉시지불이라는 바탕 위에서 성립하지만, 더 후한 변종은 지불기일을 늦춰주기는 하지만 지불조건에 동의해주기를 요구한다. 후자의 경우 채무는 분명하고 논란의 여지가 없지만, 지불기일 연기에는 우애 같은 것이 내포되어 있다. 그래서 몇몇 도시에서는 그런 경우 소송을 허용하지 않는데, 신용을 바탕으로 거래하는 사람들은 30 그 결과를 감수해야 한다고 생각하기 때문이다.

도덕적 우애는 조건이 명시된 우애가 아니라, 선물을 하든 그 밖에 무엇을 하든 말하자면 친구에게 하는 것이다. 하지만 준 사람은 선물한 것이 아니라 빌려준 양 자기가 준 것만큼 또는 준 것 이상을 돌려받기를 기대한다. 그래서 거래가 시작됐을 때보다 거래가 끝났을 때 사정이 더 어려워진 쪽에서 불평을 할 것이다. 그런 일이 35 생기는 것은, 사람은 모두 아니면 대부분 고매한 것을 바라면서도

자기에게 이익이 되는 것을 선택하기 때문이다. 고매한 것이란 보
상을 기대하지 않고 남에게 잘해주는 것이고, 자기에게 이익이 되
는 것이란 혜택을 받는 것이다.

따라서 우리는 가능하다면 받은 만큼 갚아야 한다. 친구가 자진
해서 베풀 때는(우리는 누군가 자진해서 베풀지 않을 때는 친구로
삼지 말아야 하며, 처음에 잘못 알고 받아서는 안 될 사람한테서
받았다는 것을 인정하고 받은 것을 되돌려주어야 한다. 그것은 친
구한테서 받은 것도 아니고, 이타적인 사람한테서 받은 것도 아니
기 때문이다. 우리는 마치 조건이 명시된 혜택을 받은 것처럼 거래
를 끊어야 한다.) 또한 가능하다면 되갚겠다는 데 동의해야 한다.
그러면 주는 사람도 되갚을 능력이 없는 사람이 되갚을 것이라고
기대하지 않을 것이다. 그러니 우리는 가능하면 되갚아야 한다. 그
러나 우리는 우리에게 베푸는 사람이 누구이며, 그 조건이 어떤 것
인지 처음에 잘 따져보아야 한다. 그런 조건으로 혜택을 받거나 아
니면 거절할 수 있도록 말이다.

혜택을 받고 되갚을 때 우리가 기준으로 삼아야 하는 것이 받은
사람의 이익인지, 아니면 베푸는 사람의 후함인지는 논쟁거리이
다. 받은 사람은, 자기가 받은 것은 준 사람에게는 별것도 아니고
남한테서 받을 수도 있다고 주장하며 받은 것을 과소평가한다. 반
대로 준 사람은, 그것은 자기가 줄 수 있는 가장 큰 것이고 남한테
서 얻을 수 있는 것도 아니며 위험하거나 어려울 때 준 것이라고 주
장하기 때문이다.

328 니코마코스 윤리학

우애가 유용성에 근거하는 곳에서는 아마도 받은 사람의 이익이 정당한 기준일 것이다. 혜택을 요구하는 것은 받은 사람이고, 주는 사람은 자기가 준 만큼 돌려받을 것이라고 기대하고 그를 도와주기 때문이다. 그러니 주는 사람이 베푼 혜택의 크기는 받은 사람이 받은 도움의 크기에 비례한다. 따라서 받은 사람은 자기가 받은 혜택을 받은 만큼 되갚거나 받은 것 이상 되갚아야 한다. 그러는 편이 더 고매하기 때문이다.

그러나 미덕에 근거한 우애에는 불평이 없다. 오히려 주는 사람의 의도가 기준인 것 같다. 의도야말로 미덕과 성격을 결정하는 요인이기 때문이다.

제14장—동등하지 못한 자들의 상충되는 주장

우월성에 근거한 우애에서도 분쟁은 생긴다. 각자가 상대방보다 더 많이 얻기를 기대하기 때문이다. 그리고 그런 일이 일어나면 우애는 소멸한다. 우월한 사람은 훌륭한 사람에게 더 많이 분배되어야 하는 만큼 자기가 더 많이 가져야 한다고 생각한다. 그러나 더 유익한 사람도 그렇게 생각하기는 마찬가지이다. 그들의 주장에 따르면 이바지한 바가 없는 사람은 같은 몫을 가져서는 안 되기 때문이다. 수익이 투자에 미치지 못하면 그것은 우애가 아니라 공공봉사[41]라는 것이다. 동업할 때 더 많이 투자한 쪽이 수익을 더 많이 차지하듯 우애에서도 그래야 한다는 것이 그들의 생각이다.

그러나 궁핍하고 열등한 사람은 그와 상반된 주장을 한다. 어려

운 친구들을 돕는 것은 훌륭한 친구의 몫이라는 것이다. 사람들은

35 말한다. '아무 덕도 보지 못할 것이라면 훌륭하거나 힘 있는 사람
의 친구가 되는 것이 무슨 소용이란 말인가?'

1163b 사실 양쪽 주장 모두 옳은 것 같으며, 각자는 당연히 더 많은 몫
을 차지해야 할 것 같다. 하지만 같은 것을 더 많이 차지해서는 안
될 것이다. 우월한 친구는 명예를, 궁핍한 친구는 이익을 더 많이

5 차지해야 한다. 명예는 미덕과 선행에 맞는 보답이고, 이익은 궁핍
에서 벗어나게 해준다.

　　이 원칙은 정체에도 적용되는 것 같다. 공동체에 아무것도 기여
하지 못하는 사람은 존경받지 못한다. 공동체에 속하는 것은 공
동체를 이롭게 한 사람에게 주어지는데, 명예야말로 공동체에 속
하는 것이기 때문이다. 공동체로부터 재물과 명예를 동시에 얻기

10 란 불가능하다. 모든 점에서 손해 보고도 참을 사람은 아무도 없으
니까. 그래서 금전적으로 손해 보는 사람에게는 명예가 분배되고,
돈으로 받기를 원하는 사람에게는 돈이 분배된다. 앞서 말한 바와
같이[42] 공적에 걸맞은 보상은 우애의 균형을 맞춰주며 우애를 보전
해주기 때문이다.

　　따라서 동등하지 못한 친구들은 그렇게 사귀어야 한다. 금전적
으로 또는 도덕적으로 도움을 받은 쪽은 명예로 보답하되 자기가

15 할 수 있는 범위 안에서 되갚아야 한다. 우애는 실행 가능한 것만
을 요구하지 공적에 걸맞은 것을 요구하지 않기 때문이다. 이런 일
은 어떤 경우에는 사실상 불가능하다. 예컨대 신들이나 부모를 모

시는 공경이 그렇다. 신들과 부모에게 그분들의 공적에 걸맞은 보답을 할 수 있는 사람은 아무도 없으며, 할 수 있는 데까지 최선을 다해 섬기는 사람이면 좋은 사람이라고 생각되기 때문이다.

그래서 아버지는 아들과 인연을 끊어도 아들은 아버지와 인연 20 을 끊어서는 안 되는 것이다. 채무자는 빚을 갚아야 하는데, 아들은 무슨 짓을 해도 자기가 받은 것을 제대로 되갚을 수 없어 언제까지나 빚을 지고 있기 때문이다. 한편 채권자는 채무를 탕감해줄 권리가 있다. 따라서 아버지도 그럴 권리가 있다. 또한 아들이 남달리 사악하지 않은 한 아버지가 아들과 의절하는 것은 불가능한 것같다. 부자간의 타고난 정은 제쳐두고라도 아들의 도움을 거절하 25 지 않는 것은 인간적인 일이기 때문이다. 그러나 아들이 사악하다면 아버지 돕기를 피하려 하거나, 아니면 마지못해 도울 것이다. 대부분의 사람은 혜택을 받기를 원하고, 혜택을 베푸는 것은 소득이 없다고 피한다.

이 주제에 관한 논의는 이쯤 해두자.

41 고대 아테나이에서는 연극 경연 때 소요되는 코로스 의상과 훈련 비용이나 전함을 의장(艤裝)하는 데 드는 비용 등은 국가에서 지정하는 부자들이 부담했는데, 이를 공공봉사(leitourgia)라고 한다.
42 1158b27~28 (8권 7장), 1159a33~b7 (8권 8장), 1162a34~b4 (8권 13장).

제 9 권

우애 Ⅱ

제1장 — 우애에서 동기의 차이로 인한 어려움

앞서 말한 바와 같이[1] 서로 동등하지 못한 사람들 사이의 모든 우애에서 동등성을 확보해주고 우애를 보존하는 것은 비례[2]이다. 예컨대 국가공동체에서 제화공은 자기가 만든 구두의 가치에 비례하는 대가를 받으며, 그 점은 직조공과 다른 장인도 모두 마찬가지이다. 이 경우 공동의 척도는 화폐의 형태로 제공된다. 따라서 모든 것은 화폐와 관련되고 화폐로 환산된다.

그러나 에로스적 우애의 경우, 연인은 때로는 자신의 헌신적인 사랑이 보답받지 못한다고 불평하곤 한다. (사랑받을 만한 자질을 그가 갖고 있지 못하기 때문이다.) 그런가 하면 연동은 연인이 전에는 무엇이든 약속하더니 지금은 아무것도 이행하지 않는다고 불평하곤 한다.

이런 일은, 연인은 쾌락 때문에 연동을 사랑하고 연동은 유익 때문에 연인을 사랑하는데, 둘 다 더이상 그런 목적을 이룰 수 없을 때 일어난다. 그런 동기들에 근거한 우애는 친구들이 서로 사랑한 이유들이 소멸되자마자 해소되기 때문이다. 각자가 사랑한 것은 상대방 자신이 아니라 상대방의 자질들인데, 그런 자질들은 오래 가지 못하므로 그런 우애도 오래가지 못한다. 그러나 성격에 근거한 우애는 앞서 말한 바와 같이[3] 그 자체 때문에 존재하기에 오래 간다.

　우애의 결과물이 양쪽이 바라는 것과 다를 때는 분쟁이 일어난다. 바라는 것을 얻지 못하는 것은 아무것도 얻지 못하는 것과 같기 때문이다. 이를테면 누군가 키타라 연주자에게 보수를 약속하며 연주를 잘할수록 그만큼 보수도 올려주겠다고 했는데, 이튿날 아침 키타라 연주자가 그에게 약속을 지키라고 하자 그는 받은 즐거움은 이미 즐거움[4]으로 갚았노라고 대답했다고 가정해보라. 만약 양쪽이 원했던 것이 즐거움이라면 그것으로 충분했을 것이다. 하지만 한쪽은 즐거움을 원하고 다른 쪽은 이득을 원할 경우에 한쪽은 원하는 것을 갖고 다른 쪽은 그러지 못한다면, 그들의 상호협력은 원만하지 못한 것이 된다. 사람은 필요한 것을 얻고 싶어 하

---

1 1132b31~33(5권 5장), 1158b27(8권 7장), 1159a35~b3(8권 8장), 1162a34~b4(8권 13장), 1163b11(8권 14장).

2 to analogon.

3 1156b17(8권 3장).

4 많은 보수를 받게 될 것이라고 기대할 때의 즐거움.

며, 그래서 자기가 가진 것들을 내어주기 때문이다.

하지만 누가 봉사의 가치를 정할 것인가? 봉사하는 사람인가, 아니면 봉사받는 사람인가? 이 문제는 봉사하는 사람이 봉사받는 사람에게 맡기는 것 같다. 아무튼 프로타고라스가 그랬다고 한다.[5] 그는 무엇인가를 가르치고 나서 제자에게 제자 자신이 얻은 지식의 가치를 평가하라고 하고는 그만큼을 보수로 받았으니 말이다. 그러나 이런 문제에서 어떤 사람들은 '친한 사람에게는 약속한 품삯을 반드시 주도록 하시라!'[6]라는 원칙을 선호한다.

그러나 미리 보수를 받고 나서, 엄청난 일을 해주겠다고 해놓고서 약속한 것을 하나도 이행하지 못하는 사람들은, 합의한 것을 지키지 못하니 비난받아 마땅하다. (소피스트들은 아마도 미리 보수를 받지 않을 수 없을 것이다. 그들이 갖고 있는 지식에 대가를 지불할 사람은 아무도 없을 테니까.) 그래서 그들은 보수를 받지만 해주기로 한 일을 해주지 못하니 당연히 비난의 대상이 된다.

봉사에 관해 서로 합의한 것이 없을 경우 우리가 앞서 말한 바와 같이[7] 상대방을 위해 봉사하는 사람들은 비난받지 않는다. (미덕에 근거한 우애는 비난을 용납하지 않는다.) 또한 보답은 시혜자의 의도에 비례해야 한다. (우애와 미덕에서 중요한 것은 의도이기 때문이다.) 철학을 가르치고 배우는 사제지간에도 당연히 그래야 한다. 철학의 가치는 돈으로 환산되지 않고, 그런 봉사에 걸맞은 명예는 없기 때문이다. 하지만 신들과 부모에게 하듯[8] 수혜자가 힘닿는 데까지 보답하면 그것으로 충분할 것이다.

그러나 친구를 위해서가 아니라 조건부로 베푸는 경우 보답은 당연히 양쪽 모두에게 공정하다고 생각되는 그런 것이어야 할 것이다. 그것이 불가능할 경우에는 수혜자가 가치를 평가하는 것이 당연하고도 옳은 것 같다. 만약 A가 B에게 베푼 혜택만큼, 또는 자기가 받은 쾌락에 B가 흔쾌히 지불할 만큼 돌려받는다면, A는 B한테서 자신의 봉사에 맞는 정당한 대가를 돌려받은 셈이 될 것이다. 실제로 상거래에서도 그런 일이 일어나는 것 같다. 몇몇 나라에는 수의계약 파기를 요구하는 소송을 금하는 법률이 있는데, 이 것은 일단 신뢰한 사람과는 처음 거래를 텄을 때의 정신으로 거래를 마감해야 한다고 보는 것이다. 법은 위탁한 사람보다는 위탁받은 사람이 사물의 가치를 평가하는 것이 더 옳다고 보니까. 가지고 있는 사람들과 갖기를 원하는 사람들은 대개 같은 사물에 동등한 값을 매기지 않는다. 사람들은 저마다 자기가 가진 것과 자기가 제공하는 것의 가치를 높이 평가하니 말이다. 그러나 보답은 받은 사람의 가치평가에 근거하여 이루어진다. 하지만 어떤 사물을 평하는 평가는 아마도 받은 사람이 받은 뒤 그것이 가지고 있다고 생각되는 가치가 아니라, 그가 받기 전에 그것이 가지고 있다고 생각한

---

5 플라톤, 『프로타고라스』 328b. 프로타고라스는 압데라(Abdera) 출신의 유명 소피스트이다.
6 헤시오도스, 『일과 날』 370행.
7 1162b6~11(8권 13장).
8 1163b15~18(8권 14장).

가치에 따라 이루어져야 할 것이다.

제2장—우애의 여러 요구로 인한 문제점

다른 난제는 다음과 같다. 만사를 아버지에게 맡기고 매사에 아버지에게 복종해야 하는가? 병이 들면 의사를 믿어야 하는가? 장군을 선출할 때⁹는 전투 경험이 있는 사람을 선출해야 하는가? 마찬가지로, 훌륭한 사람보다는 오히려 친구를 도와야 하는가? 두 가지 다 할 수 없다면, 시혜자에게 우선 감사히 여기는 마음을 표해야 하는가 아니면 가까운 친구에게 먼저 봉사해야 하는가?

물론 그런 경우를 당하여 정확한 방침을 정하기란 쉬운 일이 아니다. 그런 경우는 봉사의 크고 작음이나, 봉사의 고매함과 필요성과 관련하여 여러 가지 차이가 나기 때문이다. 그러나 같은 사람에게 모든 것을 다 주어서는 안 되는 것은 의심할 여지가 없다. 대체로 가까운 친구에게 호의를 베푸는 것보다는 먼저, 받은 은혜를 갚는 것이 더 중요하다. 친구에게 돈을 주느니 빚을 갚아야 하는 것과 같은 이치이다. 그러나 여기에도 예외가 있을 것이다. 예컨대 다른 사람이 몸값을 내주어 그대가 납치범들한테서 풀려났다고 가정해보자. 그대를 풀어준 사람이 누구든 간에 그 사람이 납치되는 경우 그대도 몸값을 주고 그를 풀어주어야 하는가? 아니면 그가 납치되지 않았을 경우 그가 몸값을 돌려달라고 요구하면 그대는 몸값을 갚아야 하는가? 아니면 그대는 그대의 아버지를 몸값을 주고 구출해야 하는가? 그대는 아마도 그대 자신보다도 먼저 아버지를 몸값을 주고 구출해야 할 것 같으니 말이다.

그렇다면 앞서 말한 바와 같이[10] 일반적으로는 빚은 반드시 갚아야 하지만, 만약 베푸는 일이 월등히 고매하거나 월등히 필요하다면 이런 점들을 고려하여 규칙에서 벗어나야 할 것이다. 받은 만큼 갚는 것이 공정하지 못할 때도 있다. 이를테면 A라는 사람이 B가 훌륭한 사람인 줄 알고 잘해주는데, B는 A가 사악한 사람이라고 생각하면서 갚을 때가 그렇다. 실제로 돈을 빌린 적이 있는 사람에게 돈을 빌려주어서는 안 될 때도 더러 있다. A는 돌려받을 것이라고 믿고 정직한 사람인 B에게 돈을 빌려주었지만, B는 악당인 A한테 빌려주면 돈을 돌려받을 가망이 없기 때문이다. 따라서 사정이 실제로 그렇다면, A의 요구는 공정하지 못하다. 사정이 그렇지 않은데도 B가 그렇다고 생각한다면, B가 거절하는 것은 지나치지 않은 것 같다. 여러 차례 지적한 바와 같이[11] 감정과 행위에 대한 논의에서는 그 주제가 허용하는 이상의 정확성은 기할 수 없다.[12]

그렇다면 분명 우리는 누구에게나 똑같이 보답해서는 안 되고, 마치 제우스에게 무엇이든 제물로 바치지 않듯이 아버지라고 해서 매사에 우선권을 부여해서도 안 된다. 또한 부모, 형제, 동지, 은인

9 고대 아테나이에서는 해마다 10명의 장군(strategos)이 투표로 선출되었다.
10 1164b31~1165a2.
11 1094b11~27(1권 3장), 1098a26~29(1권 7장), 1103b34~1104a5(2권 2장).
12 보편적 규칙에는 예외가 있기 마련이라는 뜻인 듯하다.

이 우리에게 요구하는 것은 저마다 다른 만큼 우리는 각자에게 적절하고 어울리는 것을 제공해야 한다. 사람들은 실제로 그렇게 하고 있는 것 같다. 사람들이 결혼식에 친족을 초대하는 것은, 친족은 가족의 구성원인 만큼 가족의 일에 관심이 있기 때문이다. 또한 사람들은 같은 이유에서 친족은 장례식에 참석할 의무가 있다고 생각한다. 우리는 부모에게 양육되었으니 누구보다도 부모를 부양할 책임이 있으며, 우리 자신을 돕기보다도 우리를 존재하게 해준 분들을 그렇게 돕는 것이 더 고매한 것 같다. 또한 우리는 신들에게 경의를 표하듯 부모에게 경의를 표해야 한다. 그러나 모든 종류의 경의를 표해서는 안 된다. 우리는 아버지와 어머니에게 같은 경의를 표해서는 안 되며, 부모에게는 현자나 장군에게 걸맞은 경의가 아니라 아버지에게 걸맞은 경의를, 마찬가지로 어머니에게 걸맞은 경의를 표해야 한다.

또한 연장자들에게는 젊은이들이 자리에서 일어서거나 자리를 양보하는 등 예(禮)를 갖춤으로써 그분들의 연세에 걸맞은 경의를 표해야 한다. 동지들과 형제들에게는 솔직해야 하고, 모든 것을 공유해야 한다. 친족·동료 부족 구성원·동료 시민 등에게는 언제나 적절한 것을 나눠주도록 노력하되, 그들의 여러 요구를 관계의 친밀도·미덕·유용성과 관련하여 비교해보아야 한다. 이는 그들이 같은 부류에 속할 때는 비교가 쉬운 편이지만, 다른 부류에 속할 때는 힘든 편이다. 그렇다고 해서 이 일을 회피해서는 안 되고, 우리가 할 수 있는 데까지 최선을 다해 이 문제를 해결해야 한다.

제3장—우애가 해소되는 이유

또 다른 난제는 전과 같지 않은 사람들과의 우애를 해소할 것인지 말 것인지이다. 우애가 유용성이나 쾌락에 근거하는 경우, 우리 친구들이 더이상 그런 자질을 갖고 있지 않을 때는 우애를 해소하는 것이 전혀 이상하지 않다. 우리가 친구가 된 것은 그런 자질 때문이었던 만큼 그런 자질이 사라졌을 때 더이상 사랑하지 않는 것은 당연하다.

1165b

하지만 상대방이 단지 유용성과 쾌락 때문에 사랑하면서도 우리의 성격 때문에 사랑하는 척한다면 불평할 수 있다. 왜냐하면 첫머리에서 말했듯이[13] 친구들 사이의 다툼은 대개 그들이 서로 친구라고 생각하는 것과 다른 방식으로 친구일 때 생기기 때문이다. 친구는 전혀 그런 암시를 준 적이 없는데 성격 때문에 사랑받는다고 완전히 오해한 사람이 있다면 잘못은 그 사람에게 있다. 그러나 상대방의 가식 때문에 속았다면 그렇게 속인 자에게 당연히 항의할 것이다. 아니, 위폐 제작자에게 항의하는 것보다 더 엄중히 항의해야 한다. 그는 돈보다 더 귀중한 것을 모독하기 때문이다.

5

10

그런데 A는 B를 선한 사람이라 믿고 친구로 받아들였는데 B가 악당으로 드러나거나 악당인 것처럼 보인다면 A는 B를 여전히 사랑해야 하는가? 모든 것이 사랑받을 만한 게 아니라 오직 좋은 것

---

13 1162b23(8권 13장).

만이 사랑받을 만하다면, 그것은 확실히 불가능할 것이다. 사악한 것은 사랑받을 만한 가치가 없으며 사랑받아서도 안 된다. 우리는 사악한 것을 사랑해서도 안 되고 보잘것없는 사람처럼 행동해서도 안 된다. 그래서 유유상종이라고 이미 말하지 않았던가![14]

그렇다면 우애는 당장 해소되어야 하는가? 아니면 모든 경우에 그럴 필요는 없고, 치유할 수 없을 만큼 타락한 자들과의 우애만 해소되어야 하는가? 그들이 교정될 수 있다면, 우리는 그들의 재산보다도 그들의 성격을 구제해야 한다. 성격은 더 고귀한 것이고 우애와 더 밀접한 관계에 있기 때문이다. 그렇기는 해도 그런 우애를 해소하는 사람이 이상한 짓을 하는 것으로 보이지는 않을 것이다. 그는 그런 사람의 친구가 된 것은 아니었으니까. 그래서 그는 변한 친구에게서 바로잡을 수 없는 사람에게서 멀어진다.

그러나 한 친구는 전과 다름없는데 다른 친구는 더 나아지고 미덕에서 훨씬 훌륭해진다면 그런 차이가 나더라도 전과 다름없는 쪽을 친구로 대해야 하는가? 그것은 분명 불가능하다. 이 점은 이를테면 어릴 때부터 시작된 우애에서처럼 양쪽 사이의 차이가 커질 때, 보다 분명하게 드러난다. 한쪽은 여전히 어린아이처럼 생각하는데 다른 쪽은 탁월함을 이루어냈다면 관심사가 서로 다르고 좋아하고 싫어하는 것이 서로 다른데, 그들이 어떻게 친구가 될 수 있는가? 그들은 서로에게 같은 감정을 갖고 있지 않을 텐데, 그것이 없다면 그들은 친구가 될 수 없다. 그들은 함께 살 수 없으니까. 그러나 이 문제는 이미 논의한 바 있다.[15]

그렇다면 더 나은 쪽은 다른 쪽을 마치 친구였던 적이 없는 것처럼 대해야 하는가? 아니면 예전의 우애를 기억해야 하는가? 그리고 우리는 마치 낯선 사람보다는 친구에게 더 많은 호의를 베풀어야 한다고 느끼듯이, 우리는 예전의 우애를 생각해서라도 예전 친구들을 조금은 배려해야 할 것이다. 그들이 지나치게 사악한 탓에 35 우애가 해소된 것이 아니라면.

제4장—자기애에 근거한 우애

이웃을 향한 우애와, 우리가 여러 우애를 구분하게 해주는 기준들 1166a 은 우리 자신을 향한 우리의 감정에서 비롯하는 것 같다.

어떤 사람은 친구를 '친구를 위해 좋거나 좋게 보이는 것을 바라고 행하는 사람' 또는 '친구를 위해 친구가 존재하고 살기를 바라는 사람'이라고 규정짓는다. 이것은 어머니가 자식들에게 갖는 또 5 는 사이가 벌어진 친구들끼리 갖는 태도이다. 다른 사람들은 친구를 '자기 친구와 함께 소일하며 같은 것을 선택하는 사람' 또는 '자기 친구와 슬픔과 기쁨을 나누는 사람'(이것은 어머니의 특징이기도 하다)이라고 규정짓는다. 우애도 이런 특징 가운데 어느 하나에 따라 규정된다.

이런 특징들은 모두 훌륭한 사람이 자신과 맺는 관계에서 발견 10

---

14 1155a32~36(8권 2장), 1156b19~21(8권 3장), 1159b2~3(8권 8장).
15 1157b17~24(8권 5장), 1158b33~35(8권 7장).

된다. (이 점은 자신을 훌륭하다고 생각하는 한 다른 사람들에게도 적용된다.) 앞서 말한 바와 같이[16] 무슨 일에나 미덕과 훌륭한 사람이 기준인 것 같다. 훌륭한 사람은 자신과 일치해서 생각하며, 그의 혼 전체가 같은 것을 바라기 때문이다. 따라서 그는 자기 자신을 위해 좋은 것과 좋게 보이는 것을 바라고 실제로 행한다. (좋음을 추구하는 것이 좋은 사람의 특징이니까.) 그리고 그는 자기 자신을 위해 그렇게 한다. (그는 개인 자체라고 생각되는 자기 안의 지적 요소를 위해 그렇게 하니 말이다.)

또한 그는 특히 그것으로 자기 자신이 사고하는 부분이 살고 보존되기를 바란다. 훌륭한 사람에게는 생존이 좋음이며, 각자는 자기 자신을 위해 좋음을 바라기 때문이다. 먼저 자신이 다른 사람이 되어야 한다면, 세상의 좋은 것을 다 준다 해도 아무도 그것을 갖고 싶어 하지 않을 것이다. (최고선은 신들만이 소유하니까.) 그게 무엇이든 지금의 자신으로 남는다면 몰라도. 또한 사고하는 부분은 사실상 또는 우선적으로 개인 자체인 것 같다.

그런 사람은 자기 자신과 더불어 소일하기를 바란다. 그에게는 그러는 것이 즐겁기 때문이다. 과거의 행적에 담긴 흐뭇한 기억과 앞으로의 일에 대한 희망이 그를 즐겁게 해주니까. 또한 그의 마음에는 관조를 위한 주제가 많이 비축되어 있다.

또한 그런 사람은 어느 누구보다도 자기 자신과 슬픔과 기쁨을 나눈다. 그에게 괴롭거나 즐거운 것은 언제나 같으며 수시로 바뀌지 않기 때문이다. 말하자면 그는 결코 후회할 일이 없는 사람이니까.

따라서 훌륭한 사람은 자기 자신을 향한 이런 감정들을 갖고 $\quad$ 30
있고, 또 자신과 맺는 것과 같은 관계를 친구에게도 확장하기에
(친구는 제2의 자아이니까) 우애는 앞서 말한 감정 가운데 하나
로 간주되며, 친구는 그런 감정들을 가진 사람으로 간주된다.

자기 자신을 향한 우애가 가능한지 아니면 불가능한지의 문제
는 현재로서는[17] 제쳐두어도 될 듯하다. 그러나 우리가 앞서 말한 $\quad$ 35
것으로 미루어, 그리고 극단적 우애는 자기 자신을 향한 우애에 가
까우므로 사람이 둘 또는 그 이상의 부분으로 되어 있는 한 그런 $\quad$ 1166b
사랑은 가능해 보인다.

그런데 우리가 언급한 자질들은 비록 보잘것없는 사람이라 하더
라도 대중도 갖고 있는 것 같다. 그들은 아마도 자신들에 만족하고
자신들이 훌륭한 사람이라고 생각하는 한에서만 그런 자질들에
참여할 것이다. 전적으로 보잘것없고 불경한 자는 누구도 그런 자 $\quad$ 5
질들을 갖고 있지 않거나, 갖고 있는 것처럼 보이지 않으니 말이다.
열등한 자들 역시 그런 자질들을 갖고 있지 않다고 말해도 지나친
말이 아닐 것이다. 그들은 자신과 불화하고, 욕구하는 것과 원하
는 것이 서로 다르기 때문이다. 그들은 자제력 없는 사람들과 같은
데, 자신이 좋다고 생각하는 것 대신 해로운 쾌락을 선택한다. 비
겁하고 게을러서 자신을 위해 최선이라고 생각되는 것을 실행하지 $\quad$ 10

---

16 1113a22~33(3권 4장).
17 이 문제는 1168a28~1169b2(9권 7장)에서 다시 논의된다.

않고 물러서는 사람들도 있다. 그런가 하면 흉악한 범죄를 많이 저지르고 악행 때문에 미움받는 자들은 삶을 피해 자살한다. 또한 사악한 자들은 함께 소일할 사람을 찾으면서도 자기 자신은 피한
15 다. 혼자 있으면 자신이 저지른 불쾌한 행위가 자꾸 떠오르고 비슷한 행위가 예견되는데, 남과 같이 있으면 그런 행위가 잊히기 때문이다. 그들은 사랑받을 만한 자질들이 없기에 자신에게 우애의 감정을 느끼지 못한다. 그래서 그런 사람들은 자신과 기쁨도 슬픔도
20 나누지 못한다. 그들의 혼은 내분 상태라 혼의 한 부분은 타락해 무엇인가를 멀리하면 고통을 느끼는데 다른 부분은 쾌감을 느끼기 때문이다. 마치 혼을 찢어놓으려는 듯 한 부분은 이쪽으로 끌어당기고 다른 부분은 저쪽으로 끌어당긴다. 사람이 쾌감과 고통을 동시에 느낄 수 없다면, 그런 사람은 자신이 즐거했던 것 때문에 잠
25 시 뒤에는 괴로울 것이다. 그는 그런 것들을 즐기지 말걸 하고 자책할 것이다. 악인들은 후회하기 마련이니까.

이렇듯 악인은 자기 자신에게도 우호적이 아닌 것 같다. 그에게는 사랑받을 만한 것이 아무것도 없기 때문이다. 따라서 이런 상태가 아주 비참한 것이라면 우리는 있는 힘을 다해 사악함을 피하고, 훌륭한 사람이 되려고 노력해야 한다. 그래야만 자신과 사이가 좋을 수 있고, 그래야 남과도 친구가 될 수 있기 때문이다.

제5장—우애와 호의의 차이

30 호의[18]는 우애와 비슷하지만 같지는 않다. 호의는 모르는 사람들

에게도 부지중에 느낄 수 있지만 우애는 그럴 수 없기 때문이다. 이 점은 이미 논의한 바 있다.[19] 호의는 애정과도 다르다. 호의에는 긴장과 욕구가 내포되지 않지만, 애정에는 이 둘 모두가 수반되기 때문이다. 또한 애정은 친교를 내포하지만, 호의는 경기 때 서로 경쟁하는 선수들에게 생겨나듯 갑자기 생겨나기도 한다. 관중은 선수들에게 호의를 느끼고 그들의 희망을 공유하지만 그들을 위해 아무것도 해주지 않으니 말이다. 이처럼 호의는 갑자기 생겨나고 그들의 호감은 피상적이다. 35

1167a

그러나 호의는 우애의 시작인 것 같다. 마치 누군가를 보는 즐거움이 연애의 시작이듯. 누군가의 모습에 즐거움을 느끼지 않는다면 아무도 연애를 할 수 없기 때문이다. 하지만 누군가의 모습이 즐겁다고 해서 연애를 시작하는 것은 아니다. 상대방이 없으면 그립고, 곁에 있었으면 싶을 때라야 연애를 하는 것이다. 마찬가지로 사람들은 서로 호의를 느끼지 않고서는 친구가 될 수 없지만, 호의를 느낀다고 해서 친구가 되는 것은 아니다. 그들은 자신이 호의를 품고 있는 사람이 잘되기를 바랄 뿐 적극적으로 행동하지는 않고, 그를 위해 수고하지도 않을 것이기 때문이다. 5

10

따라서 '우애'라는 말의 의미를 확대하여, 호의는 오랜 친교를 통해 우애로 발전할 잠재적 우애라고 할 수 있을 것이다. 하지만 호

---

18 eunoia.

19 1155b32~1156a5(8권 2장).

의는 유용성이나 쾌락에 근거한 우애로 발전하지는 않는다. 이런

15 것들 때문에 호의가 생겨나는 것은 아니기 때문이다. 수혜자는 자기가 받은 것을 호의로 보답할 것이고 이것은 정당한 행동이다. 그러나 남에게서 덕 볼 것을 기대하고 남이 잘되기를 바라는 사람은 남이 아니라 자기 자신에게 호의를 품고 있는 것 같다. 마찬가지로 어떤 이익을 기대하고 남을 돌봐주는 사람이 있다면, 그는 친구가 아니다.

20 　대체로 호의는 누가 남에게 아름답거나 용감하거나 그와 비슷하게 보일 때 미덕과 탁월성을 이유로 생겨난다. 이 점은 경기 중인 경쟁 선수들과 관련하여 이미 지적한 바 있다.

제6장—우애와 화합

화합[20] 또한 우애의 특징 가운데 하나인 것 같다. 그런데 화합은 의견일치와는 다르다. 의견 일치는 서로 모르는 사람들 사이에서도 가능하기 때문이다. 또한 아무 주제에서나 의견이 일치한다고

25 해서 '화합'이라는 말을 사용하지도 않는다. 예컨대 천체에 관한 의견 일치가 그런 경우이다. (천체에 관한 의견 일치는 우애와는 무관하기 때문이다.) 그러나 시민들이 유익한 것에 관해 의견이 일치하고 같은 정책을 채택하고 공동 결의를 실행할 때, 사람들은 국가가 화합한다고 말한다.

30 　이처럼 화합은 실천적 목적, 그중에서도 쌍방이 또는 모든 시민이 원하는 것을 얻을 수 있는 중대한 목적에만 관련된다. 예컨대

모든 시민이 관직은 선출직이어야 한다거나, 라케다이몬[21]인들과 동맹을 맺어야 한다거나, 자신이 원한다면 핏타코스[22]가 통치해야 한다고 모두가 결의할 때 국가는 화합하고 있다고 말할 수 있다.

그러나 『포이니케 여인들』에서처럼 쌍방이 저마다 자신을 위해 같은 것을 원할 때는 파벌 싸움이 벌어진다.[23] 그것이 무엇이든 쌍방의 생각이 같다고 해서 그것만으로 화합이 이루어지지 않으며, 그러자면 같은 대상과 관련한 생각이어야 한다. 이를테면 민중과 35 상류 계층이 둘 다 최선자들이 통치하기를 원할 때처럼. 그래야만 1167b 그들은 모두 자기가 원하는 것을 얻는다.

따라서 화합은 세상 사람들 말마따나 정치적 우애인 것 같다. 화합은 시민들의 이익과 생활에 관련하기 때문이다. 이런 종류의 화합은 훌륭한 사람들 사이에서 발견된다. 이들은 말하자면 마음 5 이 한결같아서 자신과도 화합할뿐더러 서로 간에도 화합하기 때문이다. 그런 사람들의 소망은 변함이 없어 바다의 조수(潮水)처럼 이리 흘렀다 저리 흘렀다 하지 않는다. 또한 그들은 옳고 유익

---

20 homonoia.

21 스파르테를 달리 부르는 이름.

22 Pittakos (기원전 650년경~570). 에게해 북동부 레스보스(Lesbos)섬에 있는 뮈틸레네(Mytilene) 시의 참주.

23 에우리피데스의 비극 『포이니케 여인들』(*Phoinissai*)에서는 테바이 왕권을 놓고 오이디푸스의 두 아들 에테오클레스(Eteokles)와 폴뤼네이케스(Polyneikes) 사이에 골육상잔의 참극이 벌어진다.

10 한 것을 원하며, 그런 것들을 공동으로 추구한다. 그러나 보잘것없
는 사람들은 조금밖에 친구가 될 수 없듯이 조금밖에 화합할 수 없
다. 그들은 어려운 일과 공공봉사에서는 제몫을 적게 하면서도 이
익은 제몫 이상을 챙기려 하기 때문이다. 또한 각자는 자기를 위한
15 이익을 바라기에 이웃을 감시하고 제재한다. 사람들이 지키지 않
으면 공공 이익은 파괴되기 때문이다. 그 결과 그들은 옳은 일을 행
하도록 서로에게 강요하면서도 정작 자신은 실행하지 않음으로써
분열을 일삼는다.

제7장—왜 시혜자가 수혜자보다 더 사랑하는가

수혜자가 시혜자를 사랑하는 것보다도 시혜자가 수혜자를 더 사
20 랑하는 것 같다. 그리고 이 점은 마치 역설인 양 논의되었다. 대다
수의 생각에 따르면 수혜자는 채무자이고 시혜자는 채권자이기에
그런 일이 일어난다는 것이다. 그래서 돈을 빌릴 경우 채무자는 채
권자가 없어지기를 바라지만 채권자는 실제로 채무자의 안전에 관
심이 있듯이, 마찬가지로 시혜자는 자기가 베푼 은혜를 돌려받으
25 려고 수혜자가 생존하기를 바라지만 수혜자는 은혜를 갚을 마음
이 없다는 것이다.

　에피카르모스는 아마도 그것은 사람들이 사물을 부정적으로
보기 때문이라고 말하겠지만[24] 그렇게 보는 것은 인간적인 것 같
다. 사람들은 대개 쉽게 잊어버리며 남에게 베풀기보다는 남이 자
기에게 베풀기를 더 바라기 때문이다. 그러나 그 원인은 본성에 더

깊이 뿌리내리고 있으며, 시혜자는 돈을 빌려주는 사람과는 전혀 유사하지 않다. 돈을 빌려주는 사람은 채무자에게 우애의 감정을 느끼는 것이 아니라 빌려준 것을 돌려받기 위해 채무자가 안전하기를 바라겠지만, 시혜자는 지금도 소용이 없고 앞으로도 소용이 없을 것 같아도 수혜자를 사랑하고 좋아하니 말이다.

이 점은 장인(匠人)의 경우도 마찬가지이다. 모든 장인은 작품이 태어나면 작품이 그를 사랑하는 것보다 더 자신의 작품을 사랑한다. 시인의 경우가 특히 그렇다. 시인들은 자기 시를 지나치게 좋아하여 친자식인 양 사랑하기 때문이다. 이것은 시혜자의 처지와도 비슷하다. 혜택을 받은 것은 그들의 작품이고, 그래서 그들은 작품이 제작자인 그들을 사랑하는 것 이상으로 작품을 사랑하니 말이다.

그 이유는 존재는 누구에게나 바람직하고 사랑받을 만한 것인데, 우리는 활동함으로써(즉 살아서 행위함으로써) 존재하기 때문이다. 그리고 작품 제작자는 어떤 의미에서 작품 활동을 통해 존재한다. 그래서 제작자는 자기 존재를 사랑하기에 자기 작품을 사랑하는 것이다. 그리고 그것은 당연하다. 제작자의 잠재된 가능성을 작품이 현실로 드러내기 때문이다. 또한 시혜자에게는 자신의 행위가 고매한 것이기에 시혜자의 행위의 대상이 되는 사람은 즐겁지만, 수혜자에게는 시혜자인 행위자와의 관계에서 고매한 것

30

35

1168a

5

10

24 에피카르모스(Epicharmos), 단편 146 (Kaibel). 에피카르모스는 기원전 5세기 초에 활동한 시칠리아 출신 희극작가이다.

이 아무것도 없고 기껏해야 약간의 이득이 있을 뿐이므로 덜 즐겁고 덜 사랑스럽다.

15 즐거운 것은 현재의 활동이요, 미래의 희망이요, 이룬 것에 대한 기억이다. 그러나 가장 큰 즐거움은 활동에 따르는 것이다. 마찬가지로 그것은 가장 사랑받을 만한 것이기도 하다. 따라서 제작자에게 그의 작품은 남지만(고매한 것은 오래가니까), 수혜자에게 유용성은 일시적이다. 또한 고매한 것들에 대한 기억은 즐겁지만 유익한 것들에 대한 기억은 대체로 즐겁지 않거나 덜 즐겁다. 하지만 앞일을 기대할 때는 그 반대인 것 같다.

또한 사랑하는 것[25]은 일종의 능동적 경험이고, 사랑받는 것은
20 수동적 경험인 것 같다. 따라서 사랑과 우애는 행위에서 주도적인 역할을 하는 사람들의 속성이다. 또한 사람들은 누구나 노력해서 얻은 것을 더 좋아한다. 예컨대 자수성가한 사람이 재산을 물려받은 사람보다 돈을 더 좋아한다. 또한 남한테서 혜택을 받는 데는 노력이 필요 없지만, 남에게 혜택을 베푸는 것은 힘든 일이다. 그래
25 서 아버지보다 어머니가 자식들을 더 사랑하는 것이다. 어머니는 자식들을 낳느라 수고를 더 많이 하고, 자식들이 자기 자식이라는 것을 분명하게 알기 때문이다. 이런 감정은 시혜자에게도 적용될 수 있다.

제8장—진정한 자기애의 본성

또 다른 난제는 사람이 가장 사랑해야 하는 대상이 자신인지, 아

니면 남인지이다. 사람들은 자신을 가장 사랑하는 사람들을 비난하며 '자신을 사랑하는 사람'[26]이라고 비하해서 부른다. 실제로 보잘것없는 사람은 모든 것을 이기적인 동기에서 행하는데, 사 30 악할수록 더 그러는 것 같다. 그래서 그는 이를테면 자기 이해를 떠나서는 아무것도 하지 않는 사람이라는 비난을 듣는다. 하지만 훌륭한 사람은 고매한 동기에서 행하는데 훌륭할수록 더욱 그렇다. 또한 그는 친구를 위해서 행하며 자기 자신의 이익은 무시한다. 35

그러나 이런 이론들은 사실과 맞지 않으며, 이는 놀랍지도 않다. 1168b 사람들은 가장 친한 친구를 가장 사랑해야 한다고 말하기 때문이다. 그런데 가장 친한 친구란 알아주는 사람이 아무도 없어도 상대방을 위해 상대방이 잘되기를 바라는 사람이다. 그리고 이런 조건은 자기 자신과의 관계에서 가장 잘 충족된다. 이 점은 친구를 규정 5 하는 다른 모든 기준에서도 마찬가지이다. 앞서 말한 바와 같이[27] 남에게 느끼는 우애의 감정은 자기 자신에게 느끼는 우애의 감정이 확장된 것이기 때문이다. 모든 속담도 이 점에서는 일치한다. 예컨대 '한마음 한뜻'[28] '친구들은 모든 것을 공유한다' '우애는 평등이다'[29]

---

25 philesis(사랑하는 것).

26 philautoi.

27 1166a1~6(9권 4장).

28 에우리피데스, 『오레스테스』 1046행.

29 1157b36(8권 5장).

'무릎이 정강이보다 더 가깝다'[30]는 속담이 그렇다. 이런 속담은 모두 자기 자신과 맺는 관계에 가장 쉽게 적용된다. 사람은 저마다 자기 자신의 가장 좋은 친구이기 때문에 자기 자신을 가장 사랑해야 한다.

이 두 견해 가운데 어느 쪽을 따라야 할지는 당연히 어려운 문제인데, 두 견해 모두 일리가 있어 보이기 때문이다. 아마도 우리는 이렇듯 서로 다른 주장을 분리하여 이들이 각각 어디까지 진실인지, 어떤 점에서 진실인지 규명해야 할 것이다.

양쪽이 '자기애'라는 말을 어떤 의미로 사용하는지 파악하면 그 어려움은 해소될 것이다. 이 말을 부정적으로 사용하는 사람은 돈이나 명예나 육체적 쾌락을 더 많이 차지하려는 사람들을 '자신을 사랑하는 사람'이라고 부른다. 대중은 이런 것들을 욕구하며, 마치 최고선인 양 이런 것들을 위해서는 수고를 아끼지 않는다. 그래서 이런 것들은 경쟁의 대상이 된다.

이런 것들을 자기 몫 이상으로 차지하려는 사람은 자신의 욕구와 감정 일반과 혼의 비이성적 부분을 만족시키는데, 그런 사람이 대다수이다. 그래서 대다수의 자기애는 나쁜 것이기에 자연스럽게 부정적인 의미를 갖게 된 것이다. 그러므로 이런 방식으로 자신을 사랑하는 사람은 비난받아 마땅하다. 그리고 대중이 자기 자신을 위해 그런 이익을 많이 차지하려는 사람들을 통상 '자신을 사랑하는 사람'이라고 부른다는 것은 의심할 여지가 없다. 만약 올바르거나 절제 있거나 그 밖의 다른 미덕에 걸맞은 행동을 하는 데서 남의 본보기가 되려고 늘 애쓰는 사람이 있다면, 그리고 일반적으로 말해 자기 자신을 위해 고매한 것을 추구하려고 늘 노력하는 사람이 있다면, 그런 사람을 자신을 사랑하는 사람이라고 비난할 사람은 아무도 없을 테니 말이다.

그러나 그런 사람이야말로 누구보다도 자신을 사랑하는 사람인 것 같다. 아무튼 그는 가장 고매한 것과 가장 좋은 것을 자신이 30 차지하며, 자기 안의 가장 중요한 부분을 만족시키며 매사에 그 부분에 복종하기 때문이다. 그리고 국가나 그 밖의 다른 조직체의 경우 가장 중요한 부분이 무엇보다도 국가 또는 조직체로 간주되듯 사람의 경우에도 그의 가장 고귀한 부분[31]은 그 사람 자신이다. 따라서 이 부분을 사랑하고 만족시키는 사람이 진정한 의미에서 자신을 사랑하는 사람이다.

또한 사람은 그의 지성의 통제를 받는지 받지 않는지에 따라 자 35 제력 있는 사람이거나 자제력 없는 사람으로 불리는데, 지성이 그 사람 자신이라고 생각되기 때문이다. 또한 진정한 의미에서 자발 1169a 적이며 우리 자신의 것이라고 생각되는 행위들은 이성의 원칙에 따라 행해진 것들이다. 따라서 이 부분이 각자 자기 자신이라는 것 또는 대체로 그렇다는 것은, 그리고 훌륭한 사람은 무엇보다도 이

---

30 테오크리토스(Theokritos), xvi 18. '팔이 들이굽지 내굽나'라는 우리 속담과 비슷한 뜻인 것 같다.

31 이성적 부분. 1166a17. 22(9권 4장), 1178a2. 7(10권 7장).

부분을 사랑한다는 것은 의심할 여지가 없다.

따라서 그는 진정한 의미에서 자기 자신을 사랑하는 사람일 것이다. 하지만 그 양상은 비난받는 사람과는 달라서 이성에 따른 삶이 감정에 따른 삶보다 더 우월하고, 고매한 것을 바라는 욕구가 이익처럼 보이는 것을 바라는 욕구보다 더 우월하듯 그가 그런 사람보다 더 우월할 것이다.

그래서 고매한 행위를 하려고 남달리 노력하는 사람들은 모든 사람이 인정하고 칭찬한다. 그리고 저마다 고매한 것을 위해 노력하고 가장 고매하게 행동하려고 수고를 아끼지 않는다면, 공공 복리도 증진되고 개인도 저마다 최고선을 향유할 것이다. 미덕이야말로 최고선이기 때문이다.

따라서 좋은 사람은 자기 자신을 사랑하는 사람이 되어야 하지만(그래야만 그는 고매한 행위를 함으로써 자신도 돕고 남도 도울 테니까), 나쁜 사람은 자기 자신을 사랑하는 사람이 되어서는 안 된다. 그는 자신의 저급한 감정들을 추종함으로써 자신에게도 이웃에게도 해로울 것이기 때문이다. 따라서 나쁜 사람에게는 그가 해야 하는 것과 그가 하는 것이 상충한다. 반면 훌륭한 사람은 그가 하는 것과 그가 해야 하는 것이 다르지 않다. 지성은 언제나 자기에게 가장 좋은 것을 선택하고, 훌륭한 사람은 지성에 복종하기 때문이다.

또한 훌륭한 사람은 친구와 조국을 위해 많은 일을 하며 필요하다면 친구와 조국을 위해 목숨까지 바칠 것이라고 말하는데, 이는

빈말이 아니다. 그는 고매한 것을 추구하기 위해 돈도 명예도, 일 20
반적으로 말해 사람들이 서로 차지하려고 다투는 좋은 것들을 기
꺼이 희생할 것이다. 그는 오랜 기간에 걸쳐 조금씩 즐기는 것보다
는 짧은 기간 강렬하게 즐기는 것을, 여러 해를 평범하게 사는 것보
다는 1년을 살아도 고매하게 사는 것을, 사소한 여러 공적보다 단
하나의 고매하고 위대한 공적을 남기기를 선택할 것이다. 이런 일
은 아마도 남을 위해 목숨을 바치는 사람이 해낼 것이다. 그래서 25
그는 자기 자신을 위해 위대하고 고매한 것을 선택한다. 또한 그는
친구들이 더 많이 얻는다는 조건으로 재물도 쾌척할 것이다. 친구
들은 재물을 얻고, 그 자신은 고매한 것을 얻음으로써 더 큰 좋음
을 얻을 테니까. 그는 명예나 관직과 관련해서도 같은 태도를 취할
것이다. 그는 친구를 위해 그 모든 것을 기꺼이 포기할 것이다. 그 30
에게는 그러는 것이 고매하고 칭찬받을 만하기 때문이다. 그러니
그가 훌륭한 사람으로 간주되는 것은 당연하다. 그는 그 무엇보다
도 고매한 것을 선택하기 때문이다. 그는 친구를 위해 고매한 행동
을 할 기회마저 포기할 수 있으며, 그에게는 자신이 행하는 것보다
친구가 행하게 하는 것이 어쩌면 더 고매할 수도 있다. 그러니 칭찬 35
받을 만한 모든 행위에서 훌륭한 사람은 고매한 것을 자기 자신이
더 많이 차지하는 것 같다. 따라서 앞서 말한 바와 같이[32] 우리는 1169b

---

32 1169a11~15.

이런 의미에서 자기 자신을 사랑하는 사람이 되어야지, 대중이 자기 자신을 사랑하는 방식으로 자신을 사랑하는 사람이 되어서는 안 된다.

제9장―행복하려면 친구가 필요한가

또한 행복한 사람에게 친구가 필요한지, 그렇지 않은지도 쟁점이다. 사람들이 말하기를, 더없이 행복해하며 자족하는 사람들에게 5 는 친구가 필요 없다고 한다. 그들은 이미 좋은 것들을 가지고 있으며 자족하기에 더이상 필요한 것이 없기 때문이라고 한다. 하지만 친구는 제2의 자아인 만큼 누군가 혼자 힘으로 마련할 수 없는 것을 제공한다. 그래서 '신께서 만사형통하게 해주신다면 친구가 왜 필요하겠어요?'[33]라는 말이 생긴 것이다.

하지만 행복한 사람에게 좋은 것을 모두 나눠주면서도 외적인 좋음 가운데 가장 큰 것으로 간주되는 친구들을 주지 않는 것은 10 이상해 보인다. 또한 혜택을 받는 것보다는 베푸는 것이 친구의 특징이라면, 남에게 잘해주는 것이 좋은 사람과 미덕의 특징이라면, 그리고 낯선 사람보다는 친구에게 잘해주는 것이 더 고매하다면 훌륭한 사람에게는 그가 잘해줄 수 있는 사람이 필요할 것이다. 여 15 기서 또 다른 문제가 제기된다. 우리에게 친구가 더 필요한 것은 우리가 잘나갈 때인가, 아니면 역경에 처할 때인가? 역경에 처한 사람은 자신에게 잘해줄 사람이 필요하고, 잘나가는 사람은 자신이 잘해줄 사람이 필요하니 말이다.

또한 더없이 행복한 사람을 외돌토리로 만드는 것도 이상하다. 세상의 좋은 것을 다 갖더라도 혼자 있기를 선택할 사람은 아무도 없기 때문이다. 인간은 사회적[34] 존재이고 본성적으로 남과 함께 살도록 되어 있기 때문이다. 이 점은 행복한 사람의 경우도 마찬가 지이다. 그도 본성적으로 좋은 것들을 갖고 있으니까. 따라서 그도 낯선 사람이나 우연히 만난 사람보다는 친구나 훌륭한 사람과 함께 소일하는 것이 분명 더 나을 것이다. 그러니 행복한 사람에게도 친구가 필요하다.

그렇다면 첫 번째 주장[35]을 견지하는 사람들이 말하는 것은 무엇이며, 어떤 점에서 그들의 주장이 옳은가? 아마도 그 대답은 대중은 유용한 사람을 친구라고 생각한다는 데 있을 것이다. 아닌 게 아니라 더없이 행복한 사람은 유용한 사람들이 필요하지 않다. 그는 이미 좋은 것들을 갖고 있기 때문이다. 또한 쾌락 때문에 친구가 필요한 일도 없거나 필요하더라도 조금밖에 필요하지 않을 것이다. (그의 삶은 즐거워서 외부에서 쾌락을 들여올 필요가 없으니까.) 그래서 그는 그런 친구가 필요 없는 만큼 친구가 전혀 필요 없는 것처럼 보인다.

하지만 그것은 사실이 아닌 것 같다. 첫머리에서 말한 바와 같

20

25

30

---

33 에우리피데스, 『오레스테스』 667행.
34 politikon.
35 행복한 사람에게는 친구가 필요 없다는 주장.

이[36] 행복은 일종의 활동이며 활동은 분명 생성되는 것이지 재물처럼 누군가에게 이미 존재하는 것이 아니기 때문이다. 만약 행복이 삶과 활동에 있고(우리가 처음에 말한 바와 같이)[37] 좋은 사람의 활동이 그 자체로 훌륭하고 즐겁다면, 그리고 자신의 것이 즐겁고 우리 자신보다 이웃을, 우리 자신의 행위보다 이웃의 행위를 더 잘 관조할 수 있다면, 그리고 좋은 사람에게는 자기 친구인 훌륭한 사람의 행위가 즐겁다면(이 두 가지 속성[38]은 본성적으로 즐거우니까) 더없이 행복한 사람에게는 이러한 친구가 필요할 것이다. 더없이 행복한 사람은 훌륭하고 자신의 것인 행위들을 관조하기를 선호하는데, 그의 친구인 좋은 사람의 행위들이야말로 그런 성질의 것이다.

또한 사람들은 행복한 사람은 당연히 즐겁게 살아야 한다고 생각한다. 그런데 혼자서 계속 활동하기는 쉽지 않으므로 혼자서 살기는 어렵다. 그러나 남과 관계를 맺으며 더불어 산다면 살기가 한결 수월하다. 그러면 그의 활동은 더 지속적인 것이 될 것이고 그 자체로 즐거운 것이 될 것인데, 더없이 행복한 사람의 활동은 당연히 그래야 한다. 말하자면 훌륭한 사람에게는 그가 훌륭한 한 미덕에 걸맞은 행위는 즐겁고, 악덕에서 유발된 행위는 역겨울 것이다. 이는 음악가에게 아름다운 곡조는 즐겁고 저질스러운 곡조는 괴로운 것과 같다. 또한 테오그니스의 말[39]처럼 좋은 사람과 함께 살면 미덕도 연마할 수 있다.

그러나 우리가 사물의 본성을 더 깊이 파고들면, 훌륭한 사람에

게는 훌륭한 친구가 본성상 바람직한 것 같다. 앞서 말한 바와 같 15
이[40] 본성상 좋은 것은 훌륭한 사람에게는 그 자체로 좋고 즐겁기
때문이다. 동물의 삶은 지각[41] 능력으로 정의되고, 인간의 경우에
는 지각 능력 또는 사고[42] 능력으로 정의된다. 그러나 능력[43]은 그
것의 활동에 비해 상대적이며, 능력의 실현은 활동에 달려 있다.
그래서 산다는 것은 본질적으로 지각하는 것 또는 사고하는 것인
것 같다. 산다는 것은 또한 그 자체로 좋은 것이고 즐거운 것 가운 20
데 하나이다. 삶은 확정된 것이고 확정된 것[44]은 좋음의 본성적 특
징이기 때문이다. 본성적으로 좋은 것은 훌륭한 사람에게도 좋은
것이다. 그래서 삶은 누구에게나 즐거워 보이는 것이다. 그러나 이
를 사악하고 타락한 삶 또는 고통 속에서 보낸 삶에 적용해서는
안 된다. 그런 삶은 그 속성들이 그러하듯 불확정적이기 때문이다.
(고통에 관해서는 차후에 더 자세히 논할 것이다.)[45] 25

36 1098a7·16(1권 7장), 1098b31~1099a7(1권 8장).
37 1099a14, 21(1권 8장).
38 좋다는 속성과 자신의 것이라는 속성.
39 테오그니스, 35행.
40 1099a7~11(1권 8장), 1113a25~33(3권 4장).
41 aisthesis.
42 noesis.
43 dynamis.
44 to horismenon. '확정된 것'에 대해서는 우리가 명확한 개념을 갖고 한껏 계발
하거나 실현할 수 있다.
45 그러나 이 약속은 지켜지지 않았다.

그러나 삶이 그 자체로 좋고 즐거운 것이라면(아닌 게 아니라 모든 사람 특히 훌륭하고 더없이 행복한 사람들이 삶에 더 애착을 갖는다는 사실로 미루어 그런 것 같다. 그들의 삶은 가장 바람직하고 그들의 존재는 가장 축복받았으니 말이다), 그리고 보는 사람이 자기가 본다는 것을 지각하고, 듣는 사람이 자기가 듣는다는 것을 지각하고, 걷는 사람이 자기가 걷는다는 것을 지각하고, 그 밖의 다른 활동에서도 자기가 그런 활동을 한다는 것을 지각하는 무엇인가가 있어, 우리가 지각하면 우리가 지각한다는 것을 지각하고 우리가 사고하면 우리가 사고한다는 것을 지각한다면, 그리고 지각하거나 사고하는 것을 지각하는 것이 우리가 존재한다는 것을 지각하는 것이라면(우리도 보았듯이[46] 존재란 지각 또는 사고이니까), 그리고 우리가 살아 있다는 것을 지각하는 것이 그 자체로 즐겁다면(삶은 본성적으로 좋은 것이고, 좋은 것이 우리 안에 있다고 지각하는 것은 즐거우니까), 그리고 삶은 좋은 사람들에게 특히 바람직한 것이라면(그 자체로서 좋은 것이 자기 안에 있다고 지각하는 것은 즐겁기에, 또한 그들에게는 존재한다는 것이 좋고 즐거우니까), 그리고 훌륭한 사람은 자신에게 느끼는 것과 같은 감정을 친구에게 느낀다면(친구는 제2의 자아이니까), 그렇다면 각자에게 친구의 존재는 자신의 존재가 바람직한 만큼 또는 그와 비슷한 정도로 바람직할 것이다.

그러나 우리도 보았듯이[47] 자기 존재가 바람직한 것은 자기가 좋은 사람임을 지각하기 때문이다. 그리고 그런 지각은 그 자체로 즐

겁다. 따라서 그는 자신의 존재와 함께 친구의 존재도 지각해야 하
는데, 그것은 친구와 함께 살며 대화하고 의견을 나눌 때 가능할
것이다. 인간의 경우 함께 산다는 것은 아마도 그런 것을 의미하
며, 동물의 경우처럼 같은 들판에서 풀을 뜯는 것을 의미하지는 않
기 때문이다.

따라서 더없이 행복한 사람에게는 자신의 존재가 본성상 좋고   15
즐겁기에 그 자체로 바람직한 것이라면, 그리고 친구의 존재도 그
점에서 덜하지 않다면, 친구 역시 바람직할 것이다. 그는 자기에게
바람직한 것은 무엇이든 가져야 하며, 그렇지 않으면 그 점에서 행
복하지 못할 것이다. 따라서 사람이 행복해지려면 훌륭한 친구가
필요하다.

제10장―친구는 얼마나 많아야 하는가

그렇다면 친구는 되도록 많아야 하는가? 아니면 혹시 '손님은 많   20
지도 않고 없지도 않아야 한다' [48]는 손님 접대에 관한 시인의 조언
이 적절한가? 그래서 이 조언은 우애에도 적용되어 친구는 전혀 없
어서도 안 되고 너무 많아서도 안 되는가?

유용성을 위한 친구들의 경우 이런 원칙은 백 번 옳은 것 같다.

46 1170a16~17.
47 1170b4~5.
48 헤시오도스, 『일과 날』 715행.

25 많은 사람에게 은혜를 갚는 것은 힘든 일이고, 그러기에는 인생이
너무 짧다. 따라서 우리 자신의 삶을 사는 데 충분한 것 이상의 친
구들은 부담스러워서 고매하게 사는 데 걸림돌이 된다. 그러므로
그렇게 많은 친구는 필요 없다. 또한 쾌락을 위한 친구들의 경우에
도 마치 음식에 양념을 조금만 쳐도 충분하듯 소수의 친구면 충분
하다.

그러나 훌륭한 친구라면 우리는 되도록 많이 가져야 하는가, 아
30 니면 한 국가의 인구처럼[49] 그 수에 제한을 두어야 하는가? 10명으
로는 국가를 만들 수 없고, 10만 명[50]이면 이미 국가가 아니기 때문
이다. 하지만 적정 수는 아마도 특정 수가 아니라 제한된 수들 사
1171a 이에 있을 것이다. 마찬가지로 친구의 수에도 어떤 제한이 있을 텐
데, 그것은 아마도 함께 살 수 있는 범위 안에서 최대한의 수일 것
이다. (함께 사는 것이야말로 우애의 가장 두드러진 특징이니까.)
하지만 분명 다수와는 함께 살 수 없으며 다수에게는 자신을 나눠
줄 수도 없다.

5 또한 그들 모두가 함께 소일하자면 서로 친해져야 하는데, 사람
수가 많으면 그렇게 되기 어렵다. 많은 사람과 자기 일인 양 기쁨과
슬픔을 나누기는 어려운 일이다. 아마도 한 사람과는 기쁨을 나누
고 다른 사람과는 슬픔을 나누는 일이 동시에 생길 수도 있기 때
문이다. 그렇다면 되도록 많은 친구가 아니라 친한 친구와 동아리
를 형성하기에 충분한 만큼만 친구를 가지려는 것이 옳을 것이다.
10 실제로 많은 사람과 친한 친구가 되는 것은 가능하지도 않은 것 같

다. 그래서 여러 사람에게 연애 감정을 느끼는 것은 불가능해 보인다. 연애는 지나친 우애의 일종이며 한 사람에게만 연애 감정을 느끼니까. 따라서 친근한 우애도 소수의 사람에게만 느끼는 것이다.

실생활이 이를 입증해준다. 우리는 동지애적 우애가 많은 사람 사이에 형성되는 것을 보지 못하며, 그렇게 칭송받는 우애는 두 사람 사이에서 이루어지는 것으로 전해지니 말이다. 하지만 친구가 아주 많으며 친구마다 절친한 것처럼 대하는 사람들은 누구의 친구도 아닌 것 같다. (동료 시민들이 친구라면 몰라도.) 오히려 그런 사람들은 아첨꾼으로 불린다. 동료 시민들이 친구라고 한다면 많은 사람의 친구이면서 아첨꾼이 아니라 진실로 훌륭한 사람일 수 있다. 그러나 그들의 미덕 때문에, 그들 자신 때문에 많은 친구를 갖는 것은 불가능하다. 우리는 그런 친구를 소수라도 발견하면 그것으로 만족해야 한다.

제11장—친구는 잘나갈 때 더 필요한가, 불운할 때 더 필요한가

우리에게 친구들은 잘나갈 때 더 필요한가, 아니면 불운할 때 더 필요한가? 어느 경우에나 친구를 찾으니 말이다. 불운한 사람들

---

49 이상적인 인구수에 관해서는 아리스토텔레스의 『정치학』 1326a35~b25 참조.

50 여기서는 노예와 거류민(metoikos)을 제외한, 완전한 자격을 갖춘 시민의 수를 말한다.

은 도움이 필요하고, 잘나가는 사람들은 남에게 베풀고 싶은지라 함께 살며 잘해줄 사람들이 필요하기 때문이다. 우애는 사실 불운할 때 더 필요하다. 그래서 불운할 때는 유익한 친구들을 원한다. 하지만 우애는 잘나갈 때 더 고매하다. 그래서 우리는 훌륭한 사람을 친구로 찾는데, 그 이유는 그런 사람에게 베풀고 그런 사람과 소일하는 것이 더 바람직하기 때문이다.

잘나갈 때나 불운할 때나 친구들이 곁에 있다는 것은 그 자체로 즐겁기도 하다. 친구들이 함께 슬퍼해주면 슬픔의 짐은 가벼워지기 때문이다. 이런 까닭에 다음과 같은 의문이 제기될 수 있다. 친구는 과연 슬픔의 짐을 분담하는가, 아니면 그러지 않고 곁에 있다는 즐거움과 슬픔을 나눈다는 생각이 고통을 완화해주는가? 우리의 고통은 그 때문에 완화되는지 다른 이유 때문에 완화되는지의 문제는 따지지 않아도 좋을 것이다. 우리가 이야기하는 그런 일이 실제 세상에서는 이미 일어나는 것 같으니 말이다.

그러나 친구가 곁에 있음으로써 주는 즐거움은 복합적인 것 같다. 친구를 보는 것은 특히 불운할 때는 그 자체로 즐거우며, 우리가 슬픔에 빠지지 않게 도와준다. (재치 있는) 친구는 우리의 성격은 물론이요 우리가 무엇을 좋아하고 무엇을 싫어하는지 아는지라, 그의 얼굴을 보는 것도 그가 하는 말을 듣는 것도 우리에게는 위안이 되기 때문이다. 그런가 하면 친구가 우리 자신의 불운을 괴로워하는 것을 보는 것은 괴롭다. 누구나 친구에게 고통의 원인이 되는 것은 피하려 하니까. 그래서 대장부다운 남자는 자신의 고통에 친구들을 끌어들이지 않으려 조심하며, 유난히 고통에 둔감하지 않은 한 자신이 친구들에게 고통의 원인이 된다는 생각을 견뎌내지 못한다. 일반적으로 말해 그런 사람은 스스로도 비탄에 잠기는 사람이 아니기에 사람들이 자기와 함께 비탄에 잠기도록 내버려두지 않을 것이다. 그러나 여자와 여자 같은 남자는 남이 자기들과 함께 슬퍼하는 것을 좋아하며, 그런 사람을 함께 괴로워하는 친구로서 사랑한다. 하지만 분명 매사에 더 나은 본보기를 따르는 것이 옳다.

반면 잘나갈 때는 친구들이 곁에 있으면 재미나게 시간을 보낼수 있으며, 친구들이 우리의 행운을 기뻐한다고 생각하면 흐뭇하다. 그래서 우리는 친구들이 우리의 성공에 참여하도록 기꺼이 친구들을 초청해야 하지만(베푸는 것은 고매한 일이니까), 우리가 불운할 때는 초청하기를 망설여야 할 것 같다. 고통은 되도록 덜 공유해야 하니까. 그래서 '불운을 당하는 사람은 나 하나로 족하다'[51]는 말이 생긴 것이다. 우리는 무엇보다도 조금만 수고하면 우리에게 큰 도움이 되겠다 싶을 때 친구들을 불러야 한다.

반대로 불운한 친구에게는 그쪽에서 청하지 않더라도 기꺼이 찾아가는 것이 마땅하다. 어렵지만 도움을 청하지 않는 사람에게 호의를 베푸는 것이야말로 친구의 몫이기 때문이다. 그러는 것이

---

51 출전 미상.

양쪽 모두에게 더 고매하고 더 즐거우니까. 친구들이 잘나갈 때 우리는 그들이 하는 일을 기꺼이 도와야 한다. (그런 목적을 위해서도 친구들이 필요하니까.) 그러나 혜택을 받는 일에는 신중해야 한다. 혜택을 받으려고 애쓰는 것은 고매하지 못하기 때문이다. 하지만 우리는 또한 그들의 호의를 거절함으로써 무뚝뚝하다는 인상을 주지 않도록 조심해야 할 것이다. 가끔은 그런 일도 일어나니까.

따라서 친구들이 곁에 있는 것은 어떤 경우에도 바람직한 것 같다.

제12장―친교의 가치

그렇다면 마치 사랑하는 사람들이 상대방을 보는 것에서 가장 큰 만족감을 느끼듯, 그래서 시각이야말로 사랑이 태어나서 머무르는 곳이라는 생각에 다른 감각보다 선호되듯이 함께 사는 것이 친구들에게는 가장 바람직한가? 우애는 일종의 공동체이며, 우리가 친구와 맺는 관계는 우리 자신이 우리와 맺는 관계와 같으니 말이다. 그래서 우리 자신의 존재에 대한 지각이 바람직하듯, 친구의 존재에 대한 지각은 바람직하다. 그런데 이런 지각은 함께 살 때 활성화되기에 사랑하는 사람들이 함께 살기를 원하는 것은 당연하다. 그리고 각자에게 자신의 존재가 무엇을 의미하건, 또는 각자가 살기를 선택하는 목적이 무엇이건, 각자는 친구들과 더불어 그것을 추구하려 한다. 그래서 어떤 사람은 함께 술을 마시고, 어떤 사람은 함께 주사위놀이를 하며, 또 다른 사람은 함께 운동이나 사

냥이나 철학 공부를 한다. 저마다 인생에서 가장 좋아하는 일로 5
소일하면서. 그들은 친구들과 함께 살기를 원하기에 함께 산다는
느낌을 주는 일들을 하고 그런 것들을 공유하기 때문이다.

그러므로 보잘것없는 자들의 우애는 사악한 것이 된다. 그들은
불안정해서 함께 나쁜 짓을 하고, 서로 닮아감으로써 사악해지기
때문이다. 그러나 훌륭한 사람들의 우애는 훌륭한 것이 되고, 교 10
제를 통해 증진된다. 또한 훌륭한 사람들은 우애를 실천하고 상대
방을 더 나은 사람이 되게 함으로써 자신도 더 나은 사람이 되는
것 같다. 그들은 저마다 상대방의 특징 가운데 자기 마음에 드는
부분을 본받기 때문이다. 그래서 '고매한 사람들한테서 고매한 것
들이…'[52]라는 말이 생겨난 것이다. 우애에 관해서는 이쯤 해두자. 15
다음은 쾌락에 관해 논할 차례이다.

---

52 테오그니스, 35행. 1170a12(9권 9장) 참조.

제10권

쾌락

제1장—쾌락에 대한 두 가지 상반된 견해

우리의 다음 논의는 쾌락에 관한 것이다. 쾌락은 인간 본성과 밀접
한 관계가 있어 보이니까. 그래서 젊은이들을 교육하는 사람들은
쾌락과 고통을 이용해 바른 길로 인도하는 것 같다. 또한 마땅히
좋아할 것은 좋아하고 마땅히 싫어할 것은 싫어하는 것은 유덕한
성격 형성에 가장 중요한 요인인 것 같다. 쾌락과 고통은 삶 전체에
스며들어 미덕과 행복한 삶에 큰 영향을 미치기 때문이다. 사람들
은 즐거운 것은 선택하고 괴로운 것은 피하니까. 따라서 수많은 논
쟁의 불씨가 되고 있는 그런 중요한 요인들을 무시하는 것은 부적
절할 것이다.

어떤 학파[1]는 쾌락은 좋은 것이라고 주장하고, 어떤 학파[2]는 반
대로 쾌락이 백해무익하다고 주장한다. 쾌락이 나쁜 것이라고 주
장하는 사람들 가운데 일부는 실제로 나쁘다고 확신하기에 그렇

다고 주장하는 것 같다. 그러나 그중 다른 일부는 비록 쾌락이 나   30

쁜 것은 아니라 해도, 나쁜 것으로 드러내 보이는 것이 우리가 살아

가는 데 더 낫다고 믿고 그런 주장을 하는 것 같다. 그들의 주장에

따르면, 대중은 쾌락을 좇는 쾌락의 노예이므로 반대 방향으로 인

도할 필요가 있는데, 그래야만 중용에 이른다는 것이다. 그러나 그

런 주장은 분명 옳지 못하다. 감정이나 행위에 관련된 경우, 이론

은 현실보다 더 믿을 것이 못 되기 때문이다. 따라서 이론은 우리가   35

지각한 사실과 상충될 때는 조롱거리가 될뿐더러 진리마저 불신하

게 만든다. 쾌락을 비난하던 사람이 쾌락을 좇다가 목격되면, 그   1172b

가 쾌락을 좇는 것은 모든 쾌락을 바람직하다고 생각하기 때문이

라고 여겨지기에 하는 말이다. 대중은 구별할 능력이 없으니까. 그

러므로 참된 이론이 지식을 습득하는 데나 인생을 살아가는 데나   5

가장 유용한 것 같다. 참된 이론은 사실과 일치하기에 설득력이 있

고, 그래서 그것을 이해하는 사람들이 그것에 따라 살아가도록 용

기를 북돋워주기 때문이다.

   이 문제들에 관해서는 이쯤 해두고, 쾌락에 관해 제시된 견해

들을 검토해보도록 하자.

---

1 에우독소스 학파. 1101b27(1권 12장).

2 스페우십포스 학파. 7권 주 57 참조.

제2장—쾌락은 좋은 것이라는 견해를 논하다

10 에우독소스[3]는 쾌락이 좋음이라고 생각했다. 그는 이성적인 것이나 비이성적인 것이나 모든 피조물이 쾌락을 추구하는 것을 보았기 때문이다. 그리고 그의 주장에 따르면 모든 경우 바람직한 것[4]은 좋은 것이고, 가장 바람직한 것은 가장 좋은 것이다. 따라서 모든 피조물이 같은 것에 끌리는 것은 그것이 모두를 위해 최선이라는 것을 보여준다. 모든 것은 자기 양식을 찾듯 자기 좋음을 찾기 때문이다. 그러니 모든 것에게 좋고 모든 것이 추구하는 것이 좋음이다.

15 에우독소스의 논리가 신뢰감을 준 것은 그 자체보다는 그의 유덕한 성격 때문이었다. 그는 남달리 자제력이 있어 보였고, 그래서 쾌락을 좋아해서가 아니라 사실이 그렇기에 그런 말을 한다고 생각되었던 것이다. 에우독소스는 그 반대 경우를 고찰해도 분명 같은 결론에 도달할 것이라고 믿었다. 왜냐하면 고통은 그 자체로 모두에게 기피 대상이듯이, 마찬가지로 고통과 반대되는 것은 모두의 선택 대상이 되리라는 것이 그의 생각이었다. 가장 바람직한 것은 우리가 다른 것 때문에 또는 다른 것을 위해 선택하는 것이 아니다. 쾌락이 바로 그런 것이라는 데에는 누구나 동의한다. 쾌락은 그 자체로 바람직한 것이라고 생각하기에 무엇을 위해 즐기느냐고 묻는 사람은 아무도 없다. 또한 에우독소스는 올바른 행위나 절제 있는 행위 같은 다른 좋음에 쾌락이 덧붙여지면 그 다른 좋음을 25 더욱 바람직한 것으로 만들며, 좋음은 좋음으로만 증대된다고 주

장했다.

에우독소스의 이런 주장은 쾌락이 여러 좋음 가운데 하나이며, 다른 좋음보다 더 좋은 것이 아니라는 것을 보여주는 것 같다. 좋음은 혼자일 때보다도 거기에 다른 좋음이 더해질 때 더 바람직하니 말이다. 실제로 플라톤도 이런 논리를 사용하여 쾌락은 좋음이라는 주장을 뒤덮었다.[5] 플라톤에 따르면, 즐거운 삶이 지혜가 수반되지 않을 때보다 지혜가 수반될 때 더 바람직하다면, 만약 그런 혼합물이 더 나은 것이라면 쾌락은 좋음이 아니다. 좋음은 다른 것이 더해짐으로써 더 바람직한 것이 될 수 없으니까. 다른 것 역시 만약 그 자체로가 아니라 거기에 좋은 것이 더해져 더 바람직한 것이 된다면 분명 좋음은 아니다. 그렇다면 어떤 좋음이 더해져 더 나은 것이 되지는 않지만 우리가 참여하는 좋음은 무엇인가? 우리는 그것을 찾고 있다. 30

한편 모든 피조물이 추구하는 것은 좋음이 아니라고 이의를 제기하는 사람들은 허튼소리를 하고 있는 것이다. 우리는 모든 사람이 그렇다고 믿는 것은 실제로 그렇다고 주장하기 때문이다. 그리고 그런 믿음을 따지며 공격하는 사람은 대개 더 설득력 있는 견해를 제시하지 못할 것이다. 쾌락을 욕구하는 것이 비이성적인 피조 35

1173a

---

3 Eudoxos (기원전 400년경~350년경). 크니도스(Knidos) 출신의 뛰어난 수학자.
4 그대로 옮기면 '선택할 만한 것'.
5 플라톤, 『필레보스』(Philebos) 60c~61a.

물뿐이라면, 그들의 주장에도 일리가 있을 것이다. 하지만 지성적인 피조물도 쾌락을 욕구한다면, 그들은 대체 무엇을 말하려는 것인가? 그러나 하등동물들에게도 그들 자신보다 더 강한 타고난 어떤 좋음이 있어, 그것이 그들에게 고유한 좋음을 추구하게 하는 것 같다.

쾌락과 반대되는 것에 관한 논리 역시 설득력이 있어 보이지 않는다. 그들의 주장에 따르면, 고통이 나쁨이라고 해서 쾌락이 좋음일 필요는 없다는 것이다. 나쁨은 나쁨에도 대립될 수 있고, 좋음과 나쁨은 둘 다 좋지도 않고 나쁘지도 않은 것에도 대립될 수 있기 때문이다. 이런 논리가 잘못된 것은 아니지만 우리가 논의하는 문제들에는 적용되지 않는다. 쾌락과 고통이 둘 다 나쁨이라면 둘 다 회피 대상이 되어야 할 것이고, 둘 다 나쁨이 아니라면 둘 다 회피 대상이 되어서는 안 되거나 아니면 같은 정도로 회피 대상이 되어야 할 것이다. 하지만 사람들은 분명 고통은 나쁨이라고 여겨 피하고, 쾌락은 좋음이라고 여겨 선택한다. 그래서 쾌락과 고통은 좋음과 나쁨으로서 서로 대립될 수밖에 없다.

제3장―쾌락은 백해무익하다는 견해를 논하다

또한 쾌락이 자질이 아니라고 해서 쾌락이 좋음이 아니라는 법은 없다. 미덕의 활동들도 자질이 아니며, 행복 역시 자질이 아니기 때문이다.

그러나 그들의 주장에 따르면, 좋음은 확정된 것이고 쾌락은 정도의 차이를 허용하므로 확정된 것이 아니라는 것이다.[6] 그런데 만약 그들이 쾌락의 경험에 근거하여 그렇게 판단한다면, 그 점은 정의와 그 밖의 다른 미덕도 마찬가지일 것이다. 우리는 그런 미덕들과 관련하여 사람들이 어떤 자질을 갖고 있거나 미덕들에 걸맞게 행동하는 데도 정도 차이가 있다고 분명히 말할 수 있기 때문이다. A는 B보다 더 올바르거나 더 용감할 수 있고, A는 B보다 더 올바르게 행동하거나 더 절제 있게 행동할 수 있으니까.

그러나 그들이 서로 다른 쾌락에 근거하여 그렇게 판단한다면 그렇게 판단하는 진정한 근거를 제시하지 못하고 있는 듯하다. 쾌락에 순수한 것과 혼합된 것 두 종류가 있다면 말이다. 또한 건강은 정도의 차이를 인정하지만 확정된 것인데, 쾌락은 왜 그래서는 안 된다는 말인가? 건강은 모든 사람 안에서 같은 비율을 이루는 것도 아니고,[7] 같은 사람 안에서도 항상 같은 비율을 유지하는 것도 아니다. 건강은 오히려 악화될 때도 어느 정도까지는 유지되며 정도의 차이를 보인다. 이 점은 쾌락의 경우도 마찬가지이다.

또한 그들은 좋음은 완전하고 운동과 과정은 불완전하다고 주장하며, 쾌락은 운동이나 과정이라는 것을 밝히려 한다. 그러나 그들의 논리는 옳지 못한 것 같으며 쾌락은 운동이 아닌 것 같다. 모든

---

6 플라톤, 『필레보스』 24e, 31a 참조.
7 플라톤, 『필레보스』 25e.

운동은 천체 운동처럼 그 자체로서가 아니면 다른 것과 관련하여 고유한 빠름과 느림을 갖고 있는 것 같은데, 이중 어느 것도 쾌락에 는 적용되지 않기 때문이다. 우리는 빨리 화가 나듯 빨리 즐거워질 수 있지만, 빨리 즐거워할 수는 없고 남과 비교해서 즐거워할 수도 없다. 하지만 우리는 빨리 걷거나 자랄 수는 있다. 그래서 빨리 또는 천천히 쾌락의 상태로 옮겨갈 수는 있어도, 쾌락의 상태를 빨리 현 실화하는 것은, 다시 말해 빨리 즐거워하는 것은 불가능하다.

또한 쾌락이 어떻게 과정일 수 있겠는가? 어떤 것이든 다른 어떤 것에서 생기는 것이 아니라 모든 것은 거기서 그것이 생성된 것으 로 해체되는 것 같으니 말이다. 그리고 쾌락이 어떤 것의 생성이라 면, 고통은 그 어떤 것의 파괴일 것이다.

또한 그들은 고통은 우리가 타고난 상태의 결핍이고, 쾌락은 충 족이라고 주장한다. 그러나 이러한 경험들은 육체적인 것이다. 그 러니 쾌락이 우리가 타고난 상태의 충족이라면, 충족되는 것으로 쾌락을 느낄 것이다. 말하자면 육체가 쾌락을 느낄 것이다. 그러나 그것은 사실이 아닌 것 같다. 따라서 충족은 쾌락이 아니다. 누군 가 수술을 받으면 아프듯이, 비록 충족될 때 쾌감을 느낀다 해도 말이다. 이런 견해는 먹는 것에 관련된 고통과 쾌락에서 비롯된 것 같다. 우리는 부족해서 고통받은 뒤에야 충족에서 쾌감을 느끼니 말이다. 그러나 모든 쾌락이 다 그런 것은 아니다. 뭔가를 배우는 즐거움, 감성적 쾌락 중에서도 후각과 여러 소리와 볼거리, 추억과 희망은 고통을 전제하지 않기 때문이다. 그렇다면 이런 것들은 무엇을 생성하는 과정인가? 충족될 수 있도록 결핍이 일어난 적이 없는데.

비난받아 마땅한 쾌락들을 예로 드는 사람에게는 그런 쾌락들 20
은 즐겁지 않다고 반박할 수 있을 것이다. 그런 쾌락들이 마음가짐
이 바르지 못한 사람에게 즐겁다면, 우리는 그것들이 그런 사람 말
고 다른 사람에게도 즐겁다고 생각해서는 안 된다. 이는 우리가 병
든 사람에게 건강에 좋거나 달거나 쓰다고 생각되는 것들이 실제로
그렇다고 생각해서는 안 되며, 눈병에 걸린 사람에게 희게 보이는
것들이 실제로 그렇다고 생각해서는 안 되는 것과 같은 이치이다.

또는 다음과 같이 반박할 수도 있다. 쾌락들은 그 자체로 바람 25
직하지만 특정한 방법으로 생겨나면 그렇지 않다고. 이를테면 부
(富)는 그 자체로 바람직하지만 배신의 대가여서는 안 되며, 건강
은 그 자체로 바람직하지만 아무거나 마구 먹어대는 행위의 대가
여서는 안 된다고. 또는 쾌락에는 여러 종류가 있어 고매한 행위에
서 비롯하는 쾌락들은 야비한 행위에서 비롯하는 쾌락들과는 다
르며, 올바른 사람의 쾌락은 올바르지 않고서는 경험할 수 없고, 30
음악적인 사람의 쾌락은 음악적이지 않고서는 경험할 수 없다고
말이다. 친구와 아첨꾼의 차이는 쾌락이 좋음이 아니라는 것을,
또는 쾌락에는 여러 종류가 있다는 것을 분명히 보여준다. 왜냐하
면 친구는 우리의 좋음을 위해 우리와 사귀고 아첨꾼은 우리의 쾌
락을 위해 우리와 사귀기 때문이다. 이렇듯 다른 목적을 위해 우리 1174a
와 사귀기에 아첨꾼은 비난받고 친구는 칭찬받는다.

또한 아이들에게 즐거운 것들이 아무리 즐겁다 해도 아이의 마음으로 평생을 살기를 바라는 사람은 아무도 없을 것이며, 설령 그 결과 때문에 고통당하는 일이 없다 해도 더없이 수치스러운 짓을 즐겨 행할 사람은 아무도 없을 것이다.

5 또한 쾌락을 가져다주지 않는다 하더라도 우리가 관심을 가져야 할 것들은 많이 있다. 보는 것, 기억하는 것, 아는 것, 미덕을 갖는 것 등이 그렇다. 이런 것들에는 반드시 쾌락이 수반된다 해도 달라질 것이 없다. 거기서 쾌락이 생기지 않더라도 우리는 그런 것들을 선택해야 하기 때문이다.

따라서 쾌락은 분명 좋음이 아니며, 모든 쾌락이 바람직하지는 10 않은 것 같다. 또한 어떤 쾌락들은 그 종류나 출처가 더 우월하기에 그 자체로 바람직한 것 같다. 쾌락과 고통에 대해 제시된 견해들은 이로써 충분히 논했다.

제4장─쾌락의 정의

쾌락이 무엇인지는, 또는 쾌락이 어떤 것인지는 이 문제를 처음부터 다시 고찰해보면 더욱 명료해질 것이다.

15 본다는 것은 어느 순간에나 그 자체로 완전한 것 같다. 본다는 것에는 나중에 생겨나 그것의 형상[8]을 완성해줄 그 무엇이 결여되어 있지 않기 때문이다. 쾌락 역시 그런 것과 유사하다. 쾌락은 어떤 전체이며, 시간이 경과해야만 비로소 그 형상이 완성되는 쾌락은 어느 순간에도 발견하지 못할 테니까.

따라서 쾌락은 과정[9]이 아니다. 모든 과정은 (예컨대 건축은) 시
간이 필요하고 목적이 있으며, 추구하던 것을 성취했을 때 완전하
기 때문이다. 그러므로 과정은 소요 시간 전체 안에서, 또는 목표
에 도달하는 순간에 완전하다. 소요 시간의 부분들에서 진행되는
과정은 모두 불완전하며, 과정 전체와도 다르고 저들끼리도 서로
종류가 다르다. 예컨대 원주(圓柱)의 돌을 포개는 것은 원주에 세
로 홈을 파는 것과 다르며, 이 둘은 신전 건축과는 다르기 때문이
다. 신전 건축은 (정해진 목표를 달성하기 위해 더이상 필요한 것
이 없으므로) 완전하지만, 주춧돌을 놓는 것과 프리즈 부분에 세
줄기 세로 홈 무늬를 파는 것[10]은 저마다 부분과 관련되므로 불완
전하다. 따라서 그런 것들은 신전 전체를 건축하는 것과는 형상이
다르며, 그래서 어느 특정 순간에는 완전한 형상의 과정을 발견할
수 없으며, 만약 발견할 수 있다면 전체 소요 시간 안에서만 가능
하다. 이 점은 걷기와 그 밖의 다른 과정에서도 마찬가지이다. 장소
이동이 한 지점에서 다른 지점으로의 운동이라면 거기에도 날기,
걷기, 뛰기 같은 형상의 차이가 있기 때문이다. 또한 걷기 자체에
도 차이가 있다. 출발점과 종착점은 경주로 전체에서도 그것의 일
부에서도, 이 부분에서도 저 부분에서도 동일하지 않기 때문이다.

---

8 eidos. 여기서는 '본질' '실체'라는 뜻으로 이해해도 될 것이다.

9 kinesis.

10 triglyphos(세 줄기 세로 홈 무늬를 파는 것).

이 선을 통과하는 것과 저 선을 통과하는 것도 동일한 것이 아니다.[11] 주자는 하나의 선을 통과할뿐더러 특정 장소에 있는 선을 통과하는데, 이 선은 저 선과 다른 장소에 있으니까.

우리는 다른 저술[12]에서 과정에 관해 자세히 논한 바 있다. 하지만 과정은 어느 순간에도 완전하지 못하며, 많은 운동이 불완전하고 그 종류도 서로 다른 것 같다. 출발점과 종착점이 그것들에게 형상을 부여하기 때문이다. 그러나 쾌락의 형상은 어느 순간에도 완전하다. 그러니 쾌락과 과정은 별개의 것이며, 쾌락은 분명 전체적이며 완전하다. 과정은 시간이 걸리지만 쾌감을 느끼는 데는 시간이 걸리지 않는다는 사실로 미루어보더라도 이것은 사실인 것 같다. 지금 당장 일어나는 것은 하나의 전체이기 때문이다.

또한 이런 점들을 고려할 때 쾌락은 운동 또는 과정이라고 말하는 것은 분명 옳지 않다. 이런 주장은 무엇에나 적용되는 것이 아니라, 부분으로 이루어져 있어 전체가 아닌 것들에만 적용되기 때문이다. 본다는 것, 하나의 점, 하나의 단위는 어느 것도 과정의 결과가 아니며, 어느 것도 운동이나 과정이 아니다. 따라서 쾌락도 운동이나 과정이 아니다. 쾌락은 하나의 전체이기 때문이다.

모든 감각은 그 대상에 비해 활동적이다. 그리고 감각의 활동은 그 감각이 좋은 상태에 있고 그 감각 대상들 중 가장 고매한 대상에 관여할 때 완전하다. (무엇보다도 그것이 완전한 활동의 본성인 것 같기 때문이다. 우리가 활동적이라고 말하는 것이 감각 자체인지, 감각이 자리잡고 있는 기관(器官)인지는 중요하지 않다고 봐도 될

것이다.) 따라서 모든 감각에서 최선의 활동이란, 최선의 상태에
있는 기관이 그 감각에 걸맞은 가장 훌륭한 대상과 관련하여 벌이   20
는 활동이다.

　이런 활동이야말로 가장 완전하고 가장 즐거울 것이다. 사고와
관조에도 그것에 걸맞은 쾌락이 있듯 모든 감각에는 그것에 걸맞
은 쾌락이 있는데, 가장 완전한 것이 가장 즐거우며 건강한 상태에
있는 기관이 가장 훌륭한 대상과 관련하여 벌이는 활동이 가장 완
전하기 때문이다. 그리고 쾌락은 활동을 완전한 것이 되게 하지만,   25
감각의 대상과 감각이 둘 다 훌륭할 때 활동을 완전한 것이 되게
하는 것처럼 하지는 못한다. 그것은 마치 건강과 의사가 똑같이 누
군가의 건강의 원인이 아닌 것과도 같다.[13]

　감각마다 분명 그것에 걸맞은 쾌락이 있다. 우리는 보는 것도,
듣는 것도 즐겁다고 말하니까. 쾌락은 무엇보다도 감각이 가장 좋
은 상태에 있고, 가장 훌륭한 대상과 관련된 활동을 할 때 생겨난
다는 것 역시 분명하다. 감각 대상과 기관이 가장 좋은 상태에 있   30
을 때는 쾌락을 산출하는 것과 쾌락을 경험하는 것이 둘 다 있기
에 언제나 쾌락이 존재할 것이다. 그러니까 쾌락은 활동을 내재하

---

11 고대 그리스의 경기장은 대개 6개 주로(走路)로 나뉘어 있었는데, 경주자들은
출발선을 출발하여 반환점을 돌아 결승점으로 돌아왔다. 여기서 말하는 '선'이란
주로를 나누는 선을 말하는 것 같다.
12 아리스토텔레스, 『자연학』(*Physike akroasis*) 6~8권.
13 건강은 목적인(目的因)이고, 의사는 작용인(作用因)이다.

는 마음가짐으로서 완전한 것이 되게 하는 것이 아니라, 한창때의 꽃다움처럼 부수적인 목적으로서 완전한 것이 되게 한다. 따라서 지성 또는 지각의 대상과, 판단 또는 관조의 능력이 올바른 상태에 있는 한 활동은 즐거울 것이다. 왜냐하면 주체와 객체가 변하지 않고 서로 같은 관계를 유지할 때는 당연히 같은 결과가 나올 것이기 때문이다.

그렇다면 누구에게도 쾌락이 지속되지 못하는 까닭은 무엇인가? 지치기 때문일까? 인간 능력으로는 지속적인 활동이 불가능한데, 쾌락도 활동에 의존하는 만큼 지속될 수 없으니 말이다. 새 것일 때는 우리를 즐겁게 해주던 것들이 나중에는 그다지 즐겁지 못한 것도 같은 이유에서이다. 처음에는 우리 마음이 자극을 받아, 마치 무엇인가를 관찰할 때 사람들의 시각이 그렇듯이 그것과 관련된 활동을 열심히 하지만 나중에는 우리의 활동이 그렇지 못하고 우리가 흥미를 잃어서 즐거움도 시들해지니 말이다.

누구나 다 살기를 바라기에 누구나 다 쾌락을 욕구하는 것으로 생각된다. 삶은 일종의 활동이고, 저마다 자기가 가장 좋아하는 능력을 이용하여 자기가 가장 좋아하는 대상들과 관련하여 활동한다. 예컨대 음악가는 자신의 청각을 이용하여 노래와 관련된 활동에 전념하고, 학생은 자신의 사고력을 이용하여 자기가 공부하는 것과 관련된 활동에 전념한다. 그 밖의 경우도 이 점은 마찬가지이다. 쾌락은 활동을 완전한 것으로 해주며, 따라서 모두가 바라는 삶도 완전한 것으로 해준다. 그러면 모두가 쾌락을 추구하는 것 역시 당연하다. 쾌락은 각자를 위해 삶을 완전하게 해주는데, 그럴 때 삶은 바람직하기 때문이다.

그러나 우리가 쾌락 때문에 삶을 선택하는지, 아니면 삶 때문에 쾌락을 선택하는지의 문제는 지금 당장에는 제쳐두도록 하자. 쾌락은 활동 없이는 생기지 않고 모든 활동은 쾌락으로 완전해지는 20 만큼 삶과 쾌락은 밀접한 관계가 있어 분리되지 않는 것처럼 보이기 때문이다.

제5장—활동이 여러 가지이듯 쾌락도 여러 가지이다

그래서 쾌락도 여러 가지인 것 같다. 생각건대 종류가 다른 것들은 다른 종류의 것들로 완전해지기 때문이다. 이 점은 분명 동물이나 나무 같은 자연물이나 그림, 조각, 집, 도구 같은 인공물에도 적용 25 되는 것 같다. 마찬가지로 우리는 종류가 다른 활동들도 다른 종류의 것들로 완전해진다고 생각한다. 그런데 지성의 활동은 감각의 활동과는 종류가 다르며, 또한 이 두 가지 활동은 저마다 저들끼리도 종류가 다르다. 따라서 그런 활동들을 완전해지게 하는 쾌락들도 종류가 다르다.

이 점은 또한 개별 쾌락과 그것을 완전해지게 하는 활동과의 긴밀한 관계를 보더라도 분명하다. 어떤 활동에 고유한 쾌락은 그 활동을 증진해주기 때문이다. 무슨 일을 하건 쾌감을 느끼며 활동하 30 는 사람이 더 잘 판단하고 더 정확하기에 하는 말이다. 예컨대 기하학을 즐기는 사람이 기하학자가 되고 기하학의 여러 국면을 더 잘 이해한다. 마찬가지로 음악이나 건축이나 그 밖의 다른 분야를 좋아하는 사람도 그 분야를 즐김으로써 고유한 기능이 향상된다.

35

1175b

이처럼 쾌락은 활동을 증진해주는데, 어떤 활동을 증진해주는 것은 그 활동에 고유한 것이다. 그러나 종류가 다른 것들은 다른 종류의 속성을 갖고 있다.

이 점은 어떤 활동들이 다른 활동에서 유래하는 쾌락으로 방해받는다는 사실을 보면 더 분명해진다. 피리를 좋아하는 사람이라면 일단 피리를 연주하는 소리가 들리면 토론에 집중할 수 없다. 현재의 활동보다 피리 연주가 더 즐거운 부류이기 때문이다. 그리하여 피리에 관련된 쾌락이 토론 활동을 망쳐놓는다. 다른 분야에서도 한 사람이 두 가지 활동을 동시에 하면 같은 일이 일어난다. 더 즐거운 활동이 다른 활동을 한쪽으로 밀어내는데, 즐거움의 차이가 클수록 그런 경향은 더 심해져서 결국에는 다른 활동이 중단된다. 그래서 우리가 어떤 하나에 폭 빠져 즐길 때는 다른 것은 사실상 하지 않으며, 어떤 것을 적당히 즐길 때에만 다른 것을 하는 것이다. 예컨대 극장에서 배우들의 연기가 수준 이하일 때 사람들은 군것질을 가장 심하게 한다.

5

10

그리고 우리의 활동은 고유한 쾌락으로는 더 집중되고 더 오래 지속되고 더 향상되는 반면 이질적인 쾌락으로는 손상되는 만큼, 이 두 가지 쾌락 사이에는 분명 큰 차이가 있다. 이질적인 쾌락은 사실상 어떤 활동에 고유한 고통과 같은 역할을 한다. 어떤 활동에 고유한 고통은 그 활동을 저해하기 때문이다. 그래서 이를테면 누

15

군가에게 쓰기와 셈하기가 불쾌하고 고통스러우면 그는 쓰기나 셈
하기를 그만둔다. 그런 활동이 고통스럽기 때문이다. 그래서 활동   20
은 그것에 고유한 쾌락과 고통에 따라 상반된 영향을 받는다. 여기
서 '고유한 쾌락과 고통'이란 그 활동에 본성적으로 수반되는 것들
을 말한다. 그리고 앞서 말했듯이 이질적인 쾌락은 고통과 같은 역
할을 한다. 비록 정도의 차이는 있지만 이질적인 쾌락은 활동을 저
해하기 때문이다.

그런데 활동들은 훌륭함과 열등함에서 차이가 나, 어떤 활동은   25
바람직하고 어떤 활동은 피해야 하고 어떤 활동은 이도저도 아닌
것처럼 쾌락들도 비슷하게 분류될 수 있다. 활동마다 고유한 쾌락
이 있으니까. 그래서 진지한 활동에 고유한 쾌락은 훌륭하고, 하
찮은 활동에 고유한 쾌락은 나쁘다. 고매한 대상을 바라는 욕구는
칭찬받아 마땅하고, 수치스러운 것을 바라는 욕구는 비난받아 마   30
땅하기 때문이다. 그리고 활동에 관련된 쾌락은 활동을 바라는 욕
구보다 활동에 더 고유하다. 욕구는 본성상으로나 시간상으로 활
동과 구별되지만,[14] 쾌락은 활동과 구별하기가 어려울 만큼 밀접한
관계가 있어 활동과 쾌락이 같은지 아닌지 논란이 빚어지고 있으
니 말이다. 그럼에도 쾌락은 사고나 지각인 것 같지는 않다. (그렇
다면 이상할 것이다.) 그러나 쾌락과 활동은 서로 떨어질 수 없기   35

14 욕구(orexis)는 활동의 작용인으로서 시간적으로 활동에 선행한다.

에 어떤 사람들에게는 같은 것으로 보인다.

1176a 따라서 활동들이 서로 다르듯이 쾌락도 서로 다르다. 시각은 순수성에서 촉각보다 우월하고, 청각과 후각은 미각보다 우월하다.[15] 그러므로 그것들의 쾌락에도 같은 차이가 있다. 또한 지적 쾌락은 감성적 쾌락보다 우월하며, 이 두 종류의 쾌락에서도 저마다 어떤 것은 다른 것보다 더 우월하다.

각각의 동물에게는 고유한 기능이 있듯이 고유한 쾌락이 있는
5 것 같다. 고유한 기능을 수행하는 쾌락 말이다. 이 점은 동물의 개별 종(種)을 살펴보면 분명해질 것이다. 말과 개와 사람의 쾌락이 서로 다르기 때문이다. 그래서 헤라클레이토스는 당나귀는 황금보다 먹는 것이 더 즐거울 테니 황금보다 오히려 타작마당의 쓰레기를 선택할 것이라고 말한다.[16] 그러니 종이 서로 다른 동물들의 쾌락은 종류가 다르며, 같은 종의 쾌락은 당연히 서로 다르지 않다.

10 그러나 적어도 사람의 경우 저마다의 쾌락은 적잖은 차이를 보인다. 같은 것들이 어떤 사람에게는 즐겁고, 다른 사람에게는 괴롭다. 다시 말해 어떤 사람에게는 괴롭고 역겨운 것이 다른 사람에게는 즐겁고 사랑할 만한 가치가 있다. 단것의 경우에도 그런 일이 일어난다. 같은 것이라도 열병 환자와 정상인에게 똑같이 달게 느껴지지 않을 것이며, 같은 것이라도 병든 사람과 건강한 사람에게
15 똑같이 뜨겁게 느껴지지 않을 것이기 때문이다. 그런 일은 다른 경우에도 일어난다.

그러나 그런 상황에서는 언제나 훌륭한 사람의 견해가 옳은 견

해인 것 같다.[17] 실제로도 그럴 것이라고 생각되지만 만약 이런 공식이 맞다면, 다시 말해 만약 미덕과 좋은 사람이(좋은 사람인 한) 모든 것을 재는 척도라면, 좋은 사람에게 즐거움으로 보이는 것이 진정한 즐거움일 것이고 좋은 사람이 즐기는 것이 진실로 즐거운 것일 것이다. 그리고 그에게 불쾌한 것들이 다른 사람에게 즐거워 보인다면 이는 놀랄 일이 아니다. 사람이 타락하고 왜곡되는 데는 여러 방법이 있으며, 그런 것들은 단지 그런 상태에 있는 사람에게만 즐겁기 때문이다.

따라서 우리는 분명히 누구나 다 수치스러운 것이라고 인정하는 쾌락은, 타락한 사람에게라면 몰라도, 쾌락이 아니라고 말해야 한다. 그러나 우리는 훌륭하다고 생각되는 쾌락 가운데 어떤 종류 또는 어떤 것을 인간에게 고유한 쾌락이라고 말해야 하는가? 아마도 이 점은 인간 활동을 고찰하면 밝혀질 것이다. 인간 활동에는 고유한 쾌락이 수반되기 때문이다. 그러니 완전하고 더없이 행복한 사람의 활동이 한 가지이든 여러 가지이든, 이런 활동을 완전한 것으로 해주는 쾌락이야말로 진실로 인간 고유의 쾌락이라고 말할 수 있다. 나머지 쾌락들은 그것들의 활동이 그러하듯 부차적 의미에

15 촉각과 미각을 느끼려면 접촉이 필요하다.

16 단편 22b9 (D/K).

17 1099a7~11(1권 8장), 1113a25~31(3권 4장), 1166a12(9권 4장), 1170a14~16 (9권 9장).

서만 또는 훨씬 낮은 정도로만 그렇다고 할 수 있다.

제6장—행복의 본성

30 　지금까지 미덕·우애·쾌락에 관해 논했으니 이제 행복의 본성을 개략적으로 설명하는 일이 남았다. 우리는 행복이 인간 행위의 목적이라고 보기 때문이다. 지금까지 말한 것을 정리해보면 우리의 논의는 더욱 명료해질 것이다.

　　앞서 행복은 마음가짐이 아니라고 말했다.[18] 만약 행복이 마음가짐이라면, 평생 잠만 자며 식물 같은 삶을 사는 사람이나 큰 불35 행을 당한 사람도 행복할 수 있기 때문이다. 따라서 이것을 받아들1176b 일 수 없다면, 앞서 말했듯이[19] 우리는 행복을 오히려 활동으로 분류해야 한다. 그리고 만약 어떤 활동은 필요한데, 바꿔 말해 다른 것 때문에 바람직한데 다른 활동은 그 자체 때문에 바람직하다면, 행복은 분명 그 자체 때문에 바람직한 활동 가운데 하나이지 다른 것 때문에 바람직한 활동 가운데 하나로 분류되어서는 안 된다. 행5 복은 다른 것이 필요 없고 자족적이기 때문이다.[20] 그런데 그 자체로 바람직한 활동이란 활동 외에는 아무것도 요구받지 않는 활동이다. 그리고 미덕에 걸맞은 행위가 그런 활동이라고 생각된다. 왜냐하면 고매하고 훌륭한 활동을 하는 것은 그 자체로 바람직하기 때문이다.

　　재미있는 놀이들도 이 부류에 속하는 것 같다. 그런 것들은 다10 른 것을 위한 수단으로 선택되지 않기 때문이다. 그런 것들은 몸과 재산을 돌보는 일을 소홀하게 함으로써 득보다는 실이 많을 테니까. 그러나 행복하다고 여겨지는 사람들은 대부분 그런 놀이로 소일한다. 그래서 그런 놀이를 잘하는 사람들이 참주(僭主)들의 궁전에서는 높이 평가받는다. 그들은 참주들이 원하는 오락을 제공함으로써 호감을 사고, 참주들은 그런 사람들을 원한다. 그래서 그런 놀이는 행복과 관계가 있는 것처럼 생각된다. 권력자들이 그런 놀이로 여가를 보내기 때문이다.

그러나 그런 사람들이 하는 짓은 증거가 되지 못할 것이다. 훌륭한 활동의 원천인 미덕과 지성은 권력에 의존하지 않기 때문이다. 그리고 순수하고 자유민다운 쾌락을 맛본 적이 없는 그런 사람들이 육체적 쾌락으로 도피한다고 해서, 그것이 곧 육체적 쾌락이 더 바람직하다고 믿을 이유가 되지는 못한다. 어린아이들도 자기들끼리 높이 평가하는 것들이 가장 중요하다고 믿으니까. 그러니 아이와 어른이 명예롭게 여기는 것이 서로 다르듯이, 보잘것없는 사람과 훌륭한 사람이 명예롭게 여기는 것도 당연히 서로 다를 것이다.

따라서 우리가 여러 차례 말한 바와 같이[21] 훌륭한 사람에게 명예롭고 즐거운 것이 실제로 명예롭고 즐겁다. 그러나 각자에게는

---

18 1095b31~1096a2(1권 5장), 1098b31~1099a7(1권 8장).

19 1098a5(1권 7장).

20 1097a25~b21(1권 7장).

21 1099a13(1권 8장), 1113a22~33(3권 4장), 1166a12(9권 4장), 1170a14~16(9권 9장), 1176a15~22(10권 5장).

그 자신의 마음가짐에 걸맞은 활동이 가장 바람직하며, 따라서 훌륭한 사람에게는 미덕에 걸맞은 활동이 가장 바람직하다.

따라서 행복은 놀이에 있는 것이 아니다. 만약 우리의 목적이 놀이라면, 그래서 우리가 놀이를 위해 평생토록 노력하고 수고한다면 그것은 이상할 것이다. 사실 행복 이외에(행복은 목적이니까) 우리가 선택하는 다른 모든 것은 (그 자체가 아니라) 다른 것을 위한 것이다. 우리가 놀이 때문에 애쓰고 진력하는 것은 어리석고 유치하기 짝이 없어 보인다. 오히려 아나카르시스[22]의 말처럼 진지하게 일하기 위해 놀이를 하는 것으로 보아야 옳을 것이다. 놀이는 일종의 휴식인데, 우리는 계속해서 일할 수가 없어서 휴식이 필요하니까. 따라서 휴식은 목적이 아니다. 휴식은 활동을 위한 것이기 때문이다.

또한 행복한 삶은 미덕에 걸맞은 삶인 것 같다. 그런 삶은 진지함을 수반하는 것이고 놀이에 있는 것이 아니다. 그래서 우리는 진지한 것들이 우스꽝스럽고 재미있기만 한 것들보다 더 낫다고, 더 나은 사람 또는 어떤 사람의 더 나은 부분의 활동이 언제나 더 진지하다고, 그리고 더 나은 것의 활동이 더 우월하고 그래서 행복에 더 이바지한다고 주장한다. 또한 육체적 쾌락은 누구나 즐길 수 있으며, 노예도 가장 훌륭한 사람 못지않게 즐길 수 있다. 그러나 노예도 인간답게 산다면 몰라도, 노예가 행복하다고 생각하는 사람은 아무도 없다. 행복은 그런 종류의 소일거리에 있지 않고, 우리가 앞서 말한 바와 같이[23] 미덕에 걸맞은 활동에 있기 때문이다.

제7장―관조적 삶이 가장 행복하다

만약 행복이 미덕에 걸맞은 활동이라면, 그것은 당연히 최고의 미덕에 걸맞을 것이고, 최고의 미덕은 우리 안에 있는 최선의 부분의 미덕일 것이다. 이 최선의 부분이 지성이든 아니면 우리의 당연한 지배자이자 길라잡이로서 고매하고 신적인 것들을 통찰한다고 생각되는 다른 것이든, 그 자체가 신성한 것이든 아니면 우리 안에 있는 가장 신성한 부분이든 간에 고유한 미덕에 걸맞은 이 부분의 활동이 완전한 행복이 될 것이다.

그런 활동이 관조적 활동이라는 것은 이미 말한 바 있다.[24] 이것은 우리가 앞서 말한 것과도[25] 진리와도 일치하는 것 같다. 지성은 우리 안에 있는 최고 부분이고 지성의 대상은 지식의 최고 대상인 만큼 관조는 최고 활동이기 때문이다. 그리고 우리는 그 어떤 것보다도 관조하는 일을 더 지속적으로 할 수 있으니 관조는 또한 가장 지속적이다. 우리는 또 행복에는 쾌락이 섞여 있어야 한다고 생각하는데, 철학적 지혜에 걸맞은 활동이 미덕에 걸맞은 활동 가운데

₁₅

₂₀

22 Anacharsis. 스퀴타이족 출신의 현인으로, 기원전 6세기 초에 그리스를 방문한 적이 있다고 한다.

23 1098a16(1권 7장), 1176a35~b9(10권 6장).

24 1095b14~1096a5(1권 5장), 1141a18~20(6권 7장), 1143b33~35(6권 12장), 1145a6~9(6권 13장).

25 1097a25~b21(1권 7장), 1099a7~21(1권 8장), 1173b15~19(10권 3장), 1174b20~23(10권 4장), 1175b36~1176a3(10권 5장).

25 　가장 즐겁다는 데는 누구나 동의한다. 아무튼 철학은 순수성과 견
　　실함에서 놀랄 만한 쾌락을 내포하고 있는 것 같으며, 지식을 가진
　　사람이 지식을 찾는 사람보다 더 즐겁게 소일하는 것은 당연하다.
　　또한 이른바 자족도 무엇보다도 관조적 활동에 속할 것이다. 철학
　　적 지혜를 가진 사람이나 올바른 사람이나 그 밖의 다른 미덕을 가
30 　진 사람이나 생필품이 필요하기는 마찬가지이다. 하지만 생필품이
　　충분히 공급되면 올바른 사람은 자기가 올바르게 행동할 때 대상
　　이 되어주고 협력자가 되어줄 사람들이 필요할 것이며, 이 점은 절
　　제 있는 사람, 용감한 사람, 그 밖의 다른 사람의 경우도 마찬가지
　　이다. 그러나 철학적 지혜를 가진 사람은 혼자서도 관조할 수 있으
　　며 지혜로울수록 더욱 그러하다. 그는 아마 협력자가 있으면 더 잘
　　관조할 수 있을 것이다. 그렇지 않더라도 그는 여전히 가장 자족적
　　이다.

1177b 　또한 관조만이 그 자체 때문에 사랑받는 것 같다. 관조의 경우
　　그 행위 말고는 아무 소득이 생기지 않지만, 실천적 미덕의 경우에
　　는 그 행위 말고도 우리가 다소간 뭔가를 얻기를 기대하기 때문이
5 　다. 또한 행복은 여가에 달려 있는 것 같다. 우리는 여가를 갖기 위
　　해 일하고 평화롭게 살기 위해 전쟁을 하기 때문이다. 실천적 미덕
　　의 활동은 정치나 전쟁에서 행해지는데, 이런 것에 관련된 행위에
　　는 여가가 없는 것 같다. 전쟁에 관련된 행위들은 확실히 그런 것
10 　같다. 전쟁을 위해 전쟁을 선택하거나 그런 전쟁을 시작할 사람은
　　아무도 없으니까. 교전하고 살육하기 위해 우방을 적국으로 만드

는 사람이 있다면, 그는 완전히 살인마로 간주될 것이다. 정치가의 행위도 여가가 없기는 마찬가지이다. 정치가는 정치 행위를 하는 것 말고도 권력이나 명예 또는 자신이나 동료 시민의 행복을 확보하려고 하는데, 그런 행복은 정치와는 다른 것이고 우리는 그것을 분명 정치와는 다른 것으로서 추구한다.

그러니 미덕에 걸맞은 행위 중에서 정치와 전쟁에 관련된 행위들은 무엇보다도 고매하고 거창하지만, 여가가 없고 다른 목적을 추구하기에 그 자체로 바람직하지는 않다. 반면 지성의 활동은 관조를 내포하는 한 보다 진지하며 그 자체 외에 다른 목적을 추구하지 않으며, 그 활동을 강화하는 고유한 쾌락을 갖고 있는 것 같다. 또한 지성의 활동은 인간으로서 가능한 범위 안에서 자족적이고, 여가가 있고 노고로부터 자유로운 것 같다. 그런 활동은 분명 더없이 행복한 사람의 그 밖의 다른 속성도 내포한다. 그러니 그런 활동이 인간에게 완전한 행복일 것이다. 평생 그럴 수만 있다면 말이다. 행복에는 불완전한 것은 아무것도 없으니까.

그러나 그런 삶은 인간이 도달하기에는 너무 높은 경지이다. 그런 삶을 사는 사람이 있다면 그가 인간이기 때문이 아니라 그에게 어떤 신적 요소가 내재하기 때문일 것이다. 그리고 그런 신성한 요소가 복합체[26]보다 우월한 만큼 그것의 활동은 다른 종류의 미덕에 걸맞은 활동보다 더 우월하다. 그러니 지성이 인간에 비해 신적인 것이라면 지성에 걸맞은 삶도 인간의 삶에 비해 신적인 것이리라. 그리고 우리는 인간이니까 인간의 일들을 생각해야 하며 필멸의 존재이니까 필멸의 것들을 생각해야 한다는 권고를 따라서는 안 되고, 오히려 우리 자신을 되도록 불멸의 존재로 만들고 우리 안에 있는 최고의 것에 걸맞은 삶을 살기 위해 최선을 다해야 한다. 이 최고의 것은 그 부피는 작아도 힘과 가치에서 모든 것을 크게 능가하기 때문이다.

그리고 이 최고의 것이야말로 개개인을 지배하는 더 나은 부분이기에 개개인의 진정한 자아인 것 같다. 그러니 사람이 자기 삶 대신 남의 삶을 선택한다면 이상한 일일 것이다.

5   그리고 우리가 앞서 말한 것[27]은 여기에도 적용된다. 말하자면 각자에게 고유한 것이, 본성적으로 각자에게 가장 좋은 것이자 가장 즐거운 것이다. 따라서 인간에게는 지성에 걸맞은 삶이 최선이자 가장 즐거운 삶이다. 지성이야말로 다른 어떤 것보다도 인간적이기 때문이다. 그러니 그런 삶은 또한 가장 행복한 삶일 것이다.

제8장 — 도덕적 활동은 제2의 행복이다

다른 종류의 미덕에 걸맞은 삶은 두 번째로 행복하다. 그런 미덕에
10   걸맞은 행위들은 인간적이기 때문이다.[28] 우리는 모든 계약과 상호봉사와 온갖 종류의 행위는 물론이요, 우리의 감정에서도 각자 자기 의무를 다하며 올바른 행위와 용감한 행위와 미덕에 걸맞은 그 밖의 다른 행위를 대인관계에서 행하기 때문이다. 그리고 그런 것들은 분명 인간적인 경험이다. 그중 어떤 감정은 실제로 몸에서 비
15   롯되는 것 같고, 도덕적 미덕은 여러 방법으로 감정과 밀접한 관계

가 있는 것 같다.

또한 실천적 지혜는 도덕적 미덕과 밀접한 관계가 있고, 도덕적 미덕은 실천적 지혜와 밀접한 관계가 있다. 실천적 지혜의 제1원리는 도덕적 미덕과 부합되고, 도덕적 미덕을 위한 올바른 기준은 실천적 지혜와 부합되기 때문이다.[29] 그리고 도덕적 미덕도 감정과 결부되어 있기에 복합체[30]에 속할 것이다. 따라서 그런 미덕들에 걸맞은 삶과 그런 삶에 속하는 행복은 인간적이다. 그러나 지성의 미덕은 독립적이다.[31] 이에 관해서는 이쯤 해두자. 더 자세히 논하는 것은 우리의 현재 연구 범위를 벗어난다.

또한 지성의 미덕은 외적 수단을 적게 필요로 하거나 도덕적 미덕보다 적게 요구하는 것 같다. 우리는 지성의 미덕과 도덕적 미덕에게 필수적인 것이 같은 정도로 필요하다고 가정하기로 하자. 설령 정치가가 몸 같은 것을 위해 더 많은 노력을 기울인다 해도 여기서는 사소한 차이밖에 나지 않을 테니까. 하지만 그것들이 활동을 위해 요구하는 것에는 큰 차이가 날 것이다. 후한 사람은 후하게 행

---

26 혼과 몸의 복합체.

27 1169b33(9권 9장), 1176b26(10권 6장).

28 지성에 걸맞은 행위가 신적인 것과는 달리. 1177b26~31(10권 7장), 1178b8~22(10권 8장).

29 1144a11~1145a6(6권 12~13장).

30 구체적인 인간.

31 지성의 본성에 관한 논의는 아리스토텔레스의 『혼에 관하여』(Peri psyches) 3권 3~5장 참조.

30 동하기 위해 돈이 필요하고, 올바른 사람은 신세진 것을 갚기 위해 돈이 필요할 테니까. (의도는 밖으로 드러나지 않으며 올바르지 못한 사람도 올바른 행위를 하고 싶어 하는 척한다.) 그리고 자기 미덕에 걸맞은 행위를 하려면 용감한 사람은 힘이, 절제 있는 사람은
35 기회가 필요할 것이다. 그렇지 않으면 그가 또는 유덕한 다른 사람이 어떻게 가진 자질을 발휘할 수 있겠는가?

또한 의도와 행위를 다 포함하는 것으로 생각되는 미덕에 둘 중
1178b 어느 쪽이 더 중요한지도 논란의 대상이다. 미덕의 완성은 분명 둘 다 포함하지만, 유덕한 행위를 위해서는 많은 것이 필요하고 행위가 위대하고 고매할수록 더 많은 것이 필요하다. 그러나 관조하는 삶을 선택한 사람에게는 그런 것들이 필요 없다. 적어도 자신의 그런 활동을 위해서는. 그런 것들은 그의 관조에 걸림돌이 된다고 말할 수 있을 것이다. 하지만 그가 인간이고 공동체의 구성원인 한 그
5 는 미덕에 걸맞은 행동을 하기를 선택한다. 따라서 그는 인간으로서 살 수 있게 해줄 외적인 좋음들이 필요할 것이다.

완전한 행복이 일종의 관조적 활동임은 다음을 봐도 알 수 있다. 우리는 신들이 더없이 축복받고 행복한 존재들이라고 생각한다. 하지만 우리는 신들이 어떤 종류의 행위를 한다고 생각해야 하는가? 올바른 행위라고 말할까? 그러나 신들이 계약을 맺고 맡긴 돈을 되돌려주는 등의 행위를 한다면 분명 우습지 않을까? 용감
10 한 행위라고 말할까? 무서운 것에 맞서고 위험을 무릅쓰는 것은 고매한 일이니까. 아니면 후한 행동이라고 말할까? 하지만 신들이

대체 누구에게 준단 말인가? 만약 신들에게 돈이나 돈 같은 것이 있다면 이상할 것이다. 그리고 신들의 절제 있는 행위란 대체 어떤 것인가? 신들에게는 나쁜 욕구가 없으니 그런 칭찬은 무의미하지 않을까? 이런 것들을 모두 따져보더라도 행위와 관련된 상황들은 시시해서 신들에게 걸맞지 않다.

그럼에도 누구나 신들은 적어도 살아 있으며, 따라서 활동한다고 생각한다. 신들이 엔뒤미온[32]처럼 자고 있다고는 생각하지 않으니까. 그런데 만약 살아 있는 존재에게서 행동하는 능력과 더하여 생산하는 능력을 떼어낸다면 관조 말고 무엇이 남겠는가? 그러니 복 받았다는 점에서 다른 활동을 모두 능가하는 신의 활동은 관조적 활동일 것이다. 따라서 인간의 활동 중에서는 신의 활동을 가장 많이 닮은 것이 가장 행복한 활동일 것이다.

이런 견해는 하등동물은 그런 활동을 전혀 하지 않기에 행복에 참여하지 못한다는 사실로 뒷받침된다. 신들의 삶은 전적으로 행복하고 인간의 삶은 신적인 활동을 닮은 것을 포함하는 만큼만 행복한데, 하등동물은 어느 것도 관조에 관여하지 않기에 행복하지 못하기 때문이다. 따라서 행복은 관조와 공존하며, 사람들은 더 많이 관조할수록 더 행복하다. 우연히 행복한 것이 아니라 관조에 힘입어 행복한 것이다. 관조는 그 자체로 소중한 것이니까. 그러니

32 엔뒤미온(Endymion)은 달의 여신 셀레네(Selene)의 사랑을 받아 죽지 않는 몸이 되었으나 그 대가로 산속 동굴에서 영원히 자고 있다고 한다.

행복은 관조의 한 형태임이 분명하다.

그러나 행복한 사람은 인간이기에 외적인 조건도 좋을 필요가 있을 것이다. 우리 본성은 관조할 만큼 자족적이지 못하기 때문이다. 몸 또한 건강하고 영양분을 공급받고 다른 보살핌을 받아야 한다. 하지만 외적인 좋음 없이는 행복할 수 없다고 해서 누가 행복해지려면 외적인 좋음이 많이 필요하리라고 생각해서는 안 된다. 자족이나 행위는 지나침에 의존하지 않으며, 우리는 바다와 육지를 지배하지 않고도 고매한 행위를 할 수 있기 때문이다. 사실 우리는 약간의 재원(財源)으로도 미덕에 걸맞은 행위를 할 수 있다. 이 점은 확실한 것 같다. 훌륭한 일은 사인(私人)들이 권력자들 못지않게, 아니 더 많이 한다고 생각되기 때문이다. 따라서 약간의 재원만 있어도 충분하다. 미덕에 걸맞은 활동을 하는 사람의 삶은 행복할 테니까. 솔론 역시 행복한 사람은 외적인 좋음은 약간만 갖추고 있지만 가장 고매하다고 생각하는 행동을 하며 절제 있는 삶을 산 사람이라고 말했을 때,[33] 행복한 사람의 초상을 제대로 그렸던 것 같다. 아낙사고라스도 행복한 사람은 부자도 권력자도 아니라고 생각했던 것 같다. 그는 겉모습만 보는 대중은 겉모습으로 판단하는 만큼 행복한 사람이 대중에게 괴짜로 보이더라도 자기는 놀라지 않을 것이라고 말했기 때문이다.[34] 그러니 지혜로운 사람들의 견해는 우리의 논의와 일치하는 것 같다.

그런 것들도 어느 정도 확신을 심어주지만, 실천적 문제들에서 진리는 사실과 실생활에 따라 판단되어야 한다. 그것들이 결정적 요인이기 때문이다. 따라서 우리는 앞서 말한 것을 실생활의 사실 ²⁰에 비춰 검토해야 한다. 그것이 사실과 일치하면 받아들이되 상충하면 우리는 그것이 이론에 불과하다고 생각해야 한다.

그런데 지성에 걸맞은 활동을 하며 지성을 가꾸는 사람이 최선의 심적 상태에 있을뿐더러 신에게 가장 사랑받는 것 같다. 만약 ²⁵그렇다고 생각되는 것처럼 신들이 인간사에 관심이 있다면, 신들은 최선의 것이자 자기들을 가장 닮은 것, 곧 지성을 좋아할 것이라고, 그리고 지성을 가장 사랑하고 존중하는 사람에게 보답할 것이라고 생각하는 것은 당연한 일이다. 그런 사람은 신들에게 소중한 것을 돌보며 올바르고 고귀한 행동을 하기 때문이다. 그리고 이런 ³⁰자질들은 누구보다도 지혜로운 사람이 갖고 있다는 것은 의심할 여지가 없다. 그래서 지혜로운 사람은 신들에게 가장 사랑받는다. 그리고 그런 사람은 아마도 가장 행복한 사람이기도 할 것이다. 그러니 이 점에서도 지혜로운 사람은 어느 누구보다도 더 행복할 것이다.

제9장—우리의 목적을 달성하려면 입법이 필요하다. 정치학으로의 이행

이로써 우리는 행복과 미덕의, 그리고 우애와 쾌락의 윤곽을 충분히 살펴보았다. 이제 우리의 목적이 달성된 것으로 보아도 되는가? ³⁵

33 헤로도토스, 『역사』 1권 30~32장.
34 아낙사고라스, 단편 59a30 (D/K).

아니면 사람들 말마따나 실천적인 일들을 연구하는 목적은 몇몇 당면한 문제점에 관해 이론적 지식을 습득하는 데 있지 않고 우리의 지식을 실천하는 데 있다는 것이 옳은 견해인가? 그렇다면 미덕에 관해 아는 것으로는 충분하지 못하고, 우리는 미덕을 가지고 미덕을 활용하려고 시도하거나 다른 방법이 있으면 그 방법으로 우리 자신이 좋은 사람이 되려고 노력해야 한다.

5 　그런데 만약 사람들을 훌륭하게 만드는 데 논의만으로 족하다면, 테오그니스의 말처럼 그런 논의는 엄청난 보수를 받았을 것이다.[35] 그리고 그것은 당연하다. 그러니 그런 논의를 구해야 할 것이다. 그런데 그런 논의는 마음이 자유민다운 젊은이들을 격려하고 감화(感化)할 힘은 갖고 있는 것처럼 보이지만, 그리고 잘 양육되고 고매한 것을 진실로 사랑하는 성격이 미덕을 쉽게 받아들이게 할 수는 있겠지만 완전한 미덕을 향해 나아가도록 대중을 감화시킬 수는 없다. 왜냐하면 대중은 수치심보다는 공포심의 지배를 받으며, 수치스럽기 때문이 아니라 벌을 받기 때문에 대중의 본성이 악행을 삼가기 때문이다. 대중은 감정의 지배를 받으며 사는지라 자신의 쾌락과 그것을 얻는 수단을 추구하며 그런 것들에 상반되는 고통은 피한다. 또한 대중은 고매한 것과 진실로 즐거운 것에 대해서는 개념조차 없다. 그런 것들을 경험해본 적이 없기 때문이다. 그렇다면 어떤 논의가 이런 사람들을 개조할 수 있겠는가? 사람들의 성격 속에 오랫동안 뿌리내리고 있던 것을 논의로써 제거한다는 것은 불가능하거나 어렵기 때문이다. 그리고 우리가 훌륭해지

는 데 필요한 것으로 보이는 수단이 모두 갖추어져 있을 때 미덕을 일부라도 얻는다면, 우리는 아마도 그것으로 만족해야 할 것이다.

어떤 사람은 본성에 따라, 어떤 사람은 습관에 따라, 다른 어떤 사람은 교육에 따라 우리가 좋은 사람이 된다고 생각한다. 본성에 의해 그렇게 되는 것은 분명 우리의 소관이 아니다. 그것은 신이 내리는 것으로서 진정한 행운아에게 주어진다. 논의와 교육은 모든 경우에 효력이 있는 것 같지는 않다. 그러니 배우는 사람의 혼은 즐길 것은 즐기고 싫어할 것은 싫어하도록 미리 습관을 들여야 한다. 마치 씨앗을 뿌릴 모판흙처럼 말이다. 자신의 감정에 따라 사는 사람은 누가 되돌려도 논의에 귀를 기울이지 않거나 귀를 기울여도 이해하지 못할 것이기 때문이다. 그러니 그런 상태에 있는 사람이 생각을 바꾸도록 우리가 어떻게 설득할 수 있겠는가? 일반적으로 감정은 논의에는 굴복하지 않고 힘에는 굴복하는 것 같다. 따라서 고매한 것을 좋아하고 수치스러운 것을 싫어함으로써 미덕과 닮은 데가 있는 성격이 어떻게든 미리 있지 않으면 안 된다.

그러나 올바른 법률 아래에서 자라지 못한다면 아주 어려서부터 미덕을 위한 바른 교육을 받기가 어렵다. 대중은 특히 젊을 때는 절제 있고 참을성 있게 사는 것을 달가워하지 않기 때문이다. 그래서 그들의 양육과 직업은 법률에 의해 규정되어야 한다. 일단

20

25

30

35

---

35 테오그니스, 432~434행.

습관화되면 그런 것들이 고통스럽지 않을 테니까.

하지만 그들이 젊을 때 바르게 양육되고 올바르게 보살핌을 받는 것만으로는 아마도 충분하지 않을 것이다. 그들은 어른이 된 뒤에도 자신들의 양생법을 지키고 그것이 몸에 배어야 하는 만큼, 우리는 이런 활동뿐 아니라 일반적으로 말해 생활 전체를 규정할 법률이 필요하다. 대중은 논의보다는 강요에 복종하고, 고매한 것보다는 처벌에 유의하기 때문이다.

그래서 어떤 사람은 습관에 따라 잘 훈련된 사람은 순순히 따를 것이라고 생각하고는 입법자들이 모름지기 미덕을 지향하도록 백성을 격려하고 고매한 것을 위해 행동하도록 호소하되, 복종하지 않거나 성격상 결함이 있는 자는 징계하거나 처벌하고, 교정할 수 없는 자는 완전히 추방해야 한다고 생각한다.[36] 훌륭한 사람은 고매한 것을 바라보며 살기에 이성에 귀를 기울이겠지만, 보잘것없는 사람은 쾌락을 욕구하기에 짐 운반하는 가축처럼 고통으로 통제되어야 한다는 것이 그들의 생각이다. 그래서 그들에게 가해지는 고통은 그들이 좋아하는 쾌락과 정반대가 되어야 한다는 것이다.

따라서 우리가 말한 바와 같이[37] 좋은 사람이 되려면 좋은 교육을 받고 좋은 습관을 들여야 하며, 그런 다음에는 훌륭한 일에 종사하며 살아가되 자발적이든 비자발적이든 나쁜 짓을 해서는 안 된다. 그리고 이것은 사람들이 어떤 지성 또는 구속력 있는 올바른 체계 안에서 살아갈 때 가능하다.

그런데 아버지의 명령에는 구속력 또는 강제력이 없으며, 일반

적으로 말해 어떤 개인의 명령도 그 점에서는 마찬가지이다. 그가
왕이거나 왕과 같은 존재라면 몰라도. 그러나 법률은 일종의 실천
적 지혜와 지성의 선언인 만큼 강제력이 있다. 그래서 사람들은 자
신들의 충동에 반대하는 사람이 있으면, 그가 반대하는 것이 옳다
해도 미워하지만 법률은 훌륭한 것을 명한다 해서 미움을 사지 않
는다.

그러나 라케다이몬인들의 국가[38]에서만, 아니면 소수의 국가[39]
에서만 입법자들이 양육과 일상생활에 관심을 가졌던 것 같다. 이
런 일들은 대부분의 국가에서 등한시되었으며, 각자는 퀴클롭스
들처럼 자식들과 아내에게 법규를 정해주며[40] 제멋대로 살아간다.
따라서 최선의 해결책은 이런 일들을 공동으로 보살피는 적절한
체제를 도입하는 것이리라. 그러나 국가가 계속해서 그런 일들을
등한시할 때는, 개개인이 자식들과 친구들을 도와 미덕을 향해 나
아가게 하되 마땅히 그럴 능력을 갖고 있거나 아니면 적어도 그렇
게 선택할 수 있어야 할 것이다. 그러나 우리가 말한 것으로 미루어

36 플라톤, 『법률』 722d~723b.

37 1179b31~34.

38 스파르테.

39 크레테와 카르케돈(Karchedon 카르타고의 그리스어 이름)의 정체에 관해서
는 아리스토텔레스의 『정치학』 1272b24 참조.

40 『오뒷세이아』 9권 114~115행. 퀴클롭스(Kyklops)는 외눈박이 거한(巨漢)
이다.

볼 때 그가 입법자가 되면 그런 일을 더 잘해내리라고 생각된다. 공
공의 통제는 분명 법률에 따라 이루어지고, 훌륭한 통제는 훌륭한
법률에 따라 이루어지기 때문이다. 그리고 법률이 성문법인지 불
문법인지, 개인을 교육하기 위한 것인지 다수를 교육하기 위한 것
인지는 음악이나 체육이나 그 밖의 다른 과목에서보다 더 중요한
것 같지 않다. 국가에서 법률과 관습이 힘을 발휘하듯 가정에서는
아버지의 지시와 성격이 힘을 발휘하기 때문이다. 이런 것들은 혈
연관계와 아버지가 제공하는 이익 때문에 더 큰 힘을 발휘한다. 아
이들은 처음부터 본성적으로 아버지를 좋아하고 고분고분하니까.

또한 개인 차원의 교육이 공공 차원의 교육보다 더 유리하다. 이
는 의술의 경우 개별 치료가 더 유리한 것과 같은 이치이다. 예컨대
휴식과 금식은 일반적으로 열병 환자에게는 유익하지만 아마도 어
떤 환자에게는 그렇지 않을 것이다. 권투 코치도 모든 제자에게 같
은 방식으로 싸우라고 지시하지는 않을 것이다. 그러니 개개인에
게 관심을 가지면 세세한 부분까지 더 자상하게 가르칠 수 있다. 그
래야만 저마다 자기에게 맞는 것을 얻을 가능성이 높기 때문이다.

그러나 개개인에게 관심을 갖는 일은 의사나 체육교사나 그 밖
에 각자에게 좋은 것, 또는 특정인에게 좋은 것을 두루 알고 있는
사람이 가장 잘할 수 있다. (전문지식은 보편적인 것에 관련된다고
하고 또 실제로 그러기에 하는 말이다.) 그럼에도 전문지식이 없는
사람이 개별 경우에 일어나는 일을 경험에 비추어 세밀하게 관찰
한 경우에는 개개인을 얼마든지 잘 보살필 것이다. 이것은 어떤 사

람이 남은 도와줄 수 없어도 자기 몸에는 가장 훌륭한 의사인 것과 같은 이치이다. 하지만 어떤 기술이나 학문의 대가(大家)가 되려는 사람은 보편적인 것을 배워 최대한 잘 알아야 한다. 앞서 말한 바와 같이 학문은 보편적인 것에 관련되기 때문이다. 20

따라서 관심을 가짐으로써 다수든 소수든 남을 더 좋게 만들기를 원하는 사람은 마땅히 입법 능력을 갖추도록 노력해야 한다. 우리가 법률을 통해 좋은 사람이 된다면 말이다. 우리 앞에 세워진 25 사람이 누구든 그가 올바른 마음 상태를 갖게 하는 것은 아무나 할 수 있는 일이 아니다. 누군가 그럴 수 있다면 그는 전문지식을 가진 사람이다. 그 점은 의술이나 보살핌과 실천적 지혜가 필요한 다른 학문의 경우도 마찬가지이다.

그렇다면 우리의 다음 과제는 분명 입법 능력을 어디서 어떻게 얻을 수 있는지이다. 그것은 다른 경우와 마찬가지로 정치가들한 30 테서 얻어야 하는가? 우리는 입법을 정치학의 한 분야로 간주했으니 말이다.[41] 그러나 정치학과 다른 학문이나 기술들 사이에는 명백한 차이가 있는 것이 아닐까? 다른 학문이나 기술에서는 같은 사람이 자기 기술을 전수하기도 하고 활용하기도 하니 말이다. 예컨대 의사나 화가가 그렇다. 그러나 정치학의 경우 소피스트는 그 35 것을 가르친다고 공언하지만, 그것을 활용하는 소피스트는 아무 1181a

---

41 1141b24~28 (6권 8장).

도 없다. 정치를 하는 것은 정치가들인데, 그들은 사고보다는 어떤 기술과 경험에 힘입어 정치를 하는 것 같다. 정치가들이 정치적 주제에 관해 글을 쓰거나 연설하는 예를 볼 수 없으니 말이다. (그것이 법정이나 민회에서 연설하는 것보다 더 고매한 일일 텐데도 말이다.) 또한 정치가들이 아들이나 친구 가운데 누군가를 정치가로 만든 예도 볼 수 없다. 그들은 할 수만 있다면 당연히 그렇게 했을 것이다. 그들이 조국에 물려줄 수 있거나 자신들을 위해 선택하거나, 따라서 자신들에게 가장 소중한 사람들을 위해 선택할 수 있는 것 치고 정치적 능력보다 더 나은 것은 없기 때문이다. 하지만 경험도 정치가로서의 성공에 적잖이 기여하는 것 같다. 그렇지 않다면 사람들이 정치 문제에 익숙하다고 해서 정치가가 되는 일은 없었을 것이다. 그러니 정치학에 관해 알려고 하는 사람에게는 경험도 필요한 것 같다.

그러나 정치학을 가르친다고 공언하는 소피스트들은 가르치는 것과는 실제로 거리가 먼 것 같다. 그들은 정치학이 어떤 것이며, 어떤 것에 관한 것인지 전혀 모르고 있기 때문이다. 만약 그들이 알았다면 정치학을 수사학(修辭學)과 같은 것으로, 아니 그보다 열등한 것으로 분류하지 않았을 것이며, 사람들이 좋다고 생각하는 법률을 수집함으로써 힘들이지 않고 입법할 것이라고 생각하지 않았을 것이다. 그들은 최선의 법률을 선별하는 것이 가능하다고 생각하기에 하는 말이다. 마치 선별 행위에는 판단력이 필요 없는 것처럼, 그리고 올바른 판단력이야말로 음악에서 그러하듯 가장 중요한 요인이 아닌 것처럼 말이다. 사실 어떤 분야의 전문가만이 그 분야의 작품을 제대로 판단하고, 그 작품이 어떤 수단에 따라 어떤 방법으로 완성되었으며, 무엇이 무엇과 조화를 이루는지 이해할 수 있다. 그러나 아마추어는 회화에서처럼 작품이 성공작인지 실패작인지 알기만 해도 그것으로 만족해야 한다. 1181b 법률은 정치학의 작품과도 같다. 그렇다면 어떻게 수집한 법률에서 입법 능력을 갖추거나 무엇이 최선인지 판단한다는 말인가? 의사들도 의학 책을 읽는다고 의술을 습득하는 것은 아닌 것 같으니 말이다. 물론 의학 책을 쓰는 사람들은 일반적인 처치 방법뿐 아니라 환자들을 신체 상태에 따라 구분한 다음 특정 집단을 어떻게 치료하고 5 어떻게 처치해야 하는지도 기술하려고 한다. 그런데 그런 책은 경험 있는 사람에게는 쓸모 있지만 경험 없는 사람에게는 무용지물인 것 같다. 그러니 법률과 정체(政體)를 수집해놓은 것도 그것들을 비판적으로 검토하며 무엇이 고매하고 무엇이 그 반대인지, 특 10 정 상황에는 어떤 종류의 입법이 맞는지 판단할 수 있는 사람에게는 아주 유용할 것이다. 그러나 이런 마음가짐 없이 그것들을 지나치는 사람은 본능적으로라면 몰라도 그것들의 가치를 제대로 판단하지 못할 것이다. 비록 그 분야에서 더 유식해지기는 하겠지만.

이전의 사상가들이 입법의 문제를 검토하지 않은 채 우리에게 남겨놓았으니 우리가 이 문제에 더하여 정체 문제 일반을 탐구하 15 는 것이 아마도 더 바람직할 것이다. 인간 본성에 관한 우리 철학이 최대한 완성될 수 있도록 말이다. 그러니 첫째, 이전 사상가들이 말한 것 가운데 설득력이 있어 보이는 부분이 있으면 검토하기로 하자. 그런 다음, 우리가 수집한 정체에 비추어 어떤 영향이 국가들과 각 유형의 정체를 보전하고 파괴하는지, 무슨 이유로 어떤 국가는 잘 다스려지고 다른 국가는 잘못 다스려지는지 고찰하기로 하자. 이런 문제들을 고찰하고 나면 우리는 어떤 정체가 최선이며, 각 정체는 어떻게 구성되어야 하며, 어떤 법률과 관습을 채택해야 하는지 더 포괄적으로 보게 될 것이다. 그렇다면 이 문제들에 관한 논의를 시작하기로 하자.[42]

42 '정치학을 논하기로 하자'는 뜻이다.

참고문헌

상세한 참고문헌은 4의 J. Barnes, *The Cambridge Companion to Aristotle*, pp. 301~384, 3의 J. A. K. Thomson, pp. xlii~lii, 2의 C. C. W. Taylor, *Aristotle, Nicomachean Ethics, Books II and IV* 의 끝부분 참조)

1. 텍스트

Aristotelis opera, ex recensione Immanuelis Bekkeri edidit Academia Regia Borussica, 2 Bde., Berlin ¹1831.

Aristotelis Ethica Nicomachea, recognovit brevique adnotatione critica instruxit I. Bywater, Oxford 1894 (Oxford Classical Texts).

2. 주석

S. Broadie/C. Rowe, *Aristotle, Nicomachean Ethics*, trans., introd., and comm., Oxford 2002.

R. Gauthier/J. Jolif, *L'Éthique à Nicomaque*, 4 vols., Louvain 1970, trans. and full comm. in French.

T. H. Irwin, *Aristotle, Nicomachean Ethics*, trans. with introd., notes and full glossary, Indianapolis 1999.

M. Pakaluk, *Aristotle, Nicomachean Ethics, Books VIII and IX*, Oxford 1999.

C. C. W. Taylor, *Aristotle, Nicomachean Ethics, Books II and IV*, Oxford 2006.

3. 번역

S. Broadie/C. Rowe, *Aristotle, Nicomachean Ethics*, trans., introd., and comm., Oxford 2002.

R. Crisp, *Aristotle, Nicomachean Ethics*, Cambridge 2000.

F. Dirlmeier, *Aristoteles, Die Nikomachische Ethik*, Stuttgart 2010 (Reclams Universal—Bibliothek).

O. Gigon, *Aristoteles, Die Nikomachische Ethik*, München 1991 (Deutscher Taschenbuch Verlag).

D. Ross, *Aristotle, Nicomachean Ethics*, revised with introd., notes by L. Brown, Oxford 2009 (Oxford World's Classics).

J. A. K. Thomson, *Aristotle, Nicomachean Ethics*, revised with notes and appendices by H. Tredennick, Penguin Classics 2004.

4. 연구서

J. Ackrill, *Aristotle the Philosopher*, Oxford 1981.

J. Annas, *The Morality of Happiness*, New York 1993.

J, Barnes, *Aristotle*, Oxford 1982.

————(ed.), *The Cambridge Companion to Aristotle*, Cambridge 1995.

S. Broadie, *Ethics with Aristotle*, Oxford 1991.

D. Charles, *Aristotle's Philosopy of Actions*, London 1984.

J. Gosling/C. Taylor, *The Greeks on Pleasure*, Oxford 1982.

W. Hardie, *Aristotle's Ethical Theory*, Oxford ²1980.

W. Jaeger, *Aristotle: Fundamentals of the History of his Development*, Oxford ²1948 (A translation by Richard Robinson of *Aristoteles, Grundlegung einer Geschichte seiner Entwicklung*, Berlin 1923).

R. Kraut (ed.), *The Blackwell Guide to Aristotle's Nicomachean Ethics*, Oxford 2006.

————*Aristotle on the Human Good*, Princeton 1989.

A. W. Price, *Love and Friendship in Plato and Aristotle*, Oxford 1989.

A. Rorty (ed.), *Essays on Aristotle' Ethics*, Berkeley and Los Angeles 1980.

J. Urmson, *Aristotle' Ethics*, Oxford 1988.

지은이 **아리스토텔레스**

고대 그리스의 철학자. 기원전 384년 에게해 북단 칼키디케 반도의
스타게이로스에서 출생하였다. 의사인 아버지는 마케도니아 왕 아뮌타스 2세의
시의였다. 17세 때 아테나이로 나와 플라톤의 제자가 되었으며 플라톤이 죽은 뒤에는
소아시아의 앗소스 등지에서 연구와 교수 생활을 하였다.
그의 나이 41세 때에는 마케도니아 왕 필립포스 2세에게 초빙되어 그의 아들, 즉
훗날 알렉산드로스 대왕의 교육을 맡았다. 기원전 336년 다시 아테나이로 돌아와
뤼케이온에 자신의 학원을 열고 그의 생애에서 가장 중요한 시기를 보낸다.
그러나 기원전 323년 알렉산드로스 대왕이 죽고 아테나이에 반(反)마케도니아
기운이 팽배하자 아테나이를 떠났으며, 이듬해 어머니 고향인 에우보이아섬의
칼키스에서 62세의 나이로 세상을 떠났다.
그는 스승 플라톤의 사상을 이어받아 발전시켰을 뿐만 아니라
철학·윤리·논리·정치·문학·과학 등 여러 학문의 기초를 세워
서양 학문의 방향과 내용에 지대한 영향을 끼쳤다. 지금 남아 있는 저서의 대부분은
이 시대의 강의를 바탕으로 한 것으로 『범주론』 『명제론』 『자연학』 『영혼론』
『형이상학』 『정치학』 『에우데모스 윤리학』 『철학에 대하여』
『시학』 『수사학』 등이 있다.

옮긴이 **천병희**(1939~2022)

서울대학교 독어독문학과를 졸업하고 같은 대학원에서 문학박사 학위를 받았다.
독일 하이델베르크대학교에서 5년 동안 독문학과 고전문학을 수학했으며
북바덴 주정부가 시행하는 희랍어검정시험(Graecum) 및
라틴어검정시험(Großes Latinum)에 합격했다.
그리스 문학과 라틴 문학을 원전에서 우리말로 옮기는 작업에 매진했다.
대표적인 원전 번역으로는 호메로스의 『일리아스』와 『오뒷세이아』,
헤시오도스의 『신들의 계보』, 베르길리우스의 『아이네이스』,
오비디우스의 『변신이야기』와 『로마의 축제들』,
『아이스퀼로스 비극 전집』, 『소포클레스 비극 전집』, 『에우리피데스 비극 전집』,
『아리스토파네스 희극 전집』, 헤로도토스의 『역사』,
투퀴디데스의 『펠로폰네소스 전쟁사』, 크세노폰의 『페르시아 원정기』,
카이사르의 『갈리아 원정기』, 타키투스의 『게르마니아』,
아리스토텔레스의 『수시학/시학』 『정치학』,
아우렐리우스의 『명상록』, 플라톤전집 등 다수가 있으며
주요 저서로는 『그리스 비극의 이해』 등이 있다.

니코마코스 윤리학

–

제1판 1쇄 2013년 10월 15일
제1판 5쇄 2017년 4월 15일
제2판 1쇄 2018년 2월 15일
제2판 7쇄 2023년 9월 15일

–

지은이–아리스토텔레스
옮긴이–천병희
펴낸이–강규순

–

펴낸곳–도서출판 숲
등록번호–제406–2004–000118호
주소–경기도 파주시 돌곶이길 108–14
전화–(031)944–3139 팩스–(031)944–3039
E–mail–book_soop@naver.com

–

ⓒ 천병희, 2018. Printed in Seoul, Korea
ISBN 978–89–91290–52–5 93100
값 27,000원

–

디자인–씨디자인

–

잘못 만들어진 책은 구입하신 서점에서 바꿔드립니다.

–

이 도서의 국립중앙도서관 출판시도서목록(CIP)은 서지정보유통지원시스템 홈페이
지(http://seoji.nl.go.kr)와 국가자료공동목록시스템(http://www.nl.go.kr/kolisnet)에
서 이용하실 수 있습니다. (CIP제어번호: CIP2013018417)